国际贸易单证师培训教材
Training Materials of International
Trade Documentation Manager

联合国国际贸易单一窗口教程
UN International Trade Single Window Course of Study

孟朱明　主编

孟朱明　胡涵景

钟小林　孟远来　编著

中国商务出版社

图书在版编目（CIP）数据

联合国国际贸易单一窗口教程 / 孟朱明主编 . —北京：中国商务出版社，2012.7
国际贸易单证师培训教材
ISBN 978-7-5103-0753-9

Ⅰ.①联… Ⅱ.①孟… Ⅲ.①国际贸易−原始凭证−业务培训−教材 Ⅳ.①F740.44

中国版本图书馆 CIP 数据核字（2012）第 166268 号

国际贸易单证师培训教材

联合国国际贸易单一窗口教程
UN International Trade Single Window Course of Study

孟朱明　**主　编**
孟朱明　胡涵景　钟小林　孟远来　**编著**

出　版：中国商务出版社
发　行：北京中商图出版物发行有限责任公司
社　址：北京市东城区安定门外大街东后巷 28 号
邮　编：100710
电　话：010—64245686（编辑二室）
　　　　010—64266119（发行部）
　　　　010—64263201（零售、邮购）
网　址：www.cctpress.com
邮　箱：cctp@cctpress.com
照　排：北京嘉年华文图文制作有限公司
印　刷：北京市松源印刷有限公司
开　本：889 毫米×1194 毫米　1/16
印　张：11.5　字　数：302 千字
版　次：2012 年 7 月第 1 版　　2012 年 7 月第 1 次印刷

书　号：ISBN 978-7-5103-0753-9
定　价：36.00 元

代 前 言

关于建立我国国际贸易单一窗口的建议

商务部高级工程师孟朱明

摘要：信息技术革命是推动世界贸易发展的重要动力。联合国贸易便利化与电子业务中心（UN/CEFACT）在本世纪初公布了33号建议书："建立国际贸易单一窗口"和35号建议书："建立国际贸易单一窗口的法律框架"。40多个国家和经济体引进这样一项措施。

建立我国国际贸易单一窗口是我国要成为国际贸易强国的关键重大战略措施。国际贸易单一窗口旨在使企业和政府之间的信息流更为畅通和简化，有助于较大的提高我国对外贸易的竞争力、效益和效率。

我国要成为国际贸易强国的关键重大战略措施是在未来5至10年建立我国国际贸易单一窗口并实现同主要贸易伙伴国家和地区联通。

联合国贸易便利化与电子业务中心（UN/CEFACT）在本世纪初公布了33号建议书："建立国际贸易单一窗口"（2005年）和35号建议书："建立国际贸易单一窗口的法律框架"（2010年）

国际贸易单一窗口被定义为使国际贸易和运输相关各方在单一登记点递交满足全部进口、出口和转口相关监管规定的标准资料和单证的一项措施。如果为电子报文，则只需一次性地提交各项数据。

"国际贸易单一窗口"的正式名称是"国际贸易数据系统"（ITDS）。通过对国际贸易信息的集约化和自动化处理，达到国际贸易数据共享和大大提高国际贸易效率和效益的目的。

国际贸易单一窗口旨在使企业和政府之间的信息流更为畅通和简化，以实用的表达方式使涉及跨境贸易的各方都能更多地从中获益。单一窗口通常由某一主导机构集中管理，使相应政府部门或机构能够根据各自用途接收或存取相关资料。33号建议书还建议各国政府的官方机构应当通过单一窗口协调对其各自的监管行为，并应考虑提供相应关税及税费的支付设施。

国际贸易单一窗口的主要支持国际标准：UN/EDIFACT，UNLK UNLOCODE，UN/CE-FACT，Single Window Recommendayion 等。

一、国际贸易便利化与标准化概念

联合国贸易便利化与电子业务中心（UN/CEFACT）致力于发达的、发展中的和转型的经济体中从事产品及相关服务有效交流的国际贸易企业和相关行政机构能力的改善。主要焦点在于通过对国际贸易流程、手续及信息流的简化和协调达到国家和国际的贸易便利化，并以此促进全球贸易的增长。其核心是建立全世界范围的方便、快捷、高效的国际贸易信息高速公路。从1981年UN/CEFACT发布第1号建议书"联合国贸易单证样式"（United Nations Layout Key for Trade Documents）到2010年发布第35号建议书"建立国际贸易单一窗口的法律框架"（Establishing a legal framework for international trade Single Window）为止，UN/CEFACT 共发布了 33 个建议书。

为了保持本国经济在国际上的竞争力，有关国家应当简化和缩减手续、程序、单证，以及相关各方均可接受的其他相关的协商机制。许多国家和国际行业组织都已经提出与国际贸易相关的信息流和物流的改进措施，这些措施包括国际公约、标准、建议书和指南。

国际贸易便利化与标准化

贸易便利化的目标——为贸易商、相关公共机构和政府机构形成尽可能简化和高效的国际贸易流程和手续。贸易便利化本身不应当只是一个补救措施，而是一个不断发展的战略计划。随着信息技术的发展，需要一个有针对性的工作计划，涵盖全部国际贸易事务，包括国际贸易运输问题。

表 1　UN/CEFACT 发布 33 个建议书：

UN/CEFACT 建议书以及我国对应的国家标准

序　号	英文名称	中文名称	国家标准
1	United Nations Layout Key for Trade Documents	联合国贸易单证样式（UN-LK）	GB/T14392—2009
2	Location of Codes in Trade Documents	贸易单证中代码的位置	GB/T14393—2008
3	Codes for Representation of Names of Countries	国家名称的代码表示	GB/T2659—2000
4	National Trade Facilitation Bodies	全国性贸易便利化机构	中国国家贸易便利化机构成立于1995 年。
5	Abbreviations of INCOTERMS	国际贸易术语字母代码	GB/T15423—1994
6	Aligned Invoice Layout Key for International Trade	国际贸易商业发票样式	GB/T 15310.1—2009
7	Numerical Representation of Date, Time, and Periods of Time	日期、时间和时间期限的数字表示	GB/T7408—2005
8	Unique Identification Code Methodology	唯一标识编码方法（UNIC）	
9	Alphabetical Code for Representation of Currencies	表示货币的字母代码	GB/T12406—2008
10	Codes for Ship's Name	船舶名称代码	GB/T18366—2001
11	Documentary Aspects of the International Transport of Dangerous Goods	国际危险品运输文件	
12	Measures Facilitate Maritime Transport Documents Procedures	海运单证简化程序措施	
13	Facilitation of Identified Legal Problems in Import Clearance Procedures	在进口清关程序中确定法律问题的简化措施	
14	Authentication of Trade Documents by Means Other Than Signature	用非签署方式对贸易单证认证	
15	Simpler Shipping Marks	简化运输标志	GB/T 18131—2000
16	Codes for Ports and Other Locations	口岸及相关地点代码	GB/T15514—2008
17	Payterms——Abbreviations for Terms of Payment	付款条款缩写	GB/T18126—2010
18	Facilitation Measures Related to International Trade Procedures	有关国际贸易便利化措施	
19	Code for Modes of Transport	运输方式代码	GB/T6512—1998
20	Codes for Units of Measure Used in International Trade	国际贸易计量单位代码	GB/T17295—2008

序　号	英文名称	中文名称	国家标准
21	Codes for Types of Cargo, Packages and Packaging Materials	货物、包装以及包装类型代码	GB/T16472—1996
22	Layout Key for Standard Consignment Instructions	标准托运单证样式	
23	Freight Cost Code	运费代码	GB/T17152—2008
24	Trade and Transport Status Codes	贸易和运输状态代码	
25	UN/EDIFACT	行政、商业和运输业电子数据交换	已研制30多项国家标准
26	Commercial Use of Interchange Agreements for EDI	电子数据交换用商用交换协议	GB/T17629—1998
27	Pre-shipment Inspection	装运前检验	
28	Codes for Types of Means of Transport	运输工具类型代码	GB/T18804—2002
29			
30			
31	Electronic commerce agreement	电子商务协议	GB/T19252—2001
32	E-commerce self-regulatory instrument	电子商务自律办法	
33	Establishing a single window for international trade	建立国际贸易单一窗口	
34	Data Simplification and Standardization for International Trade	国际贸易数据简化与标准化	
35	Establishing a legal framework for international trade Single Window	建立国际贸易单一窗口的法律框架	

表1给出了UN/CEFACT发布的33个建议书的中文名称、英文名称、以及根据这些标准制订出的国家标准对照表。

二、建立我国"国际贸易单一窗口"

国际贸易单一窗口在全世界的使用日益增多，已经有四十多个国家和经济体引进这样一项措施。不仅先进的欧美国家及日本、澳大利亚、韩国、新加坡、马来西亚，甚至非洲的毛里求斯、加纳都建立了本国的国际贸易单一窗口；我国的香港地区于2006年建成国际贸易单一窗口，我国台湾地区计划在2013年建成国际贸易单一窗口。它为各国和地区政府和贸易界双方都带来了可观的效益。

企业和政府都会因国际贸易单一窗口的实施获益匪浅。对于政府而言，可以促成更好的风险管理、提高安全水准，并随着贸易商遵纪守法情况的改善而增加收益。商界的效益来自对法规解读和运用的透明性和可预测性，对人力和财力资源更为妥善的调配，使之在生产力和竞争力方面获益可观。

新加坡的企业通过新加坡国际贸易单一窗口在10分钟就可以办理整套进出口手续，瑞典的企业通过瑞典国际贸易单一窗口办理手续的回应时间只有1分半钟，效率得到很大提高。

根据UN/CEFACT提供的数据，国际贸易便利化措施每年可为世界贸易节省一万亿美元。

在许多国家（包括中国），参与国际贸易的公司经常都要按照进口、出口和转口相关的监管规定编制大量资料和单证并提交给政府主管机关。这些资料和单证往往都必须经由不同的机构进行提交，每一个都有各自专门的（人工或自动）系统和书面格式。这些名目繁多的要求加上其相应的核算成本，对政府和企业都可能构成一系列负担，并且还可能成为国家国际贸易发展的一系列障碍。

解决这一问题的途径之一就是建立国际贸易单一窗口，国际贸易相关的资料和/或单证借此只需一次性地在单一登记处提交即可。这就可以提高资料的可用性和可操作性，使企业和政府之间的信息流更为畅通和简化，并能导致相关数据在政府不同部门各个系统间的进一步协调和共享，涉及跨境贸易的各方都会从中获取可观的利益。这一措施的使用会导致官方监管效率和效能的提高，因而改善了资源的利用，使政府和国际贸易商的成本会有所降低。

在政府机构针对进口、出口和转口交易的必要信息规定中使用数据和报文的国际标准对于国际贸易将会有重大效益。这将确保各项政府申报要求中的数据通用性，并将使各国政府都能互相交换和共享信息，从而进一步简化国际贸易和运输手续。另一个好处就是标准数据集所能提供的稳定性、一致性和可靠性。

我国国际贸易单一窗口的主导机构

建立和运行单一窗口的主导机构各国都有所不同，主要根据各国的法律、政治和组织方面的情况而定。主导机构必须是一个非常有实力的政府机构，具有必不可少的战略眼光、高屋建瓴的大局观、法定管辖权、政治背景、财务和人力资源以及与其他关键部门的协调配合能力。依照中国的国情，商务部就是主导我国国际贸易单一窗口开发和实施最适合的政府主管机构（德国经济部、日本通产省、新加坡贸发局、美国部际委员会）。根据以往我国成立"国家贸易程序简化委员会"的经验，建议恢复"中国国际贸易便利化委员会"，吸收外经贸企业协会等公共机构以及进出口企业和国际贸易运输业代表参加，有利于我国国际贸易便利化工作的协调并提高效率。

我国国际贸易的现状怎么样？

我国20世纪90年代成立了国家贸易程序简化委员会，加上"金关工程"的推动，有过一段国际贸易便利化的轰轰烈烈启动发展期。促进了我国国际贸易在加入WTO以后十年的高速发展，对外贸易总额增长了近6倍（2001年5 000多亿美元，2011年3.64万亿美元）。

目前我国的国际贸易经营管理水平与发达国家相比仍有相当大的差距，国际贸易整体效率低、效益差。我个人认为：我国国际贸易在政府管理方面与发达国家相比落后10年，主要是现代管理理念滞后和措施落后。严重影响了我国进出口企业的国际竞争力。

建立我国的国际贸易单一窗口

建立我国的国际贸易单一窗口是我国当务之急。我国要实现从国际贸易大国到国际贸易强国的战略转变，必须学习和借鉴国际先进经验。

国际标准是国际现代科学技术的结晶。脱离国际标准而空谈我国国际贸易自主创新和增加核心竞争力，只能是贻误我国国际贸易发展的最佳时机。

建立我国的国际贸易单一窗口将大大提高我国国际贸易的效率和效益，促进我国进出口企业在国际市场的竞争力。我国应该也有能力在2016年建立我国的国际贸易单一窗口，2020年前将这一措施扩展到主要贸易伙伴国家与自由贸易区。国际贸易单一窗口将是我国国际贸易的国家战略信息系统。

我国的国际贸易单一窗口的主要用户是60万家进出口企业、国际贸易运输企业以及国际贸易相关公共机构和政府机构。系统容量在每年6亿份国际贸易电子单证（香港国际贸易单一窗口2011年实际工作情况：5.4万家企业、2 000万份国际贸易电子单证）。

我国的国际贸易单一窗口的用户界面应该是友好和方便的。不论对政府机构、还是企业都应该是免费和方便使用。该项系统投入产出效益很高，政府每年投入几十亿元，可以在我国国际贸易中节省几千亿元。

建立国际贸易单一窗口的环境

国际贸易单一窗口的引进通常首先就要求进行一项可行性研究并需要分析确定其可能的范围、需求的层次和性质、数据及其他信息要求、法律问题、实施选择（包括可能进行的分阶段实施）、试行的可能性和性质、不同方案下的实施成本、所需的其他资源（人力、技术等）、潜在的利益和风险、时间范围、实施及管理对策。

三、建立国际贸易单一窗口的法律框架

国际贸易单一窗口措施成功实施最重要的先决条件是政府及相关政府部门的政治意愿以及商界的全力支持和参与。还必须制订基本的法律框架，包括引进保密法规，订立信息交换的保密与安全规定。

35 号建议书："建立国际贸易单一窗口的法律框架"

建立单一窗口是一个复杂的过程，除了其他措施以外，还要求对已经制订的管辖国际贸易相关信息流的惯常做法有一个全面的审核。这就需要改变和澄清数据交换流程以及与此相关的现行法规。因此，为国际贸易单一窗口形成法定的许可条件，对于要建立这样一项全国性措施和/或寻求与其他单一窗口进行信息交换的国家和经济体而言，就被认为是一项主要的艰巨任务。

在第 35 号建议书背景下，国际贸易单一窗口的法律框架被定义成为设法解决单一窗口运行所需国内及跨境贸易数据交换相关法律问题所可能采取的一套措施。

建立国际贸易单一窗口往往需要对现行法规进行修改，例如，其中包括有关单证的电子化提交，电子签署（包括数字化签署），用户及报文验证，数据共享，数据的保存、销毁及归档，以及电子证据。但也有可能无需进行重大的法规修订就可建立单一窗口。在任何情况下，现行管辖贸易相关信息流的法规对单一窗口措施的业务和运行模式的选择都会有影响。因此，适时对有关贸易数据交换的现有及潜在法律障碍进行分析是建立和运行国际贸易单一窗口的首要步骤。这样的一项分析应当将单一窗口赖以存在的更为广泛的国际贸易背景都加以考虑。框架的概念指的是设法解决国际贸易单一窗口措施有关法律问题的一个范围和系统化方法。

所有国际贸易单一窗口运行最基本的要求都是贸易数据信息交换的透明和安全。完备的法律制度，是能够进行数据的收集、存取和分发并且明确具有保密性、抗干扰性及可靠性的机制，使之能够形成一种稳固的基础去运行这项措施，并在各参与方之间建立一种信任关系。

国际标准的运用是单一窗口实施和运行过程必要和关键的组成部分。给予所配置的服务以可扩展性并确保国际供应链上各参与方之间交易更为简单。由于国际贸易单一窗口的设计针对企业到政府（B2G）和政府到政府（G2G）的关联，就应当注意到其运行具有现行企业到企业（B2B）、B2G 和 G2G 关系解决方案可以联网共用的现实。

联合国贸易便利化和电子商务中心认为需要有一个完备的法律框架支持国际贸易单一窗口的运行，建议各国政府和从事国际贸易及货物运输各方应当：

（a）着手进行一项研究（包括电子商务法律基准和"差异分析"的研究），以确定一套可能需要采取的适当措施，设法解决单一窗口运行所需国内及跨境贸易数据交换相关的法律问题；

（b）使用 UN/CEFACT 一览表及其指南，确保法律框架中包含有关国内及跨境贸易数据交换最常见的法律问题；

（c）修订现行法律、规章、政令等，如有必要，设法解决已经确定的法律问题和差异；

（d）在建立国际贸易单一窗口法定环境的整个过程中，尽可能利用国家标准、国际法律文书

以及软件文件。

另一个关键要素是数据收集的法定授权。机构是否被授权去收集和（或）查询数据、法定授权（法律、规章、行政命令、管理程序）的司法管辖或起源。

国际贸易单一窗口措施的运行要快捷、高效，而首先是要合法，这就必须遵循所有相关的国家法规和本国作为缔约方的国际协议。因为各个国家以及在区域和次区域层面对国际贸易单一窗口运行的管辖规则都各不相同，这取决于该措施的实际范围和功能，建立一个符合要求的法律框架的任务，使国际贸易单一窗口措施有效运行，充分满足政府规定和贸易界的业务需求。

四、国际贸易数据简化与标准化

UN/CEFACT 2010 年公布了第 34 号建议书：国际贸易数据简化与标准化（Data Simplification and Standardization for International Trade）。

国际贸易单一窗口必须建立在国际贸易数据简化与标准化的基础上，即建立在国际贸易公约、标准、建议书和指南基础上。在这方面我国可以借鉴美国、新加坡和其他已经建立国际贸易单一窗口的国家的成功经验。

在许多国家（包括中国），为遵照国家和国际贸易法规，都要求公司向政府呈递大量的数据和单证。他们还必须与供应商、客户、辅助代理、金融机构以及第三方贸易中介交换信息。针对这些处理所需数据元的定义通常在各个政府机构之间或商业组织之间很少或没有协调。结果，涉及贸易和运输的公司就必须受制于各种不同的数据规定、单证和专用表格，需要重复呈递类似或相同的信息。

在国际贸易中，非标准的数据和单证的使用，即国家专用的和/或机构专用的数据，在成本和准确性方面的效率极为低下。这在基于书面体系的情况下也是事实，要求贸易商提供多种和多余的表格。

这一问题的解决方案就是对国际贸易所需数据元的简化和标准化。定义一套标准的数据和报文的最终目标是消除冗余和重复，使国际贸易商和运输经营人能够提供符合所有与进口、出口和转口相关的政府规定的信息。对国际贸易数据交换国际标准的使用支持关税和贸易总协定第 VIII 和第 X 款所述的标准和透明原则。

作为 34 号建议书基础的国际标准是国际贸易数据元的名称、定义以及在联合国贸易数据元目录（UNTDED）和各自 UN/CEFACT 建议书代码表（如第 16 号建议书"UN/LOCODE—口岸及相关地点代码"）中详细开列的代码。

建立我国的国际贸易单一窗口的核心任务是首先建立我国国际贸易国家战略信息系统的国家标准数据集（CNNDS）。

第 34 号建议书通过为实现一个国家简化和标准化数据集推荐一种使用方便和成本务实的四阶段流程。按照建议书指南中所述的简化和标准化流程，一个国家的政府就应当能够通过淘汰或复制呈递文件和消除冗余数据元来减少监管和行政的信息要求。这一流程的效果应当是企业和政府之间更为流畅和有效的信息交换。企业通过识别业务需求和实际以及商务系统的记录为政府提供所需信息的能力，在降低数据需求方面能够起到极有价值的作用。

国家数据集（NDS）的产生不能采取与其他贸易和经济发展方针相隔离的方法，因为其形态是官方监管信息的要求和运用，而方法则是通过企业提交数据来完成。当采用简化和标准化的应用时，针对要使用哪一种国家数据集，政府应当有明确的目标，是纯粹满足本国贸易需求，还是并入国家国际贸易单一窗口措施或利用各种区域性贸易协议、双边协议或其他贸易协定。

美国国际贸易单一窗口在美国已经进行了开发和实施，称之为国际贸易数据系统（ITDS）。

ITDS 的总体目标非常明确，一个针对国际贸易的在政府范围内集成的系统。ITDS 着眼于在政府范围使用一个安全和集成的系统，满足民间机构和联邦政府对标准贸易和运输数据的电子化收集、使用和分发的需要。美国国际贸易数据系统最初的概念出自远期自动商务环境工作组（FACET）。该工作组的任务是检查政府的国际贸易处理程序并对未来海关自动化提出建议。在该小组的关键建议中，其核心要点是对进口和出口手续使用同样的数据并对国际贸易程序的政府监督进行集中统一。1996 年美国副总统戈尔指示设立 ITDS 项目办公室。项目办公室由一个跨机构的委员会领导并配备有参与的政府机构（PGAs）、政府监督机构的代表以及相关企业方面的人员。项目办公室的首要目标之一是调查国际贸易的业务流程和信息需求。这是通过调查和问卷完成的。项目办公室对不同机构所要求的全部表格都进行了审核，汇编出一份贸易机构收集数据元的清单。这份清单涉及由将近 10 000 多个数据项构成的 300 多张单证、表格。这些信息显示出贸易机构收集的大量冗余和重复数据，这些信息的冗余度超过 90％。经过一个分析和协调的过程，美国国际贸易数据系统 ITDS 制订了一个由不到 200 个数据元组成的美国国家标准数据集（SDS），对最初合并的 3 000 个数据项而言，差别十分明显。

美国根据北美自由贸易法（NAFTA），实施了被称之为北美贸易自动化原型（NATAP）的 ITDS 概念验证系统。NATAP 是美国与加拿大和墨西哥共同努力的结果。NATAP 能够达到 ITDS 一套标准数据集用于多国机构办理进口、出口和转口手续的目标。美国还和英国一起实施了国际贸易原型（ITP）系统。因为这两个系统都有多国参与，所以都表现出为实现更进一步的便利化和功效所需的国际协调和标准化。

我国在国际贸易数据简化与标准化方面的问题比较多，特别是在汉语规范方面。一些常用的国际贸易术语不规范、不标准。

例 1：我国国际贸易界习惯在签订外贸合同时使用"发盘"、"还盘"。在中华人民共和国合同法中，正确的规范应该是"要约"、"新要约"。

例 2：我国国际贸易界错误率最高的汉字是"唛"（mark 的方言），它是我国国际贸易的"癌症"。我国国际贸易界在使用中五花八门："唛头"、"唛码"、"唛标"、"侧唛"、"标记"、"标记唛码"等，还有使用各种图形和彩色。这种"癌症"在过去几十年造成大量的"卡关"、"滞港"和国际运输错误，给我国国际贸易带来巨额损失。联合国 1979 年发布的 15 号建议书："简化运输标志（shipping mark）"和我国 GB/T 18131 "国际贸易用标准化运输标志"中，正确的规范应该是"运输标志"。国际贸易用标准化运输标志四行，每行 17 个字符，禁止各种图形和彩色。

建立国际贸易单一窗口必须使用国际标准

联合国贸易便利化与电子业务中心鼓励各国政府和企业在实施国际贸易单一窗口时考虑使用现有的建议书、标准和技术规范，它们在过去许多年间就已由政府间机构和国际组织开发，例如联合国欧洲经济委员会（UNECE）、联合国贸易和发展会议（UNCTAD）、世界海关组织（WCO）、国际海事组织（IMO）、国际民用航空组织（ICAO）和国际商会（ICC）。标准和技术规范的运用将有助于确保为实施单一窗口所开发的系统兼容其他国家的类似系统，而随着时间的推移，还能促进这些设施之间的信息交换。

政府平台在我国国际贸易便利化中起到权威和决定性作用。

在政府机构针对进口、出口和转口交易的必要信息规定中使用数据和报文的国际标准对于国际贸易将会有重大效益。这将确保各项政府申报要求中的数据通用性，并将使各国政府都能互相交换和共享信息，从而进一步简化国际贸易和运输手续。

国际贸易单一窗口的五项优势整体提升政府和贸易商国际竞争力：

（1）提高效益；

（2）减少负担；

（3）数据准确；

（4）效率提升；

（5）程序便利。

　　第 34 号建议书的重点在于国际贸易数据的自动交换，但在国际上应用简化、标准化的数据并不限于先进的电子系统。数据标准在其适用性和功能方面并未带有倾向性，无论是对于电子的还是纸质的系统都适用。

　　我国已经成功引进了 UN/CEFACT 各项建议书的主要标准，并等同或等效采用为国家标准。如联合国贸易数据元目录（UNTDED）、口岸及相关地点代码（UN/LOCODE）等。我国有条件也有能力在未来几年建立中国国际贸易数据系统，完成这一重要的历史使命。

　　　　　　　　　　　　　　　　　　（该论文刊登在《中国经贸》2011 年 9 月 18 期特稿）

参考文献

　　【1】33 号建议书："建立国际贸易单一窗口及指南"（Establishing a Single Window for international trade 2005）

　　【2】35 号建议书："建立国际贸易单一窗口的法律框架"（Establishing a legal framework for international trade Single Window 2010）

　　【3】34 号建议书：国际贸易数据简化与标准化（Data Simplification and Standardization for international trade 2010）

　　以上文献由联合国贸易便利化与电子业务中心（UN/CFEACT）发布

目　　录

第1章 建立国际贸易单一窗口
（联合国第33号建议书）

1.1 建立国际贸易单一窗口

"便利化"一词指的是使之方便或使之更方便，而这又恰好是贸易便利化的目标——为贸易商、相关公共机构和政府而促成尽可能简单和高效的国际贸易流程和手续。简化和协调的需求对于编制和呈递政府机构为执行进口、出口和转口相关法规所要求的种类繁多的资料和单证尤其明显。这些要求在公司资源上是一个沉重的负担，并可能对国际贸易的发展和效率构成一系列的壁垒和障碍，特别是中小企业。提高市场和政府间的信息交换效率正是联合国国际贸易便利化与电子商务中心（UN/CEFACT）的目的。

UN/CEFACT第33号建议书通过向政府和贸易商提出建立"单一窗口"的建议设法解决这一问题。贸易相关的资料和/或单证借此只需一次性地在单一登记处提交，就可满足所有进口、出口和转口相关的监管规定。33号建议书还建议参与其中的官方机构应当通过单一窗口协调对其各自的监管行为，并应考虑提供相应关税及税费的支付设施。为了帮助各国推广"单一窗口"，UN/CEFACT还详细设计了一套指南作为对建议书的补充。

在许多国家，参与国际贸易的公司经常都要按照进口、出口和转口相关的监管规定编制大量资料和单证并提交给政府主管机关。这些资料和单证往往都必须经由不同的机构进行提交，每一个都有各自专门的（人工或自动）系统和书面格式。这些名目繁多的要求加上其相应的核算成本，对政府和企业都可能构成一系列负担，并且还可能成为国家贸易发展的一系列障碍。

设法解决这一问题的途径之一就是建立一个单一窗口，贸易相关的资料和/或单证借此只需一次性地在单一登记处提交即可。这就可以提高资料的可用性和可操作性，使市场和政府之间的信息流更为畅通和简化，并能导致相关数据在政府不同部门各个系统间的进一步协调和共享，涉及跨境贸易的各方都会从中获取可观的利益。这一措施的使用会导致官方监管效率和效能的提高，因而改善了资源的利用，使政府和贸易商的成本会有所降低。

所以，单一窗口是贸易便利化概念的实际应用，属于消除非关税贸易壁垒范畴，对商界各方均有直接效益。

1.1.1 范围

就本建议书的观点而言，单一窗口被定义为使贸易和运输相关各方在单一登记点递交满足全部进口、出口和转口相关监管规定的标准资料和单证的一项措施。如果为电子报文，则只需一次性地提交各项数据。

单一窗口旨在使市场和政府之间的信息流更为畅通和简化，以实用的表达方式使涉及跨境贸易的各方都能更多地从中获益。单一窗口通常由某一主导机构集中管理，使相应政府部门或机构能够根据各自用途接收或存取相关资料。另外，参与的部门或机构应当对其监管进行协调。在某些情况下，单一窗口可以提供支付相应关税和税费的设施。

尽管在政府认同并采用针对单一窗口的相关信息和通信技术（ICT）时往往会对便利化有极大改善，单一窗口也不必就一定要包含高科技 ICT 技术的实施和使用。

1.1.2　效益

市场和政府都会因单一窗口的实施获益匪浅。对于政府而言，可以促成更好的风险管理、提高安全水准，并随着贸易商遵纪守法情况的改善而增加收益。商界的效益来自对法规解读和运用的透明性和可以预测性，对人力和财力资源更为妥善的调配，使之在生产力和竞争力方面获益可观。

因为重视对信息和风险的预先分析，这一措施在新的安全环境中对政府和贸易商也就具有越来越重要的价值。

1.1.3　环境

单一窗口的引进通常首先就要求进行一项可行性研究并需要分析确定其可能的范围、需求的层次和性质、数据及其他信息要求、法律问题、实施选择（包括可能进行的分阶段实施）、试行的可能性和性质、不同方案下的实施成本、所需的其他资源（人力、技术等）、潜在的利益和风险、时间范围、实施及管理对策。

单一窗口措施成功实施最重要的先决条件是政府及相关政府部门的政治意愿以及商界的全力支持和参与。还必须制订基本的法律框架，包括引进保密法规，订立信息交换的保密与安全规定。

1.1.4　使用国际标准

鼓励政府和商界在实施单一窗口时考虑使用现有的建议书、标准和技术规范，它们在过去许多年间就已由政府间机构和国际组织开发，例如联合国欧洲经济委员会（UNECE）、联合国贸易和发展会议（UNCTAD）、世界海关组织（WCO）、国际海事组织（IMO）、国际民用航空组织（ICAO）和国际商会（ICC）。标准和技术规范的运用将有助于确保为实施单一窗口所开发的系统兼容其他国家的类似开发，而随着时间的推移，还能促进这些设施之间的信息交换。

1.1.5　建议

联合国贸易便利化和电子业务中心（UN/CEFACT）注意到本建议书及其所附指南所述建立单一窗口的措施可以协调和简化政府和市场之间的信息交换，并认为其将对政府和市场都带来实际的利益，建议各国政府及从事国际贸易和货物运输的参与方：

（a）积极考虑在本国推行单一窗口措施的可能性，可以使

—参与贸易和运输的各参与方在单一登记处提交标准化的信息和单证，履行所有进口、出口和转口相关的监管规定。如果为电子信息，则只能一次性地提交各项数据；

—共享国际商业交易相关的所有信息，由一个订立信息交换保密和安全规定的法律框架予以支持；

—该单一登记处将相关信息向加入的政府部门或授权机构传递或提供使用权，并在适当的时候，对不同政府部门的监管加以协调；

—添加设施以提供贸易相关的政府信息和收取关税及其他费用的付款。

（b）通过与所有政府相关部门和商业界的协同努力，继续在国家层面扶持单一窗口措施。

（c）在建立本国单一窗口措施过程中，对本建议书所附指南给予全面细致的考虑。

UN/CEFACT 请求各国政府与 UNECE 分享并向其报告各自国家推行单一窗口措施过程中适

用的经验和举措。

1.2　建立国际贸易单一窗口指南

1.2.1　引言

本指南为 UN/CEFACT 第 33 号建议书关于建立单一窗口的附件，旨在协助政府和商界计划并建立一个针对国际进口、出口和转口相关监管规定的单一窗口措施。本指南就必须设法解决的主要问题进行了概要说明，提供了一些适用的方法和应当采取的步骤。

如 UN/CEFACT 第 33 号建议书中所述，本指南涵盖的单一窗口概念指的是一项措施，使涉及贸易和运输的各个参与方在单一登记处递交标准资料和单证，以履行所有进口、出口和转口相关的监管规定。如果为电子信息，则只能一次性地提交各项数据。

1.2.2　单一窗口最普遍的模式有哪些？

尽管建立单一窗口有许多途径，由 UN/CEFACT 国际贸易程序工作组（ITPWG/TBG15）对目前投入使用或行将完成开发的不同系统进行的核查中归纳出三种基本模式。但在考虑这些基本模式之前，还是要指出以下的重要事项：

- 尽管许多业务和贸易惯例在所有国家都很常见，但每一国家都还有其自身所特有的要求和条件；
- 单一窗口应当成为所有相关政府部门和机构与商界之间密切合作的典范；
- 尽管在政府认同并采用针对单一窗口的相关信息和通信技术（ICT）时往往会对便利化有极大改善，单一窗口也不必就一定要包含高科技 ICT 技术的实施和使用。

单一窗口的三个基本模式为：

（a）**单一管辖系统**，集中收取资料，无论是书面还是电子，并将其向政府各个相关部门传递，协调监管以防在物流环节中不当受阻。例如，在瑞典的单一窗口中，海关就要为某些部门［主要为国家税务局（进口增值税）、瑞典统计局（贸易统计）、瑞典国家农业管理局和国家贸易署（进口许可证）］代行所选事务。

图 1—1 给出了单一管辖示意图

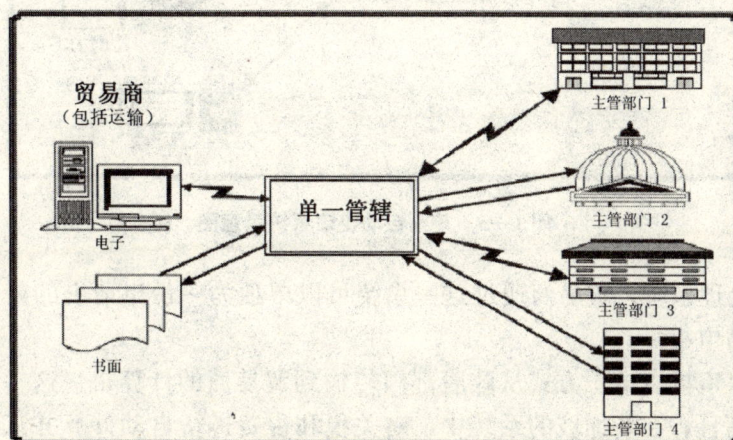

图 1—1　单一管辖示意图

（b）针对资料收集和递送的单一自动系统（既面向官方，也面向民间），集成了跨境贸易相关电子数据的收集、使用和递送（及存储）。例如，美国所建立的一套程序，贸易商只需一次性提交标准数据，就会由系统进行处理并分送关注该项交易的机构。这有几种可选方式：

ⅰ　集成系统：通过系统处理数据；

ⅱ　接口系统（分散处理）：将数据送往机构进行处理；

ⅲ　（1）和（2）的结合。

图1—2给出了单一自动集成系统示意图。

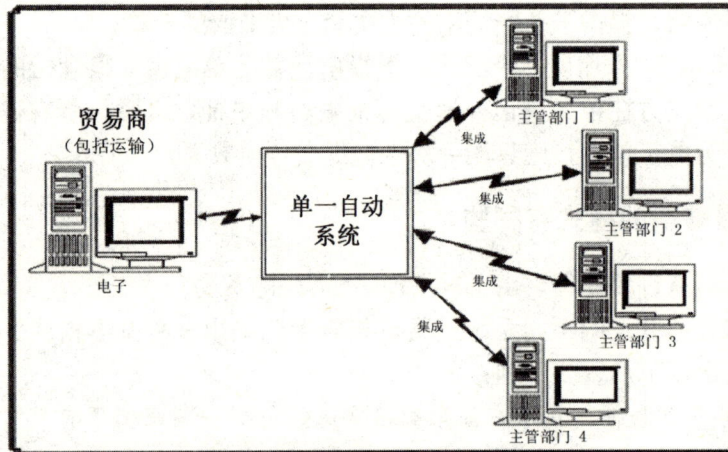

图1—2　单一自动集成系统示意图

图1—3给出了单一自动接口系统示意图。

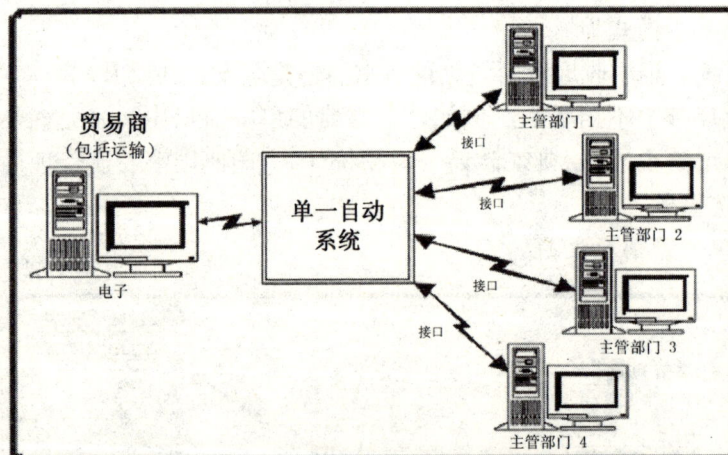

图1—3　单一自动接口系统示意图

（c）资料自动处理系统，贸易商通过这一系统可以单独为一份申请书的处理和审批向不同部门提交电子化的贸易申报。

在这一方式中，审批以电子方式从政府部门传输到贸易商的计算机。这一系统在新加坡和毛里求斯得到使用。而且，在新加坡的系统中，对关税和税费进行自动计算并从贸易商的银行账户中扣缴。在建立这类系统时，可能要对标准数据集的使用加以考虑，因其含有专门的身份识别机制，在进行所有相关交易之前都要预先进行识别和验证。

图1—4给出了单一资料自动处理系统示意图。

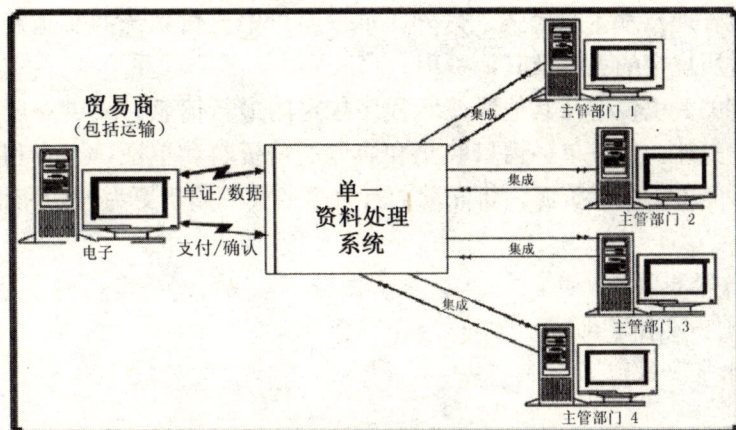

图 1—4　单一资料自动处理系统示意图

1.2.3　国际贸易单一窗口的主导机构

建立和运行单一窗口的主导机构各国都有所不同，主要根据各国的法律、政治和组织方面的情况而定。主导机构必须是一个非常有实力的组织，具有必不可少的洞察力、管辖权（法定）、政治背景、财务和人力资源以及与其他关键部门的协调配合能力。在某些情况下，海关和口岸当局可能就是主导单一窗口开发和实施最适合的机构，因其在收取资料和单证以及处于边境要害位置的关键作用。他们还可以成为"输入"端点，接收和协调相关信息流，实施各项跨境监管规定。

然而，主导机构却并非必须是一个政府部门；它可以是一个民间实体，例如商会，或半官方机构，如贸易理事会。但民间机构往往缺乏签发和受理资料和单证的法定授权和强制执行法规的权力。因此在某些场合，民间机构可能就有必要寻求有权进行处理的政府机构直接的正规支持。

官方—民间合作主导建立单一窗口的例子是毛里求斯的网络服务有限公司。这是一个三方合资的公司，由官方和民间各领域代表和一家国外技术伙伴加入（更多详细资料参见附录 A）。

在本指南开发过程中所调查的 12 个单一窗口中，主要由海关主导，其分布如下：

- 海关主导（包括财政部）：7 个；
- 口岸当局主导：2 个；
- 其他政府部门主导：1 个；
- 官方/民间合作主导：2 个。

1.2.4　建立国际贸易单一窗口的好处

对于贸易商和主管当局双方，单一窗口在相当程度上可以使提供和分享满足贸易相关监管规定所需信息的流程更为简单和便利。这一系统的运用可能会导致官方监管的效率和效能的提高，并可能因资源利用的改善而降低政府和贸易商双方的成本。

1.2.4.1　政府方面的效益

单一窗口可以导致现行政府体系与处理流程更好的结合，而同时又推动着政府与企业的合作和沟通方式向更为开放和便利的方向发展。例如，当贸易商愿意通过单一登记处提交全部所需资料和单证时，就可以为更加快速和更为精确的验证并将这些资料向所有政府相关机构分发而建立效率更高的系统。这还将使涉及贸易相关事务的政府部门之间的协调与合作得到改善。

通过单一窗口措施以系统化的方式收集所有数据，使贸易程序更为安全和有效，从而也使用于控制和执行的风险管理技术得以增强。另外，单一窗口中支付系统的实施确保迅速和正确地向政府部门和机构支付所规定的关税及其他费用。

单一窗口提供有关关税税率及其他法律和程序规定的最新信息会减少一般的无意失误并提高贸易商的合规水平。另外，通过单一窗口收集和协调所需资料和单证，人力和财务资源的使用都会减少，政府就有可能重新配置资源，将先前的行政事务资源用于更为关切和重要的领域。

政府的效益

- 资源配置的效率和效能更高；
- 税收准确（通常还有增长）；
- 贸易商合规水平改善；
- 安全性增强；
- 诚信和透明度增加。

1.2.4.2　贸易商方面的效益

贸易商方面主要的效益是单一窗口能够向其提供单一登记处一次性地将全部规定的资料和单证提交给所有与出口、进口或转口程序相关的政府机构。

当单一窗口能够使政府既快又准地处理所提交的资料、单证和税费时，贸易商就会因更快的清关和放行时间获益，使其供应链得以加速。此外，透明度的提高和可预测性的增加可以进一步减少来自官方和民间双方腐败行为的可能性。

如果单一窗口作为了解现行贸易法规、条例及合规要求最新资料的查询中心，就会降低商业交易的行政成本，并鼓励更多贸易商守法交易。

贸易商的效益

- 通过减少延误降低成本；
- 加速清关和放行；
- 规则应用和解释可以预测；
- 资源配置效率和效能更高；
- 透明度增加。

1.2.5　国际贸易单一窗口提供的服务

单一窗口所能提供的各种服务和功能广泛，取决于设计和适用范围。以下为通过选取现行具有代表性的单一窗口所提供服务的简要总结。

毛里求斯：毛里求斯的单一窗口可以向海关提交申报单，通过 TradeNet 以电子方式对其进行处理和回复，TradeNet 是由毛里求斯网络服务有限公司（Mauritius Network Service Ltd.）与新加坡网络服务公司［Singapore Network Service Ltd.，现以"深红逻辑（Crimson Logic）"的名义经营］合作开发的。这是一个基于 EDI 网络应用的系统，可以在涉及进出口货物流通的各不同当事方之间进行单证的电子传输，这些当事方就是海关、货运代理、航运代理、报关代理、货物装卸公司、商务部、自由港经营人以及进出口商。银行也将在未来与 TradeNet 连接，使关税及税费可以通过毛里求斯银行的毛里求斯自动清算系统（MACSS）进行电子支付。

TradeNet 还为海关提供了启动核心计算机化项目的机会，通过推行海关管理系统（CMS），将其与海关申报中的处理、到达和清关相连接。

更多资料来源：http：//mns. intnet. mu/projects/tradenet. htm

瑞典：瑞典的单一窗口系统被称之为"虚拟海关（VCO）"，可进行电子报关及进出口许可证和战略物资许可证的申请。系统可以集成到贸易商业务系统中，并可自动对汇率、税则编码和税率的变动进行更新。该单一系统还包含所有贸易法规并向贸易商提供，法规均通过互联网和/或 SMS-service 对变动进行自动更新。VCO 还可提供交互式培训课程并能定制和创建个性化虚拟海关，纳入贸易商按各自需要和希望所对应使用和查找的各项信息和流程。

通过互联网和 EDIFACT 都可以处理进出口申报。所有服务都集中在 VCO 的一个单独网页，现有 150 多项电子商务服务可用。VCO 上的资料和程序支持 10 种不同语言。系统目前涉及到瑞典海关（主导机构）、瑞典国家农业管理局、国家贸易署、全国战略物资及警察监察署。

更多资料来源：http：//www. tullverket. se/TargetGroups/General _ English/frameset. htm

荷兰：阿姆斯特丹斯希波尔机场的单一窗口可以使航空公司以电子化方式向海关提交载货清单。业内当事方向海关 VIPPROG 系统提供资料，该系统由海关开发。VIPPROG 是一个基于 EDI 的网络应用系统，可以传输货运报文，这是由 IATA 制订的标准报文，适用于 IATA 的 SITA 系统。当航空公司被机场自有的共享系统 Cargonaut 批准向海关提供信息时，来自 SITA 的信息就会通过 Cargonaut 进行传输。由海关为 Cargonaut 支付系统的公共使用和维护费。

单一窗口基于与其他行政机构的合作，结果在 1994 年建立了货物清关点［称之为 "CCP（cargo clearance point）"］。CCP 的建立为的是改进各个行政机构对货物的监管作业。这个 CCP 的基础是海关及 10 家其他行政机构与业内当事方之间所订立的协议。其他行政机构包括移民局，卫生监察署，运输、市政及水务管理监察总署各部门，卫生保护及兽医公共卫生监察署，国家家畜和肉类检测局，以及植物保护署。CCP 由海关进行管理。

为使其他行政机构获取所需相关信息以履行各自职能，这些机构在海关对信息进行分析的基础上向海关提供风险预测，并以电子或书面方式将其向其他机构转递。如果其他机构要对货物进行核查，就会以回复的方式通知海关。如果有一个以上的机构（包括海关）要进行货物核查，CCP 将就这一核查对所有相关机构加以协调。其目的在于防止多重核查对物流过程不必要的干扰。

美国：单一窗口在美国已经进行了开发和实施，称之为国际贸易数据系统（ITDS）。ITDS 着眼于在政府范围使用一个安全和集成的系统，满足民间机构和联邦政府对标准贸易和运输数据的电子化收集、使用和分发的需要。海关和边境保护局（CBP）会将 ITDS 的需求集成到一个商业环境/国际贸易自动化数据系统（ACE/ITDS）的接口系统中，以尽力避免类似的、孤立的并可能重复的系统。

ITDS 已经确定的主要参与方有以下几类：参与的政府机构（PGAs）、企业、监督机构、以及 CBP。

参与的政府机构（PGAs）所具有国际贸易职能包括：（a）对进出口货物、乘务人员及运输工具的监管，（b）依照联邦贸易法规（对于关税和配额、许可证及经营授权之类）进行的管理，（c）通过出口补助之类的措施促进国际贸易，以及（d）有关国际贸易和运输统计资料的收集和报告。按照机构对 ITDS 的用途，可分类如下：

边境业务机构——负责有关货物、运输工具和/或乘务人员的进出口和转口贸易手续。边境业务机构还可能有许可证和执照、统计或促进贸易的责任。边境业务机构有时就是指进出口监管机构。

证照核发机构——使用 ACE 记录和维护许可证照资料为主要业务。证照核发机构也可能具有统计和促进贸易的责任。

统计机构——使用 ACE 提取贸易或运输数据作为其自身统计分析所需的依据。统计机构也可以有促进贸易的责任。

贸易促进机构——使用 ACE，通过编制适用的进出口资料提供给贸易界、服务提供商和政府，以促进美国贸易。

更多资料来源：http：//www.itds.treas.gov，http：//www.cbp.gov

1.2.6　计划并实施国际贸易单一窗口切实可行的步骤

单一窗口的实施是一项重大而艰巨的任务，涉及到利益相关的各个方面，并要求来自政府和企业双方众多业内人士的参与。因此，从一开始就采用一种系统化的方式是绝对必要的。但实施方法可能会受到所在国家政治、社会和文化环境以及传统的重大影响。

初步形成单一窗口概念： 在一个国家建立单一窗口需要慎重考虑的工作就是通常作为开始的制定概念或基于初步研究的书面简介，编制一方可能大多为主导的政府部门或机构，或是卷入项目最终实施很深的民间组织。

考察单一窗口可行性的初步决策： 在政府与商业界之间开放合作的框架中，通常要组织来自各个贸易相关组织以及政府部门和机构的高层代表会议，以讨论单一窗口概念（或概念文件）。这一会议的目标是达成关于项目概念并发起可行性研究的共识，可行性研究应当包括详细的需求分析和技术评估。

假定做出了继续可行性研究的肯定决策，会议就应当建立一个由关键机构资深代表组成的项目管理组，直接参与单一窗口的实施和运用。会议还应当组建一个由关键机构适任技术和管理代表组成的特别工作小组，以完成项目所需的组织和实施工作。

着手进行可行性研究： 可行性研究是整个单一窗口开发的关键因素。该项研究应当确定单一窗口可行的范围、需求的层次和性质、合理的实施场合（包括恰当的实施阶段）、试点实施的可能性及性质、不同场合的实施成本、所需的其他资源（人力、技术等）、潜在的利益与风险、实施及管理策略。

仔细考虑可行性研究报告： 特别工作小组应当对可行性研究的结果进行认真考虑和审核（或其他确定程序），最终提交项目管理组审议。应当为这一过程留有足够的时间，为取得最大投入和协议，这在报告定稿之前是必不可少的。随后，商定推荐单一窗口的选择及其所补充的实施方案选择则会在更大范围呈交政府和商业团体，可能直到关于建立单一窗口的全国性专题讨论会。

实施： 无论是否选择试点、分阶段、还是整体实施的方式，创立一项贯穿整个项目实施的明确的项目管理方针是必不可少的。项目管理计划必须经项目管理组和特别工作小组双方正式同意，应当纳入一组明确定义相互关联任务和事件的标志性时点，这就可以帮助特别工作小组和项目管理组计划、执行、监督、评估和调整项目的实施。

1.2.7　辅助国际贸易单一窗口实施的标准和工具

强烈建议政府和商界在实施单一窗口过程中考虑使用由国际机构和国际组织（如 UNECE、UNCTAD、WCO、IMO、ICAO 和 ICC）多年来已经开发的建议书、标准和现有工具。

标准及适用工具的使用将有助于确保为实施单一窗口所开发的系统更加有可能兼容其他国家的类似开发，而随着时间的推移，还能促进这些设施之间的信息交换。另外，使用现有工具和最佳实例，还会有助于降低实施的总体成本，因为项目利用了已经由其他国际标准化组织完成的工作。

1.2.8　成功建立的国际贸易单一窗口的关键因素

成功引进和实施单一窗口概念在相当程度上依赖于某种前提条件和成功因素，国家与国家、项目与项目都各不相同。本指南最后的这一章节列出了一些成功因素，是由 UN/CEFACT 国际贸易程序工作组（ITPWG/TBG15）在对不同国家单一窗口运行和开发所进行的审核中所收集的。这些因素的列表并未进行任何顺序上的特别安排，因为在不同国家和地区的运行情况可能有相当大的变化。要注意的是尽管若干地点已经在本指南被提到过，为了完整性以及强调而在此重新提及。

政治意愿

由政府和企业双方表现出来对实施单一窗口所形成的强烈政治意愿，是其成功引进最为关键的因素之一。要取得这样的政治意愿，需要对建立单一窗口的目标、影响、效益和障碍等方面明白和全面的知识进行正确的宣传。建立单一窗口的可用资源往往与政治意愿和项目投入的水平直接相关。确立必要的政治意志是其余所有成功因素的基石。

强有力的主导机构

与需要政治意志相关，无论是对于启动还是对于渡过不同的项目开发阶段，都需要一家强有力的、资源充沛的、授权充分的主导机构。这一机构必须得到适当的政治支持、法定授权、人力和财力资源及其与企业界的联系。另外，组织内部就有一个推动项目的强大个体是绝对必要的。

政府与商界之间的合作

单一窗口模式对于政府内部机构之间合作、同样对于政府与商界之间的合作都是切实可行的。在这一系统的建立和运行中，就为官方—民间的合作提供了很好的机会。因此，从一开始就应当邀请来自所有政府和民间行业机构的代表参与这一系统的开发。这包括参与项目的各个阶段，从初期开发的项目目标、环境分析和项目设计直到安装启用。单一窗口的最终成功在很大程度上都取决于这些当事方的参与、投入和意愿，要确保系统能够成为其业务流程的常规功能。

确立明确的项目范围和目标

像任何项目一样，从一开始就为单一窗口确立定义明确的目标和任务将有助于自始至终在各个不同开发阶段对项目的引导驾驭。这些都应基于对关键参与方需求、意向及资源的认真分析，还要基于现有基础结构和向政府机构提交贸易相关资料的现行方式。如前文所述，这一分析应当是政府和商界双方所有关键参与方的共同需要。通常认为单一窗口是一个国家改进贸易便利化总体战略的组成部分。

用户友好和存取便利

存取方便和用户友好也是单一窗口项目成功的一个关键因素。应当为用户编写全面的操作手册和指南。应当设立求助服务和用户支持服务、包括培训的制度，尤其在项目的前期实施阶段。求助服务是在系统难点和瓶颈领域收集反馈信息的有效途径，而这些信息在其进一步开发中可能就会成为有价值的工具。对于用户实用培训课程的必要性和实用性不可过分强调，尤其在项目实施阶段的前期。在一些国家中，设法解决多语言的需求也是非常重要的。

与本国或本地区 ICT 实际运用能力相适应的系统设计非常重要。要放眼这一领域未来可能的技术发展，单一窗口从开始启用那一刻就应当按最大用户数投入使用。这在某些情况下，对于围绕着某一特定地区有限的联机存取能力所进行的设计，就可能会要求使用基于书面的系统或书面/联机双轨方式。

合法的环境

设定必要的法律环境是单一窗口实施的前提。必须明确并认真研究相关的法律及法定约束。例如，为了推进电子数据的提交/交换和/或电子签名系统，有时就可能需要在法规方面进行某些修改。另外，关于部门和机构之间共享信息、以及运行单一窗口的机构安排方面的限制，可能都需要加以克服。并且，还需要审核主导机构在法律问题方面的授权及其管辖。

国际标准和建议

单一窗口的实施通常都必须对相关单证和数据集进行协调和标准化。为确保与其他国际体系和应用的兼容，这些单证和数据模型必须以国际标准和建议为基础。即使单一窗口被设计为不使用电子数据交流的运行方式也是如此。

只要涉及电子数据交换，用于国际贸易的所有数据的协调、简化和标准化就是为单一窗口顺利进行自动化运行的一项基本要求。对不同参与方遗留系统所用数据进行协调可能对自动化单一窗口的实施是一项最为艰巨的任务。UN/CEFACT 贸易便利化建议书（如 UN/CEFACT 第 1 号和第 18 号建议书）含有对单一窗口系统实施极具价值的信息。

确定可能的阻碍

有可能在政府和/或商界所有用户都会不欢迎单一窗口的实施。在这种情况下，应当找到反对一方顾虑的实际原因，并在项目中尽快设法解决。应当对所确定的障碍分别加以考虑，重视当地的环境和需求。显然，成本可能会是一个主要障碍，但必须将其与本文第 4 章节中所述的未来收益进行权衡。无论如何，重要的是要消除项目所涉资金问题的影响，以便能够对整体还是分阶段实施作出决定。法律问题也被认为是一个潜在的影响重大的问题领域。

融资模式

项目中应当尽早达成单一窗口融资模式的决定。从政府全额拨款制（如荷兰）到完全自给自足模式（如毛里求斯）都可以。另外，如果认为是更好的方式，还应当探索官方—民间的合作。明确这一点，会对支持系统实施的决策产生重大影响。

支付功能的选择

一些单一窗口系统（如泰国）纳入了一套支付政府税费和关税及其他费用的系统。这对政府和商界都是十分具有吸引力的功能，这在要求系统产生收入时尤其重要。但是，应当注意添加支付功能往往在协调尤其是安全方面需要相当大的额外工作量。

宣传和推广

单一窗口的宣传和推广非常重要，应当认真计划。所有来自该系统政府和商界关键参与方的代表都应参加推广活动，因为这些参与方可以提供关于用户群期望值的宝贵信息，以及直接帮助宣传和推广报文。应当制订一份清晰的实施时间表并尽可能在单一窗口项目早期阶段进行宣传，因为这将有助于项目的推广，并协助潜在用户根据这份时间表计划其自身的业务和投资。推广应当清楚地确定效益及节约的成本以及从单一窗口业务实施中所取得的具体的效率增长点。

沟通策略

制订适当的长效机制协调所有参与方了解项目的目标、任务、指标、进展（和困难），建立互信，避免可能导致的干扰其他好项目之类的误解。在这一背景下，正确对待参与方的期待就极为重要，"承诺越少兑现越多"（而非反之）的商业格言值得记取。同样重要的还要记住，参与方往往不指望发生奇迹：解决简单的实际问题可能对项目渡过难关、沿着发展方向推进产生良好的信誉。

1.2.9　现行国际贸易单一窗口示例

在编制指南的过程中，对现有的一些单一窗口进行了考察。现将对单一窗口所选典型事例的记述提供如下。

毛里求斯：毛里求斯的单一窗口可以向海关提交申报单，通过 TradeNet 以电子方式对其进行处理和回复，TradeNet 是由毛里求斯网络服务有限公司（Mauritius Network Service Ltd.）与新加坡网络服务公司［Singapore Network Service Ltd.，现以"深红逻辑（Crimson Logic）"的名义经营〕合作开发的。这是一个基于 EDI 网络应用的系统，可以在涉及进出口货物流通的各不同当事方之间进行单证的电子传输，这些当事方就是海关、货运代理、航运代理、报关代理、货物装卸公司、商务部、自由港经营人、以及进出口商。银行也将在未来与 TradeNet 连接，使关税及税费可以通过毛里求斯银行的毛里求斯自动清算系统（MACSS）进行电子支付。

TradeNet 还为海关提供了启动核心计算机化项目的机会，通过推行海关管理系统（CMS），将其与海关申报中的处理、到达和清关相连接。

为确保从传统模式顺利和渐进地转变，以及更加顺畅地接受海关新的操作方式，TradeNet 系统是分阶段进行实施的。第一阶段始于 1994 年 7 月，针对无需海关查验即可放货的海关电子化核准程序。之后在 1995 年 1 月引进了第二期，航运代理可以电子化方式向海关提交海运载货清单。在 1997 年第三期实施中，引进的功能迎合了电子申报和进口单据处理的需要。2001 年 7 月，又在第四期和第五期增加了包括从港区向货运代理站点转运集装箱以及监管机构相应进行进出口核批的补充功能。估计 TradeNet 无争议申报的货物平均清关时间从大约 4 小时缩短到 15 分钟左右，节省的费用估计在 GDP 的 1％左右。

Trade Net 是一家合伙公司，合作方为若干毛里求斯政府机构、毛里求斯工商会议、以及在新加坡经营其 TradeNet 自有版本的合伙公司深红逻辑。所有服务均以按用量支付为基础进行计费，外加每家用户的初次登记和安装费用。最重要的是该项目自给自足并形成足够的资源，更进一步地在国内电子政府（e-Government）领域继续投入。针对其内部需求，加纳也已购买并采纳了毛里求斯的 TradeNet 系统。

更多资料来源：http：//mns. intnet. mu/projects/tradenet. htm

瑞典：瑞典的单一窗口系统被称之为"虚拟海关（VCO)"，可进行电子报关及进出口许可证和战略物资许可证的申请。系统可以集成到贸易商业务系统中，并可自动对汇率、税则编码和税率的变动进行更新。该单一系统还包含所有贸易法规并向贸易商提供，法规均通过互联网和/或 SMS-service 对变动进行自动更新。VCO 还可提供交互式培训课程并能定制和创建个性化虚拟海关，纳入贸易商按各自需要和希望所对应使用和查找的各项信息和流程。

通过互联网和 EDIFACT 都可以处理进出口申报。所有服务都集中在 VCO 的一个单独网页，现有 150 多项电子服务可用。VCO 上的资料和程序支持 10 种不同语言。

系统目前涉及到瑞典海关（主导机构）、瑞典国家农业管理局、国家贸易署、全国战略物资及警察监察署、国家税务管理局和瑞典统计局。

客户使用电子报关会在 90 秒内收到答复。如果手续办理时间比较长，贸易商就会选择通过 SMS 和电子邮件接收关于事项进展频繁更新的资料。来自贸易商的反馈显示，有 80％认为虚拟海关节约时间，54％坦承省钱，72％感受到增加了灵活性，而 65％认为服务质量和速度均有提升。

与此同时，海关亦可削减成本、提高内部程序的效率并将资源向核心业务转移配置。

持续开发单一窗口系统是瑞典政府政策透明及其同企业和公民相互作用的一个自然而然的结果。海关与其他政府参与机构一起，以内部和外部（企业）各方需求为基础进行了系统的开发。系统全部由政府出资，所有服务均免费。

更多资料来源：http：//www. tullverket. se/TargetGroups/General _ English/frameset. htm

荷兰：阿姆斯特丹斯希波尔机场的单一窗口可以使航空公司以电子化方式向海关提交载货清单。业内当事方向海关 VIPPROG 系统提供资料，该系统由海关开发。VIPPROG 是一个基于 EDI 的网络应用系统，可以传输货运报文，这是由 IATA 制订的标准报文，适用于 IATA 的 SITA 系统。当航空公司被机场自有的共享系统 Cargonaut 批准向海关提供信息时，来自 SITA 的信息就会通过 Cargonaut 进行传输。由海关为 Cargonaut 支付系统的公共使用和维护费。

单一窗口基于与其他行政机构的合作，结果在 1994 年建立了货物清关点［称之为"CCP（cargo clearance point）"］。CCP 的建立为的是改进各个行政机构对货物的监管作业。这个 CCP 的基础是海关及 10 家其他行政机构与业内当事方之间所订立的协议。其他行政机构包括移民局，卫生监察署，运输、市政及水务管理监察总署各部门，卫生保护及兽医公共卫生监察署，国家家畜和肉类检测局，以及植物保护署。CCP 由海关进行管理。

为使其他行政机构获取所需相关信息以履行各自职能，这些机构在海关对信息进行分析的基础上向海关提供风险预测，并以电子或书面方式将其向其他机构转递。如果其他机构要对货物进行核查，就会以回复的方式通知海关。如果有一个以上的机构（包括海关）要进行货物核查，CCP 将就这一核查对所有相关机构加以协调。其目的在于防止多重核查对物流过程不必要的干扰。

荷兰海关的业务范围不仅限于征收关税，还涉及到对进出口和转口货物的监管，监管机制包括针对特定货物的禁止、限制或控制措施，如针对药物、武器、废弃产品、文物和濒危物种。在法律上，这些领域主要都由其他各部负责。在 1996 年与其他各部或执法机构的谅解备忘录中，纳入了由海关代表其他执法机关履行监管的规定。

贸易商大力支持这种合作方式。贸易商的效益是空运物流中延误的减少、以及在提交综合申报单和其他单证方面人力成本的降低。经过数年，已经在海关和贸易商之间形成了在自愿基础上于到达前递交资料的惯例，这也进一步加快了货物的清关。单一窗口给海关带来的好处就是在到达前就对空运进入的货物有一个相当全面的了解。

荷兰海关在不久的将来要引进新的系统，名为"Sagitta binnenbrengen（进口数据自动收集和处理系统）"，可以在到达前就向海关提交综合申报单。资料可以经由机场当局提交，也可直接提交。系统与海关的其他系统也有接口，而这就使提交报关单成为可能。于 2004 年在全国范围引进这一新的系统。因此，VIPPROG 作为一个局部系统将会成为冗余。

美国：国际贸易数据系统（ITDS）最初的概念出自一个特别工作组，远期自动商务环境工作组（FACET）。FACET 的任务是检查政府的国际贸易处理程序并对未来海关自动化提出建议。在 FACET 的关键建议中，比较突出的是对进口和出口手续使用同样的数据并对国际贸易程序的政府监督进行集中统一。FACET 报告导致副总统指示美国财政部设立 ITDS 项目办公室。项目办公室由一个跨机构的委员会领导并配备有来自海关（CBP）、参与的政府机构（PGAs）、政府监督机构的代表以及承包商（咨询顾问）方面的人员。ITDS 进行了广泛磋商，远远超出 PGA 贸易的行业范围。

项目办公室的首要目标之一是调查 PGA 的业务流程和信息需求。这是通过调查和问卷完成的。项目办公室对不同机构所要求的全部表格都进行了审核，汇编出一份贸易机构收集数据元的清单。这份清单显示出贸易机构收集的冗余和重复数据，涉及由将近 3 000 个数据项构成的 300 多张表格。这些信息的冗余超过 90%。经过一个分析和协调的过程，ITDS 制订了一个由不到 200 个数据元组成的标准数据集（SDS）。对最初 3 000 个数据项而言，差别十分明显。

此外还对国际贸易和技术的新兴趋势进行了研究。商业的全球化、贸易中出现的商务标准化、以及能够通过互联网进行快速的信息交换，都是需要加以考虑的因素。

根据北美自由贸易法（NAFTA），实施了被称之为北美贸易自动化原型（NATAP）的 ITDS 概念验证系统。NATAP 是与加拿大和墨西哥共同努力的结果。即使范围有限，NATAP 还是表明能够达到 ITDS 一套标准数据集用于多家机构办理进口、出口和转口手续的目标。对作为通讯技术的互联网应用也进行了演示。除了 NATAP，美国海关（CBP）也与英国一起实施了国际贸易原型（ITP）系统。因为这两个原型都有多国参与，所以都表现出为实现更进一步的便利化和功效所需的国际协调和标准化。

经过向贸易团体和参与机构进行广泛咨询之后，ITDS 项目办公室发布了一份 ITDS 设计报告。这份初步的设计报告包括：业务概念、成本效益分析、配置管理、数据模型、处理程序、工作流、标准、基础技术架构和参考模型，以及用户操作需求。

ITDS 当前的工作是开发新的海关自动处理系统，称之为自动化商务作业平台（ACE）。有一种观点认为 ACE 与 ITDS 正在竞争。在因此而出现的延误期间，解决了在 ACE 和 ITDS 开发之间的所说的冲突。ITDS 是 ACE 的一个组成部分。正在对初期 ITDS 设计报告的功能组件进行的更新就反映出这些变动。

单一窗口的成功设计、开发和实施必须加以考虑很多的关键因素。以下就以这些因素对 ACE/ITDS 的经验进行总结：

政治意志和主导机构：开始于 FACET 特别工作组、副总统命令、以及 CBP 对 ITDS/单一窗口的持续支持，从政府高层到 ITDS 的行动就已经非常明确。任何在 ITDS 早期概念中的可能存在的不确定都已消失，取而代之的是 ITDS 继续进行的明确任务。ITDS 由一个代表主要贸易机构的委员会进行管理。

政府与商界的合作：ITDS 已经被集成到 ACE 的设计、开发和实施之中。ACE 组成了贸易支持网络（TSN）。TSN 是一个大规模的网络，超过 300 人的贸易社团代表每年在分委员会和全体会议都要开会 2 次。尤其是 ITDS，有一个 ITDS 分委员会由贸易社团和政府代表共同主持。有关 ITDS 的所有决策都要通过这个分委员会的审查。

确立明确的目标和范围：ITDS 的总体目标非常明确，一个针对国际贸易的在政府范围内集成的系统。而从长期来看，ACE/ITDS 的实施是以可管理、分阶段递进的方式设计的。

用户友好和存取便利：ITDS 并未取代机构专用系统。ITDS 的意图是作为 PGA 收集、分发和使用数据的实用程序提供服务。在某些情况下，ITDS 会将机构专用数据向现行机构系统进行传输（接口）。在另一些情况下，机构则会选择并使用 ACE/ITDS 的处理能力（集成）。ACE/ITDS 还利用网站技术为机构开发门户网站，以存取 ACE/ITDS 数据，以便进行审核并生成业务报告。

合法的环境：出现法律方面的考虑是必然的。其中就要考虑数据收集、数据共享和数据存取的授权。出现法律问题时，会由 PGA 设法解决。ACE/ITDS 以及相关的 PGA 还商定了一份谅解备忘录（MOU），对责任、操作、处理细节及数据要求等进行逐一说明。

国际标准和建议：ACE/ITDS 将遵循由世界海关组织（WCO）、UN/CEFACT 和 ISO 制订的数据和报文国际标准。ACE/ITDS 的代表积极参与 WCO 的海关数据模型、数据建模、以及托运货物统一编号（UCR）工作组。另外，ACE/ITDS 严格遵循关于简化和统一海关程序的京都公约修订版及随附的由 WCO 制订的信息和通讯技术应用指南。只要 PGA 确定其信息需求，就会将数据元与 WCO 模型进行对应。如果某一数据元未在 WCO 数据模型中列出，就会与 WCO 采取适当措施，以保证该机构的数据确实位列 WCO 模型之中。

宣传、推广及沟通策略：宣传、推广和沟通策略对于政府和贸易团体要在国内和国际两个层面进行处理。为机构举办的专题会议包括下列问题：ACE/ITDS 主导的综合性会议（某一 PGA 需要通过加入 ACE/ITDS 的程序）、ACE/ITDS 范围的会议（提供从业务流程观点定义 ACE/ITDS）、业务流程分析会议（讨论 PGA 应当如何记载其业务流程，焦点集中在流程的现状和优化）、数据协调（在属性层面为信息分析需求提供资料）、业务概念（为制订机构的 MOU 了解该类机构的具体情况）、预算会议（以预期的功能需求为基础，了解并计划 ACE/ITDS 的资金事项）。ACE/ITDS 还会利用参加国内外各种大型会议、专题会议、政府和贸易社团会议及其发言机会进行单一窗口的教育和宣传。

确定可能的障碍：

- 资源的使用：如果要使单一窗口系统能够成功实施，各个 PGA，尤其是主导机构，就必须投入资金及人力资源。ITDS 的责任通常在机构中被列为次要职责。
- 成本：成本是一个相当重要的因素。幸运的是 CBP 自动化正在根据海关现代化项目进行整体设计。单一窗口的设计、开发和实施成本已经并入海关现代化项目。各国考虑单一窗口实施应当进行一项全面的成本效益分析。成本的一个重要因素是机构各自系统的设计、开发和维护成本与单一窗口概念形成对抗。这是一个政府和贸易商都要考虑的因素，因为为了满足不同机构的要求就必须维护不同的文件、标准和系统。
- 理解意图或动机：在单一窗口概念的开发过程中，机构可能会有错误的看法，就是主导机构试图接管和支配国际贸易程序。必须尽早在初步设计阶段就设法解决这种观念，要解释清楚主导机构具有其自身的职能和责任，所关注的是改进而非支配这一程序。
- 对于变动的人文阻力：这一点并非只在单一窗口才会发生。任何像单一窗口这样的根本性变革都会遭遇抵制。教育和包容是减轻这一阻力的两种方式。机构员工通常关注的是贸易程序中各自的职能。单一窗口的领导人则会强调该机构在整个国际贸易程序中的作用。应当努力使针对机构任务的注意力调整到安全、社会保障和环境等更加广阔的范围。
- 数据要求：标准数据集的开发是单一窗口取得成效的关键。数据定义中应当注意确保在标准数据集列入机构所要求的信息。按成本和技术的说法，另一要点就是将国际标准数据集成到现行的保留系统之中。具体就是必须制订在新标准和现行系统标准之间通行的一套方法，以及为保留系统移植新标准的计划。

更多资料来源：http：//www. itds. treas. gov，http：//www. cbp. gov

1. 2. 10　计划实施国际贸易单一窗口的实用步骤

实施单一窗口是一项艰巨的任务，涉及各方利害关系，需要政府和企业双方众多专业人士的奉献。因此，从一开始就采用系统化方法是理所当然的。以下讨论的是其中一些关键步骤。

（a）**制订单一窗口的初步概念**

一个国家建立单一窗口的真正工作通常始于在一些初步研究基础上编制一份概念性的或简要情况的报告。这项工作往往由主导的政府部门或机构、或者由可能参与最终项目实施的主要民间机构发起。这份报告一般会描述单一窗口的总体目标和潜在效益，并会介绍其实施相关的概况。报告一般会针对所涉及到的实际问题并会避免过度使用技术术语和技术概念的深度论述。着重要理解概念报告的任务为的是便于针对主题进行初步讨论，并获准针对单一窗口的必要性、方案及可行性进行进一步的深度研究，而无意在这一阶段就寻求达成实施单一窗口的一致意见。

（b）**首先做出的决定是分析单一窗口的可行性**

编制概念报告之后，在政府和商界开放合作框架内，通常会组织由各个有关的贸易组织、政府部门和机构高层代表参加的会议，讨论单一窗口概念（以概念报告为基础）。会议目标是就项目概念取得一致意见，并启动可行性研究，其中包括详细的需求分析和技术评估。可能在会前就需要进行有效的"幕后"游说和项目宣传工作，以确保参与方理解概念并对这一构思持有积极意向。如同本指南中多处宣称的那样，支持实施单一窗口的政治意志是其成功的所必不可少的关键条件之一。

假定达成了一项继续进行可行性研究的积极决定，会议就应成立一个项目管理组，由要害机构的资深代表组成，这些代表都将直接参与单一窗口的实施和应用。项目管理组应当有权为项目调用资金、做出资源配置决定并调动其相关机构参与项目。应当为项目管理组提前草拟一份"目标、责任和职责范围"的文书并在会上议定。

会议还应组建"特别工作小组"，由要害机构的技术和管理代表组成，负责进行项目所需的组织和实施工作。同样，也需要为特别工作小组事先草拟"目标、责任和职责范围"的文件并在会上议定。

（c）进行可行性分析

可行性研究是整个单一窗口开发的关键要素。研究应当确定单一窗口范围的可能性、需求的层次和类型、可能的实施场合、试点实施的可能性和性质、所需资源（资金、人力、技术等）、潜在的效益和风险、时间范围、以及实施和管理策略。强烈建议这项研究应当基于与政府和企业双方关键用户直接面对面的访谈，极为赞赏通过相关问卷更广泛地从潜在的参与方和用户范围收集资料。

可行性研究的目标是向决策者提供可以作出的选择及其对每个政府部门带来后果的内在认识。该项研究应当提出意见，哪一种选择对本国更为可取和可行、应当采取哪一种实施方式（即整体实施或分阶段实施）、分阶段实施可以采取的步骤、初期试点实施的性质和范围、税款征收（针对关税、费用等）的可能性、确定"关键"交付件并对开发和实施提出建议的时间表。

在此强调的重点是单一窗口的开发并不意味着就推定或要求用一个先进的计算机信息系统收取、存储和共享信息。显然，信息技术可能对单一窗口背景下信息共享产生潜在的积极影响极大，并且是本指南编写过程中对单一窗口所进行考察范围内更为普遍的实现方式。但开发一个人工的单一窗口也是可能的，在一个地点集中提交相关单证，随后再重新分发给相关的政府部门或机构。

还应指出，在为单一窗口考虑技术需求时，应当慎重对待现行保留系统的价值和投入。尽管有时可能必须替换这些系统，建立集中统一的门户或网关用于机构之间共享和交换信息可能也是一个不错的实现方法。

使用咨询顾问

可行性研究应当由内部的项目特别工作小组自己承担，还是由外部第三方承包，这是一个必须作出的决定。雇佣外部顾问的主要好处是报告可能具有更为独立的视点；咨询顾问还可能提出那些政府专门机构（因为政治或其他原因）难以表达的评论和建议。而且，内部也可以不需要为在规定期间内承担该项分析而谋取必要的技能、经验和所需时间。然而，由咨询顾问承担该项工作主要的不利因素却是报告看上去就很肤浅，与组织内的关键用户无法关联（就是报告几乎没什么用处或不受认可）。第三种选择是雇佣咨询顾问协助特别工作小组承担这项可行性研究，但是对于此项选择就必须另行规定一条明确的授权和责任界线。通常决定所采用的方式都取决于可用的资源、报告的期间、还有政治方面的考虑。

论证可行性分析报告

特别工作小组必须对可行性研究的结果加以慎重考虑和认定，最终提交项目管理组审议。应当为这一过程留有足够的时间，为取得最大投入和协议，这在报告定稿之前是必不可少的。

在特别工作小组和项目管理组认可该项研究之后，精选单一窗口的推荐方案以及随之而来的实施方案，这些决定就要提交给更大范围的政府机构和贸易团体。对此，一个较好的方式是组织一个全国性关于建立单一窗口的专题会议，特别工作小组（和/或咨询顾问，在该项工作外包第三方的情况下）可在会上展示研究结果和针对实施的倾向性选择。除了沟通机制明显之外，这样一项活动将有助于在分析中不会遗漏重点领域，并在作出最终的实施决定之前，更加易于取得用户群体对所推荐的单一窗口方案，包括所推荐的试点和/或分阶段实施方案的理解和支持。

实施（试点、分阶段和/或整体）

无论是否已经作出试点、分阶段或整体实施的决定，选定贯穿整个项目实施的一种明确的项目管理方法是绝对必要的。项目管理计划必须经由项目管理组和特别工作小组双方的正式同意，应当纳入一组明确定义相互关联任务和事件的标志性时点，这就可以帮助特别工作小组和项目管理组计划、执行、监督、评估和调整项目的实施。许多广为接受的项目管理方法和一些不错的软件程序都会对这一过程有所帮助。项目管理计划应当包括：

- 对项目范围、目标和任务的明确陈述；
- 关于关键交付件、交付责任、期限和完成时点的陈述；
- 对不同参与方任务和责任的定义，包括项目负责人（项目经理）以及该项目经理授权级别的约定；
- 对项目经理的管理和监督责任及授权界线，以及项目经理、项目管理组和特别工作小组之间联络的具体规定；
- 明确实施过程中与项目参与方和潜在用户之间的定期沟通策略，包括哪些信息需要以何种方式和频率与哪些群体进行沟通的约定；
- 一份清晰并共同议定的预算，包括财力和人力资源；从项目一开始，这就是进行必要的资金和人力调配所必不可少的；
- 对项目风险（如削减预算、所需的法规改革延误等）的明确陈述以及商定的应对计划（针对最大限度的可能性），包括针对高风险的应急计划，以进行风险管理；
- 关于项目成功衡量标准的约定；
- 约定项目审核及反馈机制，以便对项目进程进行持续监督并应对实施中可能的任何必要变更。

同需求分析和可行性研究一样，必须作出该项工作是由内部还是由外部资源完成的决定。对于外包，招投标程序显然就必须遵照现行的政府规章，这在各个国家都不相同。无论如何，建议这一程序应当是公开的，项目管理组在发标之前就应商定明确的评价（计分）标准（列入实际招投标文件），而且投标委员会应有来自项目所涉及到的各个关键机构的代表。

1.2.11　可行性研究要点

可行性研究应当包括以下方面：

项目需求及单一窗口的可能性

- 考察现行向政府提交出口、进口和转口单证及资料的需求、手续和流程：
  - —确定有可能参与到该系统的政府关键部门和机构；
  - —确定有可能对这些规定、手续、信息流和单证进行协调和简化的范围。尤其要考察确保单证和资料一次性提交的可能性；
- 考虑单一窗口处理贸易安全问题的潜在能力；
- 确定潜在用户的需求，尤其是对最终业务及关联界面（电子或人工）的设计；
- 考虑现行单一窗口"最优方法"模式。这可能涉及要参观已经投入运行的单一窗口；
- 考虑在政治上对项目进行必要支持的需求及形成方法。

组织形态

- 考察单一窗口计划的整体组织形态，以确定：
  - —应当由哪些政府部门和机构加入；
  - —应当由哪一个政府部门/机构或民间组织主导单一窗口项目的管理—政府、政府向民间机构转包或完全由民间企业（服务提供商）进行管理；
  - —单一窗口应当是集中模式还是分散模式；

　　—应为主动程序还是被动程序；

　　—支付系统是否应当作为单一窗口系统的一部分；

　　—应当是自愿还是强制加入；

　　—公共风险预测/合规评估是否应当作为系统的一部分、是否应当进行开发和/或共用；

　　—如果/若是出现差错，由谁承担风险。

人力资源和培训

- 为进行项目的开发、实施和运行，对政府相关部门和机构的现有人力资源要进行审核并记录在案，并要为实施单一窗口考虑培训、追加人员编制和管理的需求。

法律

- 审核单一窗口实施的相关法律问题，保密法规和数据保护法，包括由贸易商进行的资料提交、不同政府部门和机构之间的信息交换、以及与使用电子签名相关的问题。

  注意：政府部门或机构之间的信息交换需要一个相应的法定网关。政府部门或机构之间的信息交换通常限制在对贸易商的批文、根据法庭命令进行的披露、或在公共利益范围之内。另外，对于数据保护的立法可能会影响到个人数据的获取、使用和披露。

单一窗口的技术状况

- 为接收、存储和交换上述信息，对现行技术体系进行的审核；
- 确定总体技术需求，包括为增加的系统开发、接口、输出、以及为建议场合现行保留系统进行接口开发的专项需求；
- 确定现行系统能否处理数据量和数据流（可能）的增长；
- 考察数据核实和验证的相关问题；

  注意：单一窗口的开发提供了一个理想的机会去考虑推动与信息收集相关改革的好处，例如那些基于网络的相关技术。

信息和单证

- 审核目前使用的全套贸易单证，并确定这些单证是否需要进行标准化、协调和/或简化（遵照联合国格式更为理想）。确定哪些数据是必要的、如何进行提交、以及所用的格式［电子（EDI？ XML？ 其他？）或书面］；
- 确定谁可以提交数据或单证（进口商/出口商、报关行、代理）；
- 确定数据应当如何在参与的政府部门和机构之间共享，以及应当在何处存放等；
- 考虑数据可以何种方式与其他国家行政管理当局进行交换；
- 考虑数据可以何种方式用于风险分析及其他相关应用；
- 对商用系统拥有数据的优化使用、信息传输中符合政府规定并有助于降低企业合规成本的记录所带来潜在利益的定量分析；

  注意：各当事方必须商定一个最小数据集，包括格式、数据栏目和数据元。这些均应符合国际标准（如 UNECE/ISO 的 UNTDED，以及世界海关组织的数据模型）。

影响评估

- 考察项目对于现行体系、手续、就业、职业种类方面的影响；
- 考虑与建立单一窗口相关而可能发生的社会及人文方面的潜在问题；
- 考虑可能将单一窗口视为威胁的集团或组织（对于维持现状可能有既定利益的集团或组织）的潜在反应；
- 考虑单一窗口在减少腐败方面可能产生的影响以及因此而可能取得的成效；
- 对项目推荐一种合适的变革管理策略。

实施选择

- 制订实施选择方案，具体说明推荐的运行模式，将会参与的政府部门和机构，提出主导的政府部门或机构、或民间组织，应当提供的业务、可能的成本和效益、以及实施的期限；
- 对应当采取整体实施还是局部实施的方法提出建议。对整体项目实施资源（资金、人力、技术等）可用性（或其不足）、相关政府部门和机构需求层面的差异、以及不同部门对于时间和资源要求的重大分歧等相关因素加以考虑：
  —实现为运行单一窗口所需的法规修订；
  —对现行的保留系统进行开发或进行必要的修改；
  —形成项目实施所必要的责任标准；
- 就项目试点实施的有关问题提出建议；
  注意：在某些情况下，可能值得选择"交错"实施，短期的改善也能收到贸易界关注项目的成效，用更长时间向达成所期望的政府/贸易界"联合"系统发展。在进行分阶段的实施中，最初对基础结构的改革是支持需求分析和可行性研究所确定的长远方案的基础。此外，在作出任何关于实施的决策之前，都必须按照长期战略的标准对短期或中期方案进行完整的成本测算和评估。

业务模式

- 根据每一种推荐场合为单一窗口的建立制订一种业务方案，包括对开业及运行成本、收益价值的估算，可持续和合理的收益获取机制和项目资金来源；
- 确定从研究到实施完成项目的资源需求；
- 评估政府部门和机构的资源范围，包括制订一份完整项目计划所需的中央政府拨款、制订该计划以及实施该项目的时间表；
- 考察政府—民间在项目实施方法，包括营收模式方面进行合作的可能性；
- 确定单一窗口项目可能面临的主要风险。尤其对于合理开支和为鼓励贸易界接受而应确定的具有足够吸引力的服务水平，都可能在运行、法规、以及基础结构方面造成方案兑现极端困难的问题。

宣传和沟通

- 为单一窗口的开发和运行提出宣传和沟通的建议。这是在整个项目过程中保证所有参与方知情和"归属感（on-board）"的基础；

1.2.12 实施国际贸易单一窗口所适用的辅助工具

在实施单一窗口时，强烈鼓励政府和贸易界考虑使用过去多年间由政府间机构和国际组织（如 UNECE、UNCTAD、WCO、IMO、ICAO 和 ICC）制订的相关建议书、标准和现有工具。现对这类工具中的一部分介绍如下，按其应用主管机构编列。

联合国欧洲经济委员会（UNECE），联合国贸易便利化和电子商务中心（UN/CEFACT）

联合国欧洲经济委员会（UNECE）以其作为贸易便利化标准和建议书国际核心的身份，通过贸易便利化和电子商务中心（CEFACT），制订并维护旨在对国际贸易中的程序、信息流及文书作业进行缩减、简化、协调和自动化。以下是这方面部分主要的建议书：

贸易程序的简化和协调

第 18 号建议书—关于国际贸易程序的便利化措施：包含一系列有关国际贸易程序简化和协调的建议，包括针对向政府提交货物运输相关信息的专项建议。每一章节都描述了应用领域、程序要点和涉及的单证，并针对提出的这些便利化措施各自特有的问题进行了说明。

第 4 号建议书—全国性贸易便利化机构：强调在贸易便利化事务中对于政府—贸易界牢固合作的需求，并且建议政府建立并支持全国性贸易便利化机构，协调民间和官方部门合作参与，以便确定影响本国国际贸易成本和效率的有关问题。

贸易单证

第 1 号建议书—联合国贸易单证格式：针对用于国际贸易和运输的单证标准化，包括对这类单证的视觉表现，制订了国际准则。特别是联合国格式打算在以一份基准版进行一式多联复制的单证缮制方法中，能够成为一个系列标准格式的设计基础；这还能为进行计算机化信息的可视化显示用于屏幕格式的开发。

UN/CEFACT 还制订了一系列与贸易单证有关的建议书，如第 6 号建议书—标准发票格式，以及第 22 号建议书——标准托运单格式。

国际贸易代码

第 16 号建议书：UN/LOCODE—口岸及相关地点代码：提出了用于国际贸易相关地点名称缩写 5 位字母代码的建议，如港口、机场、内陆货运站点、以及其他可能进行货物清关的地点，这些地点的名称都需要在国际贸易参与方的数据交换中予以明确表示。UN/LOCODE 的代码表现已包含全世界 60 000 多个地点代码。

UN/CEFACT 还制订了一系列其他的国际商业交易相关代码的建议书，例如第 19 号建议书—运输方式代码、第 20 号建议书—用于国际贸易的计量单位代码。

对信息和通讯技术（ICT）的建议

第 25 号建议书—UN/EDIFACT 标准的应用：为在全世界政府行政机构和各个经济行业的民间公司之间将 UN/EDIFACT 作为唯一的电子数据交换（EDI）国际标准加以推进而提出的政府协调措施的建议。现有超过 200 种 UN/EDIFACT 报文可用于机构之间的数据交换。

UN/CEFACT 还编发了一系列其他与国际贸易 ICT 相关的建议书，包括：

- 第 14 号建议书—用非签署方式对贸易单证认证；
- 第 26 号建议书—电子数据交换的商用交换协议；
- 第 31 号建议书—电子商务协议；
- 第 32 号建议书—关于电子商务自律细则的建议。

贸易数据元目录（TDED，ISO 7372）为数据元标准，可用于任何方式的数据交换，可以是书面单证，也可以是其他的数据通讯方式。TDED 可用于一对一传输，也可用于某一特定的交换规则体系，如 UN/EDIFACT。该目录为国际贸易所用的数据项提供了一种公共语言，方便数据交换。UNTDED 是标准化的、符合 UNLK 贸易单证的一个构成要素。该目录是 UN/EDIFACT 最初版本的基础，并将集成到未来 UN/CEFACT 核心部件目录之中。WCO 数据协调倡议就是基于 TDED 的定义。

其他实施工具

联合国电子化贸易单证（UNeDocs）：以联合国格式为基础的一个工具，提供基于书面贸易单证和电子格式的标准。贸易商和行政机构可以根据其需要按书面或电子格式使用单证。UNeDocs 对格式和数据要求制订了精确的规范。准确性的提高促进了高效和自动化程序的推行。这些单证便于从基于书面的资料处理向电子报文交换过渡。UNeDocs 通过为数字化单证提供低成本的解决方案缓和了在数字化方面的对立。

建模：UN/CEFACT 建模方法论（UMM）：通常用于项目的开发阶段，以建立一个涉及向政府提交进口和出口资料处理流程的模型。这一模型可能对于流程和信息流的理解极为有用，并有助于进一步的分析和开发以及项目的自动化。

世界海关组织（WCO）

多年来，WCO 推动了国际海关文件和程序的简化和协调的进程。WCO 制订并采用了《商品名称及编码协调制度》，在世界范围被用作货物分类和关税及税费征收的基础。WCO 正在实施《WTO 估价协定》并根据《WTO 原产地规则协定》制订了统一的非优惠原产地规则。WCO 还修订了《关于简化和协调海关程序的国际公约（京都公约修订版）》。

WCO 京都公约修订版：京都公约修订版含有一项约束性条款，在货物必须经由海关或其他主管机关查验时，海关要确保对这些查验进行协调并尽可能在同一时间执行。另外，该公约还设法对在共同边境口岸进行联合监管的操作、设立平行的海关办事机构、并共享其他机构的资料等问题加以解决。

WCO 海关数据模型：WCO 海关数据模型是对海关及其他跨境相关官方事务进行了协调和标准化的最大数据需求结构。海关数据模型支持单一窗口的运行并允许国内国际的信息共享。海关数据模型基于 UNTDED，适用于 UN/CEFACT 的建模方法论（UMM）并参照了一系列联合国、ISO 及其他国际编码标准，如 UN/LOCODE。海关数据模型现在只包含 UN/EDIFACT 的报文实施指南，将在未来版本中提供 XML 规范。

WCO 托运货物唯一编号（UCR）：WCO UCR 使用 ISO 15459（ISO 牌照）概念，遵照编号体系或对应的行业处理方式，如以快递行业为例，就用国际贸易货物的启运地到目的地对托运货物进行标识。UCR 在国际商业交易中建立了供应商与客户之间信息和单证的联系，并且在整个供应链所有环节都需要使用。在 UCR 尚未用作运输编号的情况下，UCR 就必须与运输编号关联。UCR 可以作为公共存取关键字，用于国内和国际数据共享。

联合国贸易和发展会议（UNCTAD）

海关数据自动化系统（ASYCUDA）

ASYCUDA 是一个计算机化的海关管理系统，包含了大多数对外贸易程序。系统处理载货清单和报关单、结算程序、转口及未清程序。其生成的贸易数据可用于经济统计分析。ASYCUDA 由 UNCTAD 在日内瓦开发，并在客户服务器环境中的微型计算机上运行。ASYCUDA 完全遵照国际标准化组织（ISO）、国际海关组织（WCO）和联合国编制的国际代码和标准。可以对 ASY-CUDA 进行配置，以适应本国自身海关体制、关税制度及法规的特点。系统还提供贸易商与海关之间按 EDIFACT（用于行政、商业和运输的电子数据交换）规则进行电子数据交换（EDI）的功能。

最新基于互联网的 ASYCUDA 版本将允许海关当局与贸易商通过互联网办理大多数事务。新的 e-Customs（电子海关）平台，被称为 AsycudaWorld，将专用于发展中国家，那里缺乏固定的通讯线路，是电子政务（e-government）应用的主要问题。它还有足够的能力同样满足任何发达国家海关业务操作和管理的需求。AsycudaWorld 意味着要比当前系统版本 ASYCUDA＋＋提供更多的税务征收和更低的交易成本，使之成为电子政务的展示橱窗。间接的效益是因其为不同国家海关提供了联机共同工作的手段，使信息的提供成为反欺诈、反腐败和防止非法交易的促进措施。

国际海事组织（IMO）

IMO 通过其便利化委员会（FAL 委员会）处理国际海上运输便利化的有关问题。所包括的这些问题如简化手续、所需单证、船舶抵离港程序，以及协调统一由政府部门规定的单证（IMO FAL 标准表格）。海上运输领域的电子商务是 FAL 委员会当前正在讨论的最重要的问题之一。IMO 还意识到"单一窗口"和"到达前通知"的迫切需要，使之通过单点输入，就可由船方向口岸提供所需到港船舶的全部信息，包括政府部门规定的信息。FAL 公约附件的修订建议专门针对单一窗口概念，连同其他的修订建议，FAL 委员会都在进行研究。

1965 年便利海上运输的国际公约（FAL 公约）：

便利海上运输的国际公约是一份国际性的公约，设法解决：

- 便利国际海上运输；
- 防止船舶、船员、旅客及货物不必要的延误；以及
- 统一和简化手续、单证需求和程序。

国际商会（ICC)

ICC 为国际贸易制订规则、规范、标准和方法。尽管是义务性质，但在合同中订立的 ICC 规则在法律上具有强制性，并且世界各国都遵守这些规则，因其在国际贸易程序的简化和协调以及跨境贸易合同中都已经不可或缺。

ICC/UNCTAD 多式联运单证规则：ICC/UNCTAD 规则设定的是唯一为全球接受的多式联运单证标准，并且经常作为制订国家法律的基础。意在避免运输服务提供商草拟合同时在应对不同体制的多样性所可能产生的问题，该规则为专用运输合同提出了统一的法律体制和简化的单证处理及惯例。

第2章 建立国际贸易单一窗口的法律框架
（联合国第35号建议书）

2.1 概述

联合国国际贸易便利化与电子业务中心（UN/CEFACT）建议书第35号按照闭会期间审批流程被提交给各代表团首脑。审批期限截止于2010年10月8日，未收到进一步修改的意见。

UN/CEFACT为推动各个国家和经济体引进单一窗口措施并确保其协同作业能力而提供实用的工具。通过协助其设法解决单一窗口运行所需国内及跨境贸易数据交换的相关法律问题，本建议书又进一步扩大了支持范围。

本建议书于2009年11月在UN/CEFACT第15届全体会议初次提交。随后即根据会议09—08决议，按闭会期间流程提交审批，同时又将征求意见的截止日期额外延长至2010年5月1日。在此期间内，收到了来自俄罗斯联邦和联合国国际贸易法委员会（UNCITRAL）的意见。这些意见均已为当前版本吸收采纳。

UN/CEFACT第33号建议书"关于建立单一窗口的建议和指南"自2005年7月发布以来，已经协助政府部门和企业界提高了交换贸易相关信息的效率，达到对国际贸易进行监管和行政的要求。该建议书及其指南为计划和实施单一窗口措施提出了务实的建议，并为其持续经营及未来发展给予指导。建议书又进一步明确了适用的国际标准，以帮助有效引进单一窗口并使政府部门效益最佳、贸易群体获利丰厚。

全世界各地区30多个国家都已引进单一窗口措施，并已通过缩减官方规定资料的编制、递交及处理时间和资源取得了可观的效益。同样，单一窗口措施在大多数情况下都会导致降低商业交易成本；通过更为精确和及时的数据提交，在政府税收增加、边境监管更便捷高效的同时，贸易商的守法状况也得到改善。

UNECE单一窗口知识库作为第33号建议书的补充，含有案例研究并提供有现行或计划中的单一窗口措施所采纳的业务模型实例。案例研究提供了对单一窗口计划和实施的深度观察，并广泛分享经验，主题从初步概念和效益判定，直到业务规则和技术选择的改进和沟通以及未来的计划。

但是单一窗口的建立仍然是一个复杂的过程，经常要为制度、金融、法律和社会体系以及政府与企业界关系的建立而进行必需的变更。第33号建议书的用户和2006年5月联合国欧洲经济委员会单一窗口标准及协同作业能力专题会的与会人员就从中发现了许多问题。专题会各代表团要求UN/CEFACT提供补充建议书和关于使政府可以协调一致和标准化的方式规定所需资料的指南，以及计划和实施单一窗口措施时应当进行考虑的法律问题。

第35号建议书"建立国际贸易单一窗口的法律框架"就是对各有关方面要求的响应，以一览表的形式对引进单一窗口措施时普遍遇到的法律问题提出建议和指导。本建议书对于第33号建议书中所述各种不同模式单一窗口都适用。然而，单一窗口方案越复杂，在法律方面对单一窗口措施进行计划、实施和运行所需进行的考虑就越急迫。本建议书对普遍关注的法律问题进行了反思，吸收了来自联合国单一窗口知识库存档的单一窗口模型的经验以及来自全世界各种单一窗口开发成果的经验。

第 35 号建议书的本次发行加入到 UN/CEFACT 帮助建立单一窗口的作品系列。在 UN/CE-FACT 有关单一窗口的建议书中，没有特别或特殊的使用或应用顺序。计划的制订方（尤其是主导机构）和实施方与任何选定或确定的营运方一起，应当采用可以获得的全套建议书，并且同时进行有关方针、政策、技术、数据协调及法律框架等方面的工作。

作为简化进出口业务的数据递交流程并使之更为便捷有效的工具，单一窗口在全世界的使用日益增多。在许多国家和经济体中，引进这样一项措施，已经为政府和贸易界双方都带来了可观的效益，一些区域性组织［东盟（ASEAN）、欧亚经济共同体（Eurasec）以及亚太经合组织（APEC）］目前正在评估推行区域性单一窗口的前景。

然而，建立单一窗口又是一个复杂的过程，除了其他措施以外，还要求对已经制订的管辖贸易相关信息流的惯常做法有一个全面的审核。这就需要改变和澄清数据交换流程以及与此相关的现行法规。因此，为国际贸易单一窗口形成法定的许可条件，对于要建立这样一项全国性措施和/或寻求与其他单一窗口进行信息交换的国家和经济体而言，就被认为是一项主要的艰巨任务。

联合国贸易便利化和电子业务中心（UN/CEFACT）为各个国家和经济体提供引进单一窗口措施并确保其协同作业能力的实用工具。通过协助各个国家和经济体设法解决单一窗口运行所需国内及跨境贸易数据交换的相关法律问题，本建议书又进一步扩大了支持范围。

实施机构可以同时开展各建议书提出的相关政策、技术和法律框架等方面的工作。

2.2　建立国际贸易单一窗口的法律框架的建议

2.2.1　范围

在第 35 号建议书背景下，国际贸易单一窗口的法律框架被定义成为设法解决单一窗口运行所需国内及跨境贸易数据交换相关法律问题所可能采取的一套措施。

建立单一窗口往往需要对现行法规进行修改，例如，其中包括有关单证的电子化提交，电子签署（包括数字化签署），用户及报文验证，数据共享，数据的保存、销毁及归档，以及电子证据。但也有可能无需进行重大的法规修订就可建立单一窗口。在任何情况下，现行管辖贸易相关信息流的法规对单一窗口措施的业务和运行模式的选择都会有影响。因此，适时对有关贸易数据交换的现有及潜在法律障碍进行分析是建立和运行单一窗口的首要步骤。这样的一项分析应当将单一窗口赖以存在的更为广泛的国际贸易背景都加以考虑。框架的概念指的是设法解决国际贸易单一窗口措施有关法律问题的一个范围和系统化方法。

2.2.2　效益

所有单一窗口运行最基本的都是贸易数据信息交换的透明和安全。完备的法律制度，是能够进行数据的收集、存取和分发并且明确具有保密性、抗干扰性及可靠性的机制，使之能够形成一种稳固的基础去运行这项措施，并在各参与方之间建立一种信任关系。

2.3　运用国际标准

国际标准的运用是单一窗口实施和运行过程必要和关键的组成部分。给予所配置的服务以可扩展性并确保国际供应链上各参与方之间交易更为简单。由于单一窗口的设计针对企业到政府（B2G）和政府到政府（G2G）的关联，就应当注意到其运行具有现行企业到企业（B2B）、B2G 和 G2G 关系解决方案可以联网共用的现实。

联合国电子商务法律汇编，应当考虑由联合国国际贸易法委员会（UNCITRAL）承担这项工作，并且由于国内和国际交易都适用，一旦制订单一窗口的基础法规，就能作为开发基准加以使用。

2.4　建议

联合国贸易便利化和电子商务中心（UN/CEFACT），认为需要有一个完备的法律框架支持国际贸易单一窗口的运行，建议各国政府和从事国际贸易及货物运输各方应当：

（a）着手进行一项研究（包括电子商务法律基准和"差异分析"的研究），以确定一套可能需要采取的适当措施，设法解决单一窗口运行所需国内及跨境贸易数据交换相关的法律问题（国际贸易单一窗口法律框架）；

（b）使用 UN/CEFACT 一览表及其指南，确保法律框架中包含有关国内及跨境贸易数据交换最常见的法律问题；

（c）修订现行法律、规章、政令等，如有必要，设法解决已经确定的法律问题和差异；

（d）在建立国际贸易单一窗口法定环境的整个过程中，尽可能利用国家标准、国际法律文书以及软法文件。

2.5　"建立国际贸易单一窗口的法律框架"的建议书指南

在建立一个国家或地区的单一窗口时，可能会产生以下列表所提到的法律问题。特别要强调指出的是这份清单并非没有遗漏，这取决于单一窗口措施的实施现实，在此没有提到的法律问题可能也会产生。对许多政府而言，这份初步的法律问题清单将会为其他问题的发现打下基础，这些问题不仅与 B2G 和 G2B 交易有关，而且也会关系到更为广泛的国内和国际的 B2B 环境。

在那些计划实施"电子化"单一窗口措施的事例中，对于一个国家而言，全面审核其电子商务（包括电子通信和电子签署）的法律框架可能是非常重要的。尤其现实的可能就是针对的需求不仅是单一窗口内部业务（B2G）的单一窗口相互关系，而且还要在单一窗口外部推动电子化方式的运用。

（a）是否已经审查/建立了实施单一窗口措施的法律框架；

（b）是否已经为建立和运行单一窗口措施选定了一个合适的组织结构；

（c）正规的识别、验证和审批流程是否到位；

（d）谁有权从单一窗口查询数据；

（e）根据什么情况、并且与政府中的什么机构或与其他国家或经济体的政府机构、在何时并以何种方式可以一起共享数据？

（f）是否已经落实严格的数据保护机制？

（g）确保数据准确性和完整性的措施是否到位？各项事务的责任人是谁？

（h）可能因单一窗口业务所产生的责任问题是否解决？

（i）争议解决机制是否到位？

（j）电子归档和建立审计线索的程序是否到位？

（k）知识产权和数据库所有权问题是否已经解决？

（l）是否存在任何可能产生竞争问题的情形？

2.6　国际贸易单一窗口运行法律问题一览表

问　　题	说　　明
实施单一窗口措施的法律基础	按国家法规为单一窗口的运行建立法律基础非常重要。应当对现行法律、规章和政令进行全面审核，确保单一窗口措施的运行遵守现行的国内（和国际）法规，并应明确可能存在的任何"差异"及其解决办法。在国家层面制订法律和规章时，最大程度地吸收"国际标准"和最佳惯例，对于在通过本国单一窗口的贸易取得增长时达到国际"司法协作"地位具有重大价值。例如，书面单证与电子报文或报文之间的"无差别待遇"原则和"技术中立"原则就需要针对国内法律框架和国际层面司法协作两方面都给予重点考虑。 如果没有建立单一窗口的法律基础，就必须用国内的法律建立一个基础。而在建立国家单一窗口法定主管机关时，政府就应当在上述法律、规章和/或政令中对跨境交易事务进行明确授权。当国家单一窗口要进行国际层面的合作时，通常都需要建立管辖每一个单一窗口的双边或多边协定，并将共同合作的国家和经济体之间可能产生的各种法律问题一并考虑在内，从而使国家和/或地区之间单一窗口的司法协作得以进行。这一协定中的要点就是相互承认可在彼此单一窗口之间交换的电子报文和数据报文的条款（对于使用单一窗口的民间机构当事方也是一样）。这种互相认可协定的基础就是因为考虑到相关安全措施（例如可以规定加密级别）、数据存储的可靠性问题、要求在必要时承认跨境证明等等。 由于单一窗口贸易伙伴国家和地区的数量日益增长，管理大量的双边和/或多边协定被认为可能是一项十分困难的任务，至少要延续到为这些协定形成一个国际性"框架"的时候。各个国家和经济体应当需要其外交部门及早参与单一窗口的开发工作，以协助管理这一进程（注意：此处考虑的事项同样适用于提及使用这一协定的其他场合）。 在出现争议的事例中，不论在国家层面还是在国际层面，不论在政府机构与民间机构当事人之间还是在民间机构的当事人之间，特别应当对法庭或行政裁决中采纳电子证据所可能产生的相关问题加以考虑（包括对电子形式信息和数据的查证过程）。书面和电子报文之间的"无差别待遇"原则应当适用于司法证据规则，从而使电子报文或数据报文不会在这类诉讼中受拒于采证效力。当然，按照最有证据效力的典型要求，这又会引起如何对电子报文和数据进行存储、保管等方面的考虑，以确保诉讼程序这类单证或数据报文达到所要求的可靠性程度。另外，为确保电子报文和数据报文既要在其他国家管辖的司法程序中具有采证效力，也要为国内的司法程序所采信，在跨境交易事务中就必须对这些事项加以考虑。 在跨境单一窗口事务中还要进一步考虑对于通过两个或多个国家和/或经济体的国家级单一窗口进行商业交易的当事人的司法管辖权问题，同样还有法律选择问题，就是卷入一项争议或一宗案件或强制执行事项中的当事人将适用于哪一个国家的法律。这类问题应当明确予以解决，既要以国内的法律和规章进行规范，也要在与单一窗口措施合作国家之间的任何双边或多边协定中加以确定（可能要注意在民间机构层面，即为销售或采购货物而订立合同的当事人之间的层面，那些当事人可能希望按其国际合同所议定的条款应对司法管辖权和法律选择问题，至少不卷入政府强制措施的范围之内，并且这类条款又不违背民间当事人之间自行缔约所在的各个国家或经济体的官方政策）。
单一窗口（SW）措施的结构和组织	单一窗口措施可以多种不同方法建立，这不仅出于技术考虑，也是从组织结构角度得出的观点。在单一窗口的建设中可能产生潜在法律问题方面，方法起到的作用就非常重要。由政府机构（如海关）、民间企业、或官方和民间合伙建立单一窗口都是可以的。对于其中每一种不同的组织形式，都必须在国家的法律和规章中对单一窗口的授权和托管作出明确的规定。此外，当有多家机构参与单一窗口的建立和运行时，在参与的各方之间订立一个正式协议，对每一参与方的各项职能、责任和义务都进行明确定义就非常重要。例如，根据特定的组织形式，就可能适合使用备忘录（MoUs）、不同类型的《服务登记协议》、以及《信息安全协议》。最后，还必须与单一窗口用户（即贸易商、货运代理、代理商、银行等等）订立《最终用户协议》。这一协议应当纳入存取和安全的监管及程序、电子签署［为信息及通讯技术（ICT）环境所需］、责任划分等相关条款。

续　表

问　题	说　明
数据保护	单一窗口措施中的数据保护问题极其重要。数据保护关系到诸如对数据进行存取、数据的完整性和准确性等一系列问题。没有适当的数据保护机制，单一窗口措施就有可能因此在运行中遭遇严重困难，而建立适当的安全和存取协议则需要依靠识别、验证和审批机制（可另行参见识别、验证和审批问题）。为了防止数据受损，在单一窗口领域使用风险分析技术可能特别有助于发现单一窗口措施的系统弱点。 　数据保护问题与隐私权（如个人数据保护）以及公司自有数据和商业机密数据的保护密切相关。当单一窗口措施对个人数据进行处理时，就必须确定是否符合所有相关的数据保护法。 　某些国家的法律制度可能会区别"隐私"问题（尤其是关系到个人身份的那些信息）和"保密"问题（贸易数据和企业信息都会涉及）两者的不同。政府可能希望考虑如何在国家层面和跨境环境下设法解决这两方面的问题。对于这种考虑，采用国际法律标准和最佳惯例就非常可取。但无论如何，还是要对下列意见加以理解，因为隐私权和保密两方面的法律问题都在其中。 　数据保护法尚未到位的国家和经济体应当认真考虑更新法律框架，尽力确保单一窗口措施的运行。虽然全世界现在还没有"统一的"隐私权处理方法的准则，但是对于某些模式的国家规章还是可以考虑的。此外，这一因素对于寻求与隐私权法规完备的他国单一窗口进行协作的政府单一窗口措施可能是非常重要的。如果一份具有已经实施隐私权法规的他国单一窗口措施的协议进入本国的单一窗口措施，在这方面的处理就应极为慎重。
政府机构之间存取和共享数据的授权	应当对法律和规章进行审核，以确定哪些政府机构可以从单一窗口获取信息和向单一窗口提供数据。政府应当建立数据使用的相关规则，例如留存、保密、转发或共享。这样的考虑可能对隐私权和数据保存政策两个方面都有关系。 　有鉴于上述隐私权法规重要性的不断增长的情况，对于如何并在何种情况下对单一窗口提供的数据进行存取要由本国并连同其他国家、地区或国际上的单一窗口都予以授权应当加以考虑。运行单一窗口的一些国家和经济体已经开发了一种专用的谅解备忘录（MoU），以处理政府机构之间这方面的数据交换。在任何情况下，单一窗口中存取数据的规则应当遵循国际和国内的法律。各个国家和经济体还应当鼓励实施正规的"隐私影响评估（PIAs）"，以确定在这方面可以认定需要设法解决的风险。如上所述，还应对双边乃至多边协议加以考虑，以满足国内和地区两方面法规的需要。理论上，这种国际协议应当在尽可能大的范围进行协调。
识别、验证和审批	为保证单一窗口措施中的数据安全、质量、准确和完整，对用户（操作员和最终用户都包括）进行严格识别、验证和审批的机制是必要的。由于当前世界上在这一方面还没有法律、程序和技术上的标准，单一窗口措施的营运方就必须利用国内的法律，虽然寻求国际上的法律准则和最佳惯例仍然是很重要的一个方面，因为它们的出现对国内法律的制订会有启示作用（在这方面，采用"身份管理"的解决方案成为越来越明显的趋势）。对于地区的单一窗口措施，规则和程序需经参与的各国政府的同意。同时，这种区域性的单一窗口应当尽可能采用国际法律准则和最佳惯例，以使该地区的单一窗口可以与全世界所有的单一窗口"协同作业"，本地区参与该区域性单一窗口的那些国家当然也在其中。
数据质量问题	数据质量（即准确性和完整性）在单一窗口环境中的处理是关键性的。因此，明确向单一窗口中输入数据以及随后在单一窗口中对这些数据进行处理的责任非常重要。 　在涉及单一窗口措施数据处理时，必须确定每一个步骤中控制数据的人员。为此，就需要通过识别、验证和审批以及严格的日志和记录机制建立审计线索。
法律责任问题（义务和责任）	单一窗口措施的用户使用不准确、不完整、或不真实的数据可能导致损害赔偿。由于单一窗口的性质，重复使用不准确、不完整、或不真实的数据导致多例损害赔偿案件的发生是完全可能的。对于这种情况，就有必要对法律问题加以解决，就像国家或国际法律的追索权，能够对遭受的损害进行赔偿，在某些情况下还能规定责任限制。
仲裁和争议的解决	在许多司法机关进行诉讼都要付出一定的代价并往往旷日持久，因此立法方面就应当对备选争议解决机制的有关法律规定进行审核。在使用单一窗口各方的加入协议和最终用户协议模版中，可以对当事人之间的争议考虑设立仲裁或类似解决方式的条款。在由民间或半民间企业代表政府运行单一窗口的情况下，类似条款可能就要在协议中加以规定。这种考虑可以适用于民事争议，当然，在违反具体的法律或政府规定的情况下就不适用，那会受到处罚。 　在与其他国家和经济体合作运行单一窗口的情况下（如地区性单一窗口的配置），就应当将仲裁和争议解决的类似条款纳入协议。

续　表

问　　题	说　　明
电子报文	为了提高单一窗口的效力和效率，政府就应当推广与书面功能相当的电子化单证。 　　在电子商务法律中，一项普遍使用的条款就是使电子记录具有与书面单证同等效力。企业和政府的电子交易应当在可能的范围内采用共同的法律准则。
电子归档	为遵循国家和国际的信息归档规则（即记录的保管），必须建立正规的电子归档程序。这还包括单一窗口运行时建立"审计线索"的保证措施。通过产生审计线索的责任，就可以在事后处理责任方面的问题。 　　因为国与国之间的数据保存和电子归档规则各不相同，单一窗口经营方应当确保其自身符合本国的相应标准。在地区性单一窗口措施的情况下，就必须在参与的各国之间达成满足这些国家和经济体国家法律规定的协议，当然，除非参与的单一窗口交易的相关国家法律被协议所取代。另外，关于电子归档的协议应当考虑到隐私权和保密问题，以及检索和共享归档信息的潜在需求，例如针对于法律上强制要求的情况。还应当进一步考虑到跨境交易和贸易伙伴之间可能存在电子归档需求的相关问题。
知识产权和数据库所有权	有可能在谁"拥有"数据、以及会有哪一方（包括政府在内）可具有数据上的某种利益（包括其中的知识产权利益）方面出现问题。例如，在一些国家和经济体除海关之外的政府机构中，就可能主张对数据、尤其是贸易数据的控制权。民间贸易实体（如生产商和销售商）当然可能对向单一窗口所提供信息的利益、以及对已经向单一窗口提交的数据进行的存取拥有某种主张。对法定或监管机构这种控制权进行认真审核可能就非常重要，尤其是在单一窗口经营人为民间或准民间实体，或单一窗口经营人处于双边或多边环境（如区域或次区域单一窗口）的情况下。 　　单一窗口设想的某种处理方法可能会与第三方持有的专利权（或其他知识产权）类似，所以应当注意调查单一窗口运行因此而受到影响的可能性。在将单一窗口数据系统的开发外包给其他机构的情况下，开发协议中就应当列入像这类开发成果（软件、固件等）版权归属保证条款、不侵犯任何第三方知识产权的保证条款、这类知识产权的特许权等等。
竞争	对单一窗口运行可能构成的潜在担心应当加以考虑，就是可能引起对于反垄断和贸易保护主义方面的担心。尽管这种可能性未必存在，但是那些可以利用国际单一窗口措施而无力使贸易发展和便利的各个方面可能还是会出现各种忧虑。此外，各个国家和经济体在建立单一窗口措施时，应当根据有关竞争政策的国际条约和协定考虑其自身的义务。

2.7　工具

　　单一窗口措施的运行要快捷、高效，而首先是要合法，这就必须遵循所有相关的国家法规和本国作为缔约方的国际协议。因为各个国家、以及在区域和次区域层面对单一窗口运行的管辖规则都各不相同，取决于该措施的实际范围和功能，列出全部相关法规不可能轻而易举，旨在提供某些有用的资源，能够有助于单一窗口（潜在）经营人建立一个符合要求的法律框架的任务，使单一窗口措施有效运行，充分满足政府规定和贸易界的业务需求。

　　本组工具包括引自参与政府和民间企业发展政策审议的不同国际组织的参考资料，包括可适用于建立单一窗口及其跨境作业的条约、协定、示范法、指南和建议书。除了国际组织发布的文件之外，某些行业也制订了协议及合同模版，可能还提供了指南。应当对其加以研究，以确定列举的方法是否对建立单一窗口措施的法律框架能有价值。

2.7.1　贸易法

　　除了要遵守国家法律，单一窗口跨境作业还应当符合国际贸易法。以下（示范）法律和条约在（区域）单一窗口措施作业时应当加以考虑：

　　（1）联合国关于以电子通信方式订立国际合同的公约（联合国电子通信公约）（2005 年）；

　　（2）联合国国际贸易法委员会（UNCITRAL）电子商务示范法（1996 年）；

　　（3）联合国国际贸易法委员会（UNCITRAL）电子签名示范法（2001 年）；

（4）经济合作与发展组织（经合组织，OECD）电子验证建议书及 OECD 电子验证指南（2007 年）；

（5）关税与贸易总协定（GATT）。

2.7.2　隐私权和数据保护

尊重隐私权和适当的数据保护是成功单一窗口运行的重要因素。在尚无国际隐私法律的情况下，针对数据保护和隐私权开列部分通用指南。

（1）OECD 关于保护个人信息隐私权及跨境流通的指南（1980 年）；

（2）OECD 关于电子验证的建议书和 OECD 电子验证指南（2007 年）。

2.7.3　知识产权

知识产权也是成功建立和运行单一窗口的重要因素。值得注意的是在本建议书发布时，还没有一项数据库保护的国际条约存在。而在区域层面（例如在欧洲联盟），则已经制订了数据库保护规则。

（1）关于文学艺术作品保护的伯尔尼公约（1886 年）；

（2）关于工业产权保护的巴黎公约（1883 年）；

（3）世界知识产权组织（WIPO）专利法条约（2000 年）；

（4）WIPO 专利合作条约（1970 年）；

（5）WIPO 版权条约（1996 年）。

2.7.4　仲裁

（1）UNCITRAL 仲裁规则（1976 年）；

（2）承认及执行外国仲裁裁决公约（“纽约公约”）（1958 年）；

（3）UNCITRAL 国际商务仲裁示范法（1985 年订立，2006 年修订）；

（4）UNCITRAL 国际商事调节示范法（2002 年）

2.7.5　竞争

关税与贸易总协定（GATT）。

2.7.6　重要机构

下列机构可为单一窗口措施的（潜在）经营人提供进一步的指导和帮助。

联合国贸易便利化与电子业务中心（UN/CEFACT）

UN/CEFACT 是联合国欧洲经济委员会（UN/ECE）的下属机构，核心业务致力于从发达的、发展中的和转型的经济体到产品及相关服务有效交流的商业、贸易和行政机构能力的改善。主要焦点在于通过对流程、手续及信息流的简化和协调达到国家和国际的商业交易的便利化，并以此促进全球贸易的增长。

联合国国际贸易法委员会（UNCITRAL）

联合国国际贸易法委员会由联合国大会于 1996 年建立（1996 年 12 月 17 日 2205（XXI）号决议）。为建立该委员会，联合国大会承认各国管辖国际贸易的法律存在差异，给贸易流通造成障碍，并认为委员会作为联合国的工具可以在减少和消除这些障碍方面起到更加积极的作用。联合国大会赋予委员会以进一步推进国际贸易法律协调一致的全面授权。委员会自此成为联合国体系在国际贸易法领域的核心法律机构。UNCITRAL 既可以起草法律文书，也可以起草非法律文件，前者如公约、示范法和法律指南，可供各国在制订本国法律时采纳；而后者则可为各当事方直接用于国际贸易合同。在单一窗口措施领域，注意到在 2008 年委员会的第 41 次会议上要求其秘书处积极参与同世界海关组织（WCO）和 UN/CEFACT 的合作，以制订全面的有关单一窗口建立和管理法律方面国际参考文件的观点，进行涉及实施跨境单一窗口措施的法律问题研究。该项承诺已经在 WCO-UNCITRAL 关于协调边境管理纳入国际单一窗口的联合法律工作组得以贯彻。

世界海关组织（WCO）

世界海关组织是唯一专门针对海关事务的政府间组织。WCO 的工作涉及国际标准的制订，海关程序的简化、协调和现代化［包括推广信息和通讯技术（ICT）的应用］，贸易供应链安全，国际贸易便利化，改善海关执法与合规工作，防伪及反盗版计划，官方—民间合作，促进廉洁，以及可持续的全球海关能力建设计划。WCO 还负责维护国际商品命名协调制度，管理 WTO 有关海关估价和原产地规则的协议。此外，如上所述，在设法解决国际单一窗口相关的整体法律问题过程中，WCO 和 UNCITRAL 与其他国际组织也在进行合作。

联合国贸易和发展会议（UNCTAD）

联合国贸易和发展会议在其发展贸易使命的范围内已对海关领域进行了相当专业的开发。许多国家和经济体都已实施了由其开发的海关数据自动处理系统（ASYCUDA）。

国际商会（ICC）

国际商会是国际性的民间行业组织，代表全球商业界的利益。ICC 的目标是通过制订规则和标准促进全球经济，推动发展于繁荣，以及传播商务专业的知识和技能。ICC 已经制订出一系列合同和协议的模版，涉及到国际销售合同中的供货业务的全部，例如国际销售合同模版、商业代理合同模版、以及经销合同模版。

经济合作与发展组织（OECD）

经济合作与发展组织是由 30 个成员国组成的国际组织。OECD 的目标是支持可持续的经济发展，增加就业，提高生活水准，维护金融稳定，帮助其他国家和经济体的经济发展，促成世界贸易的增长。

海牙国际私法会议

海牙国际私法会议是一个政府间组织，其目的是进一步推进国际私法准则的统一。其工作成果包括国际法律与诉讼合作以及国际商业与金融法律的多边协议。

国际知识产权组织（WIPO）

国际知识产权组织是联合国的一个专门机构。致力于发展一个兼顾各方利益、方便使用的国际知识产权（IP）体系，以奖励创造、促进创新，维护公共利益而又贡献经济发展。

第 3 章 国际贸易数据简化和标准化
（联合国第 34 号建议书）

3.1 概述

联合国贸易便利化与电子业务中心（UN/CEFACT）第 33 号建议书《建立国际贸易单一窗口》自从 2005 年 7 月发布以来，促进了各国政府和商业领域遵照国际贸易规范和管理要求提高贸易相关数据交换的效率。建议书及其指南为计划和实施单一窗口措施提出切实可行的建议，并就其关于可持续运行和未来发展提供指导。建议书又进一步明确了适用的国际标准，以帮助有效引进单一窗口，实现政府收效最佳、商界获利丰厚。

世界上超过 30 个国家和地区已经引进单一窗口措施，并且通过在编制、呈递和处理所需正式资料过程中节省时间和资源获益匪浅。同样，单一窗口措施在大多数情况下都会导致商业交易成本的降低，改善贸易商合规水平，通过更加精确和及时的数据提交，政府税收也随之相应增长，边境管理和控制能力强，效率更高。案例研究知识库是对第 33 号建议书的补充，提供单一窗口措施商业模式的现行或计划案例。案例研究提供单一窗口计划和实施的深刻理解并通过推广和交流业务条款和技术选择和未来计划，分享从基本概念到效益认定的题材范围广大的经验。

然而，建立单一窗口是一个艰巨的过程，常常都要对已经建立的制度、金融、法律和社会体系以及政府和工商企业之间的关系进行变革。第 33 号建议书的用户和 2006 年 5 月联合国欧洲经济委员会（UNECE）有关单一窗口标准和协同作业性能专题会议相关各方都已经明确了其中的许多问题。专题会各代表团要求 UN/CEFACT 提供补充建议书，以及能够使政府信息需求得以协调和标准化、计划和实施单一窗口措施时所应考虑法律问题的相关指导。

通过为实现一个国家简化和标准化数据集推荐一种使用方便和成本务实的四阶段流程，第 34 号建议书《国际贸易数据简化和标准化》对这些要求首先予以响应。按照本建议书指南中所述的简化和标准化流程，一个国家的政府就应当能够通过淘汰或复制呈递文件和消除冗余数据元来减少监管和行政的信息要求。这一流程的效果应当是企业和政府之间更为流畅和有效的信息交换。本建议书及其指南认为，工商企业通过识别业务需求和实际以及商务系统和记录提供政府所需信息的能力，在降低数据需求方面能够起到极有价值的作用。

国家数据集（NDS）的产生不能采取与其他贸易和经济发展方针相隔离的决定，因为其形态是官方和监管信息的要求和使用，而方法则是通过工商企业提交数据。当采用简化和标准化的应用时，针对要使用哪一种国家数据集，政府应当有明确的目标，是纯粹满足本国贸易需求，还是并入国家单一窗口措施或利用各种区域性贸易协议、双边协议或其他贸易协定。

第 34 号建议书的发布对 UN/CEFACT 提供的系列文件是一个补充，有助于单一窗口的建立。在所应使用或应用的 UN/CEFACT 有关建立单一窗口的建议书中，不存在特别或专门的顺序。制订计划的人员（尤其是主导机构）和实施方，与所有选定或确定的经营人都应一致采用这套适用的建议书，并同时持续作用于策略、方针、技术、数据协调和法律框架。

3.2　建议

UN/CEFACT 建议各国政府与参与国际贸易和货物运输的各方都应当：

- 获取——编制现行政府机构数据和信息要求的国际贸易数据详细目录，从自动处理系统和单证到相关进口、出口和转口国际贸易程序涉及的所有程序。
- 定义——编制每一数据元指定名称、定义和表示（文本、格式或代码）的记录，还有所需信息的时间（放行、申报、监管前后）和允许相关机构对信息进行要求、收集、查看和保留（归档）的法律基础。
- 分析——编制信息需求和数据元的分析报告，确定其需求是否必要、其用途是否能被证明。在信息名称被确定的同时，其含义（数据元所传达的信息）和语境就更为重要。归集类似数据元名称和充分理解每一数据元和信息需求的定义构成分析信息的过程。
- 协调——通过协调归并处理，编制贸易数据定义和分析清单信息需求和数据元的汇总清单。这就需要就以共同的定义和（或）共同的编码使用某一数据元名称达成协议，首要的是与联合国贸易数据元目录（UNTDED）和 UN/CEFACT 推荐的代码表保持一致。如果该小组为开发单一窗口而确定其他数据模型的引用，数据元就可能要进一步映射其他标准，如 UN/CEFACT 的整套目录（用于行政、商业和运输的电子数据交换）、世界海关组织（WCO）数据模型和 UN/CEFACT 核心部件库（CCL）。

成果是一个简化的、标准化的国家数据集，可在一定技术应用范围内用于以不同语法格式规定信息需求。两国或多国可以决定将其国家数据集并入某一双边或多边数据集，用于规定贸易协定中的数据交换。

UN/CEFACT 进一步建议，在建立一个简化的、标准化的国家数据集时，政府在数据协调的初期就应当尽早使工商企业和其他相关当事方参与其中。

本建议书的理论根据是需要一个国际认同的、简化的和标准化的数据集，用于向政府和政府机构呈递贸易相关信息。缺乏标准化数据集就会出现数据重复以及随之而来的冗余的风险，导致成本增加和国际商业交易效率低下。事实上，为国际贸易实施单一窗口最重要的就是要依靠简化和标准化的数据集。

3.3　目的

本建议书的目的就是帮助政府对满足所有进口、出口和转口相关的监管要求所需的国际贸易数据进行简化和标准化，并鼓励在这一过程中应用数据交换的国际标准。本建议书响应 UNECE 关于单一窗口标准和协同作业性能专题会议（2006 年 5 月）与会的第 33 号建议书《建立国际贸易单一窗口》使用方，单一窗口的实施方、经营方和最终用户的要求，以指导建立政府与工商企业之间数据交换最低要求。

本建议书解释了所能进行简化、标准化和连接某一参照数据模型的每一步处理过程。而且还进一步说明可以使用基准数据模型达成跨境数据交换简化、标准化和自动处理的区域和国际协议。

政府和所有政府机关都应当意识到通过清理冗余数据和消除重复收取和记录的信息所带来的重大效益。应当认识到这些效益很快就会使政府提高风险管理技能，并为与非法贸易进行斗争而更有效地部署稀缺资源。官方监管的总体改善将提高贸易商守法和政府税收安全水平。

政府并非是简化和标准化数据集仅有的受益方。一个简化的、统一的和可预测的官方贸易信息规定也会给工商企业带来重大效益。简化和标准化的贸易相关数据使守法贸易商更易于满足法规要求，履行收集、整理和呈递数据的义务更为方便。为实现明显和潜在的效益，工商企业应当参与政府以官方意志进行的数据简化和标准化过程。专业领域同样应当积极参与咨询，以确保简化、标准的数据集符合商务实际，在商业交易中得到业务员的认同。

3.4　背景

在许多国家，为遵照国家和国际贸易法规，都要求公司向政府呈递大量的数据和单证。它们还必须与供应商、客户、辅助代理、金融机构以及第三方贸易中介交换信息。针对这些处理所需的数据元定义通常在各个政府机构之间或商业组织之间的确很少或没有协调。结果，涉及贸易和运输的公司就必须受制于各种不同的数据规定、单证和专用表格，需要重复呈递类似或相同的信息。

在国际贸易中，不标准的数据使用，即国家专用的和/或机构专用的数据，在成本和准确性方面的效率极为低下。这在基于书面体系的情况下也是事实，要求贸易商提供多种和多余的表格。

这一问题的解决方案就是对国际贸易所需数据元的简化和标准化。这是一个反复获取、定义和协调政府信息需求的过程，而之后还要将简化数据与国际标准进行映射。其目的是在定义一套标准的数据和报文的最终目标下消除冗余和重复，使贸易商和运输经营人能够提供符合所有与进口、出口和转口相关的政府信息规定的信息。对贸易数据交换国际标准的使用支持关税和贸易总协定第 VIII 和第 X 款所述的标准和透明原则。

3.5　范围

本建议书适用于国家、区域和国际数据要求的简化和标准化，以促进政府机构之间和企业与政府之间的自动数据交换的便利化。在各个政府机构中间和政府与商业界之间的协调是必不可少的，对于建立单一窗口尤其事关重大（参见 UN/CEFACT 第 33 号建议书《建立国际贸易单一窗口》）。

作为本建议书基础的国际标准是数据元的名称、定义，以及在联合国贸易数据元目录（UNT-DED）和各自 UN/CEFACT 建议书代码表（如第 16 号建议书《UN/LOCODE—口岸及相关地点代码》）中详细开列的代码。

本建议书确定必要的工具、处理作业，以及基于已经成功实施数据简化和标准化各国最佳惯例的程序。

3.6　效益

在政府机构针对进口、出口和转口交易的必要信息规定中使用数据和报文的国际标准对于国际贸易将会有重大效益。这将确保各项政府申报要求中的数据通用性，并将使各国政府都能互相交换和共享信息，从而进一步简化贸易和运输手续。

此外，数据简化处理通常会暴露出信息的冗余和重复。因而，标准化的过程往往会导致总体数据需求的下降。另一个好处就是标准数据集所能提供的稳定性、一致性和可预测性。

数据简化和标准化过程的意图是明确和定义已知的贸易商可能必须按照官方规定针对国际贸易所提供的最大数据集。政府原本就不应索要任何标准数据集之外的信息。在出现专项监管、商品或产品规定的情况下，政府应当认真考虑追加超出国家数据集信息的必要性。重要的是要注意到当前所需的大多数数据都是有条件的，基于运输方式、交易类型以及货物种类。从来不会要求贸易商提交全部数据集。

3.7　环境

尽管本建议书的重点在于贸易数据的自动交换，但在国际上应用简化、标准化的数据并不限于先进的电子系统。数据标准在其适用性和功能方面并未带有倾向性，无论是对于电子的还是纸面的系统。

3.8　国际贸易数据简化和标准化指南

3.8.1　概述

本指南是对 UN/CEFACT 关于数据简化和标准化的第 34 号建议书的补充，旨在帮助政府和企业对国际贸易所有进口、出口和转口相关程序的信息和数据要求所进行的简化和标准化。本指南以美国和韩国的最佳实施方法为基础，详情参见后附的案例分析。

在本指南中，数据简化应当被理解为是一种反复多次进行获取、定义、分析和协调政府信息规定的过程，使之为进口、出口和转口程序相关数据的呈递编制一套满足法律、规章和行政责任的标准的数据和报文。

简化的、标准化的国家数据集可用于制订基于 UN/EDIFACT 或 CCL 电子数据交换格式的、符合联合国格式标准的单证和报文规范。类似于对跨境贸易规定单证和报文规范一样，两个或多个国家可以决定将其各自的国家数据集合并为区域或国际数据集。

本指南提供有关为实现数据简化所必要的组织和程序处理细节、便于政府行使职权所能使用的工具、已经对内采取简化实施的具体情况，以及按照国际标准调整国内规定的可能性。

3.8.2　目标

数据简化的目标是在向政府当局呈递的国际贸易和运输数据中消除冗余和重复。终极目标是制定一套满足所有与进口、出口和转口手续相关政府信息要求的标准的数据和报文。这样一套标准数据会使政府和企业的成本和复杂程度都得以降低，支持更为及时和准确的信息提供，并通过这一方式促进改善风险管理、加强安全防护水平，并通过提高贸易商守法程度来增加税收。

3.8.3　筹划简化进程

数据简化过程中的一个关键因素就是选择一个强有力的主导机构。这个主导机构将要负责概念的宣传推广；获取启动手续的批准，以便通过一项基于可行性研究的、稳健的业务方案继续进程；并为所获准的实施筹备、计划和调配必要的资源。

主导机构一旦选定，就有必要选择应当加入这一项目的其他政府机构。任何政府一次就能简化与所有机构和部门相关的贸易数据基本上是没有可能的。因此，政府应当考虑对机构的重要性进行划分，根据数据的需求量，或政府的其他重点考虑如税收、对具体贸易门类的监管需要，或是存在并非必要的守法成本的那些领域。例如，每一宗国际商业交易都需要海关、运输和统计信息。数据简化和标准化项目就可能有望将这些政府机构设定为实施的第一等级。选择一个机构的另一个因素是其参与进程的意愿和要求。重要的一点是在配齐第一等级的机构之后，当另有机构真正认识到效益并愿意参与以及确定增补信息需求时，这一过程就要重复。

3.8.3.1　简化和标准化团队

启动简化和标准化进程的最佳方式是组建一支专门针对这一任务的团队。团队成员的委派应当包括一名负责与政府当局和边境机构进行联络的人员，作为主导机构信息往来的渠道。反之，每一个政府机构都必须为编制明细数据清单以及这一简化和标准化进程确定一名主要联系人。

贸易和运输业以及其他相关当事方尽可能早地主动参与到数据统筹协调之中，对于认定业务的需求和实际、商务系统的能力，以及向政府提供所需信息的记录是至关重要的。因此，将贸易和运输业的代表纳入该简化和标准化团队是绝对必要的。

3.8.3.2　知识和技能

选拔团队的一个重要方面就是要确保成员具有承担简化和标准化任务的专门技能。这个团队必须拥有国际贸易、业务惯例、商业流程和信息需求等广泛和实际知识。该团队还应当有数据结构设计和数据建模的专业人员，清楚数据的编码、构造和模型设计。尤其是在设定要实现最有利于可重复利用，并确保双边和多边跨境数据交换计划或运行的数据建模的时候，这种方法将会消除那些在后期不得不进行核对和修改的出错风险。

3.8.3.3　沟通

简化目标、程序和步骤的沟通是非常关键的。在组建简化团队之后，为使政府机构清楚地确定该简化小组的角色和职责，下一步就是要召开一系列的会议，进行一连串的情况通报。在启动会议之后，与会机构应当了解实现数据简化的总体过程、与数据结构设计人员一对一面谈的目的、机构所应参加的工作会议和安排工作会议的方式，包括该机构的作用和职责。

3.8.4　数据简化和标准化的步骤

（a）获取

实施的起点就是编制国家贸易数据目录。这需要通过识别和编列清单分别获取各个政府机构的信息需求。这可以通过多种方式实现，例如对机构的报表、自动处理系统的技术要求、规章和行政手续进行考察，对工商企业为处理商业交易所使用的单证进行研究，重新审视商业记录和发起、协调和履行国内或跨境销售合同的业务操作体系。这类信息可以用电子表格或其他软件工具编制整理。

（b）定义

这一步骤包括记录数据元的名称、定义、表示（格式或代码）、该信息何时为必需（放行、申报、检验、事前或事后监管），以及相关机构索要、收集、查阅和保留（存档）该类信息的根据（法律基础）。

（c）分析

下一个步骤就是针对每一个数据元进行信息规格分析。制定信息规格的需求和功能是必不可少的。当信息通过名称而被确定时，更为重要的就是其含义（即该数据元所传递的信息）及其背景关系。信息分析的流程由归集相似的数据元名称和对定义及所需信息的充分理解构成。推荐使用国家供应链流程模版。该模版针对国家主要货物和服务的进出口和主要的运输方式，基于公认的建模技术，例如基于统一建模语言（UML）的 UN/CEFACT 建模方法。

（d）协调

最后的步骤就是通过协调程序将定义明确和分析清楚的贸易数据目录归并为一套精简的数据集。这需要进行协商，以便用共同的定义和（或）共同的编码使用一个数据元名称，并使之与联合国贸易数据元目录（UNTDED）保持一致。进一步可与其他国际标准建立对应关系，例如 UN/ EDIFACT（用于行政、商业和运输的电子数据交换）目录和类似文件［如 UN/CEFACT 核心部件库（CCL）］。同样，该项协调还应考虑到其他标准的规定，如世界海关组织数据模型（WCO DM）。这一方法为数据模型和语法实现的开发提供一系列的选择。

3.8.5　数据简化和标准化步骤说明

（a）获取

为编制国家贸易数据目录，开发人员可以从审视现行的政府法定或规定所需的贸易表格和贸易企业为处理商业交易所使用的商务单证开始入手。

如果国家拥有贸易自动化处理系统，也可以通过使用逻辑数据模型查找信息规格。初期的信息规格可以使用电子表格或类似应用软件（如数据库）进行排列。电子表格的格式非常重要，要注意确保其足够灵活，也要足够健全，足以编列数据字段和事项。数据库的使用能够通过多重表格的连接提高对信息规格的交叉引用能力而增加更多的灵活性。

（b）定义

对获取信息需求的记录应当包含以下部分：数据元名称、数据元说明（定义）、数据元定义域（格式、字母、数字、或字母数字）、信息定义域（代码表）、运输方式（海运、空运、铁路、公路、内河）、手续（进口、出口、转口）、适用于货物、运输工具或乘务人员的功能以及数据来源（进口商、出口商、报关代理、承运人、代理人、发货人、收货人、货运代理）、国际标准的标识。

另一个关键要素是数据收集的法定授权。开发人员可能也希望获取机构是否被授权去收集和（或）查询数据、法定授权（法律、规章、行政命令、管理程序）的司法管辖或起源以及这种授权的终止日期。这份明细表格是陈述性的，并不要求巨细无遗，提供所应记录的典型范例，使之得以对信息需求进行精确评估。同样，一些字段可能改变定义或描述（相对于所提供的表格），然而定义作业的基本特征就是记录数据元及各自的特性。

本建议书推荐，作为最低要求，为正确定义所获取的数据元，要确保以下字段：
- 机构的数据元编号——针对数据元的编号。
- 数据元名称——针对数据元所规定的名称。对数据元的命名应当反映该机构所使用的通用业务术语，而非计算机关联的名称。
- 数据元说明——对数据元的详细说明。
- 数据类型——数据类型可以是 N（数字）、A（字母）或 AN（字母数字）。
- 数据的定义域——如果该数据元具有一份离散的数值或数值范围清单，就要对该清单、范围或该清单或范围的参照标准加以规定。例如，数据元"国家"就可以用 ISO 国家代码表中的值加以限制。
- 国际标准的标识——用所参照的国际标准对数据元进行的标识，即 TDED，以及 UN/EDI-FACT、WCO DM 或 CCL。
- 运输方式——指出该数据元所适用的运输方式（海运、铁路、公路、空运、内河、其他）。
- 手续——指出是否在出口、进口或过境手续中有规定。
- 适用种类——指出是否为货物、运输工具、乘务人员或设备所需。
- 收集或查询的法定权限——该数据属性标识收集或查询该数据元的机构是否需要法定许可或资格。如果授权允许收集，输入 COLLECT（收集）一词，否则请输入 VIEW。
- 法定授权来源——为收集或查询引用法定授权或司法管辖的来源。可以从某一特定表格、规章、法定委托、谅解备忘录（MoU）或其他来源衍生该项授权。如有多种来源，就要引述所有适用的法定授权。不提供该项引用的文本。

- 法定授权终止日期——提供该机构查询或收集数据法定授权的终止日期。用 N/A 指定未终止授权的情况。
- 数据来源——指出信息是通过企业、政府还是推导所提供的。TRADE 指数据由贸易伙伴生成并呈递，TRANSPORT 指数据由承运人或运输工具生成并呈递，而 GOVERNMENT 则是指数据由某一政府机构创建。例如后者就可能是某一次调查所发现的结果。如果不确定，就在这里输入字母 U，代表未知。DERIVED（推导）的数据是通过对某一引用文件的计算或抽取所得，例如税率就可能从协调关税文件中抽取，或由计算机系统从某一数据元组合或更多数据元推导出来。
- 企业数据源——指出贸易当事方，通常为发起或提供数据的一方。如果数据来源属性为"TRADE"，就请确定交易中由哪一方负责生成数据元。建议数值为 T（贸易商——进口商、出口商、经纪人、货运代理人等）、C（承运人）或 CARRIER 和 TRADE。如未确定，就在此处输入 U，代表未知。
- 要求和提供数据的时点——标识交易执行阶段的时点，政府机构认为在此时点就要获取该数据元。建议数值为：PRE-ARRIVAL（到达前）、ARRIVAL（到达）、RELEASE（放行）、POST RELEASE（放行后）等。如未确定，就在此处输入 U，代表未知。
- 政府机构数据源——如果 DATA SOURCE（数据来源）为"GOVERNMENT（政府）"，标明创建该数据元的机构。
- 备注/注释——无格式文本，可用于对数据元进行注解。

　　根据从政府机构收集的调查，数据简化团队必须将该机构的答复汇总或合并到一个综合的电子表格。以下就是一份简要的、具有代表性的汇总表例，使用上述推荐的数据字段。表 3—1 给出了政府机构调查结果汇总列表。

表 3—1　政府机构调查结果汇总列表

名　称	说　明	类　型	来　源	运输方式
卸货港	从船舶卸下货载的地点	4 位专用代码	承运人	船舶
卸货港	从飞机卸下托运货物的机场	4 位专用代码	承运人	空运
国内卸货口岸	从运输工具卸下商品的口岸	4 位专用代码 UNLOCODE	承运人 经纪人 进口商	空运、铁路、船舶、卡车
国内卸货港	从飞机卸下托运货物的国内机场	UNLOCODE	承运人	空运
国外卸货口岸	从运输工具卸下商品的国外口岸	5 位专用代码	承运人 出口商	空运、铁路、船舶、卡车
国外卸货港	从飞机卸下托运货物的国外机场	5 位专用代码 UNLOCODE	承运人	空运、船舶

（c）分析

　　数据简化团队负责对数据元进行分析。在表 3—1 中，对六个数据元的分析表明名称类似（卸货：unlading 或 unloading），虽然在定义上存在微小的差异，如国内或国外，其定义的本质还是货物从运输工具卸下的地点。术语卸货（"unlading"和"unloading"）是同义词。更进一步，术语"国外"和"国内"可以通过交易类型加以规定。出口会表示为国外地点，而进口则会表示为国内地点。

　　分析还显示该数据元有三种不同的代码表示，一种是 4 位代码、一种是 5 位代码以及联合国第 16 号建议书的联合国地点代码（UNLOCODE）。

（d）协调

协调的第一个步骤就是达成一个单独的数据名称。分析阶段确定了"unlading"和"unloa-ding"为卸货的同义词，于是简化就能确定使用术语"unlading"。由于国外或国内可以通过功能（出口或进口交易）确定，就可以消除这些文字。协调之后的名称可能变成"port of unlading（卸货港）"，而如果意见一致，就按国际标准 UNTDED 对该数据元进行校验。UNTDED 中没有"port of unlading"，以准确反映其含义的"place of discharge（卸货地点）"取代这一术语。代码表示问题通过协商采纳国际标准 UNLOCODE（第 16 号建议书）加以解决。图 3—1 给出了上述简化和标准化过程。

可能有大量的这类工作要由主导机构的数据简化团队承担，但决策必须通过参与的各个表 3—1 和图 3—1 中对数据的归集和协调过程进行了表格和图形化的表现，说明了将六种各种相同的信息需求简化为单一数据元的方法。又以该例说明了如何能够将两种专用的并且是不同格式的代码简化为单一的、国际公认的和标准的代码。这些事例应被认为是获取和定义阶段的调查研究和针对政府机构所需的及该调查结果报告的信息要求的后续协调过程。该过程并不试图重新定义信息需求或确定数据元的其他应用或功能，而是减少其数量，并建立一个简化的、标准的数据集。

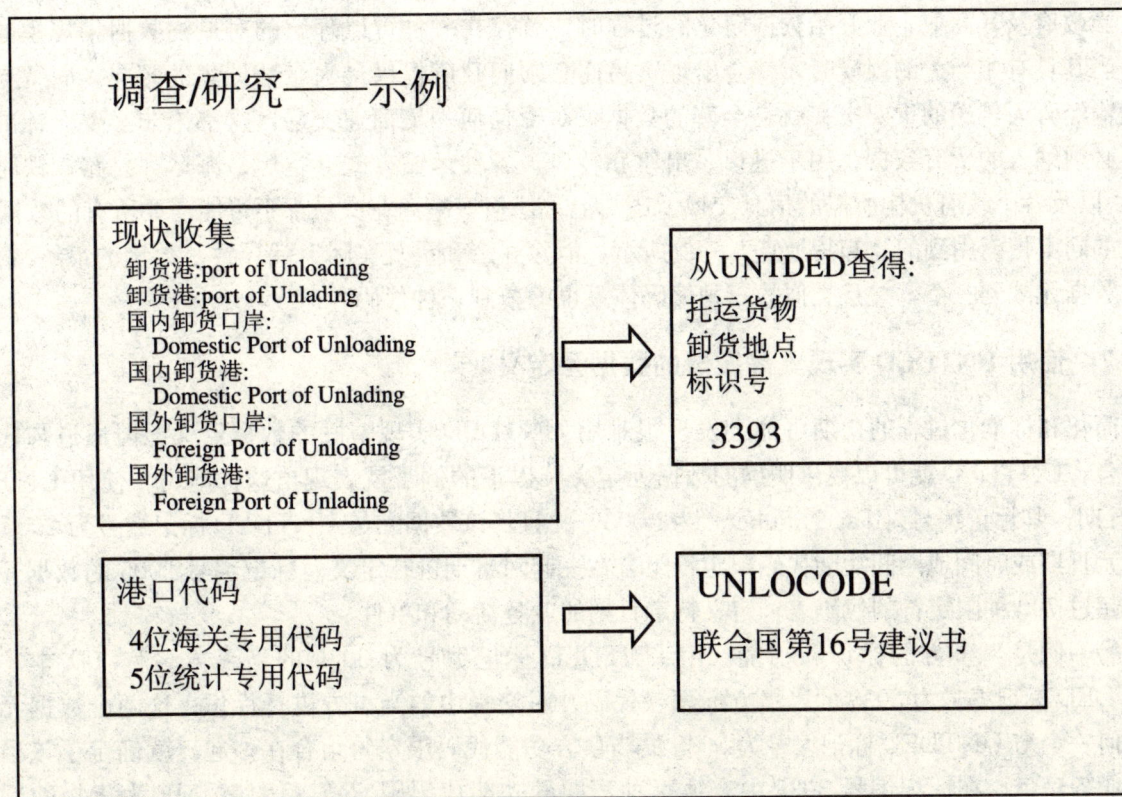

图 3—1 简化与标准化的过程

政府机构的审核批准。考虑到数据需求范围甚广，众多政府机构就特定范围的数据元集中会商就更为有效。建立这些专题小组的一种方法就是使用 UNTDED 的数据元种类。电子表格中也可以利用这一分类方法列示数据元。

- 第 1 组：单证编号（0001—1699）
- 第 2 组：日期、时间、期间（2000—2799）
- 第 3 组：当事方、地址、地点、国家（3000—3799）

- 第 4 组：条款、条件、术语、规程（4000—4799）
- 第 5 组：金额、费用、百分比（5000—5799）
- 第 6 组：计量、检验、数量（货币除外）（6000—6799）
- 第 7 组：货物和物品：名称和标识（7000—7799）
- 第 8 组：运输方式和运输工具、集装箱（8000—8799）
- 第 9 组：其他数据元（海关等）（9000—9799）

继续"卸货地点"的事例，关注第 3 组数据元：当事方、地址、地点、国家（3000—3799）的政府机构将要举行会议。这些机构将被要求通过术语"卸货地点"，而 UNLOCODE 的编码表示将满足其需求。因此，一个数据元会取代以前的六项信息需求，一个代码将取代两种各自独立又各不相同的代码表示。

在 UNTDED 或任何 UN/CEFACT 所推荐的代码表中找不到数据元的情况下，项目组应当按照适用、有效的变更程序提出数据维护申请，以更新 UNTDED 或相关的 UN/CEFACT 代码表。

3.8.6　标准数据集的规模

当政府及其商业企业开始数据简化的过程时，就存在一种可以理解的对最终数据集规模的担心。当其具有相当大的规模时，就会出现贸易商必须向政府提供最大量数据集的倾向。向贸易商和运输经营人传送的重要报文就是全套的数据，对于任何一笔商业交易，这都绝非必要。标准数据集必须纳入的所有数据，用于进口、出口和转口，各种运输方式（空运、海运、公路、铁路等等），以及各个政府机构所需的信息交换。逻辑上，任何一笔商业交易都不可能需要所有的数据。

如同本指南用到的"卸货地点"一例所示，消除冗余和重复实际上就导致了数量的最终减少。六个数据元减到一个，并且类似的三种编码体系也缩减到一种代码。

3.8.7　使用 UNTDED 实现更高质量的数据元定义

简化和标准化过程的初期可能会发现很难用 UNTDED 实现精确的数据定义。但通过与代码相结合，UNTDED 就可以提供明确的数据元定义。以下的例子就表现出这种能力。使用 UNTDED 日期，其标记编号（Tag Number）为 2 000，并且将该数据元与 UNTDED 标记编号为 2005 的数据元日期或时间或期间功能代码限定符组合在一起对日期进行定义。标记编号 2005 的数据元为一张超过 700 种限定符的代码表，定义特定日期的业务活动和事件。

另一例是当事方的标识和功能。用 UNTDED 标记编号为 3036 的当事方名称（文本）或UNTDED 标记编号为 3039 的当事方标识（代码）对交易中的当事方进行标识。这两个数据元中的任何一个与 UNTDED 标记编号为 3035 的当事方功能代码限定符组合在一起，就确定了该当事方的业务角色。在标记编号 3035 中有数百种不同的功能代码限定符，例如：MF 为货物的制造商、CB 为报关经纪人、CZ 为发货人、IM 为进口商。

3.8.8　与工商和运输企业磋商

第 33 号建议书 8.3 节指出了政府与企业之间进行合作的重要性。就简化和标准化的过程而言，在政府与工商和运输企业之间应当组建一个具有相关技能的联合小组。这种方式可以获取明显的优势，例如商讨有关需要符合现行政府信息规定的数据规模和质量认定。进行卓有成效商讨的另一个领域就是政府监管环境所需数据的时间，提供数据的最佳人员安排，以及效率最高并实际有效的数据传输方法。

3.8.9　对保留系统的影响

数据简化和标准化项目可能遇到的一个疑难问题就是在保留使用的系统上应用国际标准的效果。例如，如果一个国家使用专门的地点编码，留用系统（在风险管理、画面显示、确定系统目标以及会计核算方面）都基于专门的体系结构。直到出现一个全面转换到新的数据元名称和编码的时机之前，国家和贸易商可能都必须实施转换功能。这种转换必须改变新的国际标准数据集，并将其按照用户熟知的数据元和留用系统所使用的代码进行翻译。

3.8.10　案例研究

本指南收纳了两个研究案例，都来自已经进行数据简化和标准化项目的国家。案例研究表明，由于每一个国家都必须针对本国具体的需求和条件对这一方法进行修改，所以管理和实施项目的方法不会是唯一的。但案例研究同时也展示了编制简化的、标准化的国家数据集的成功运作模式。

UN/CEFACT 计划随着时间的推移扩大案例研究的数量。鼓励各国提交本国的简化和标准化项目的成效，以便收录到正在开发中的参考资料库。这些都将成为本指南三个案例研究的补充，并帮助建立一个知识库，就像支持第 33 号建议书《建立国际贸易单一窗口》的知识库一样。

美国案例研究

单一窗口数据协调

随附的数据流程图展示的是美国海关和边境保护局（CBP）用于美国的单一窗口国际贸易数据系统（ITDS）的工作流程。ITDS 遵照的就是在第 34 号建议书中所提出的获取、定义、分析和协调的各个步骤。图 3—2 给出了数据统筹协调流程。

现从左上角开始，直到右下角结束，对图 3—2 中显示在方框中的每一个步骤说明如下：

- "获取政府机构的数据元"——ITDS 数据团队从不同来源获取政府机构数据元。最初的步骤是开列政府机构用于国际贸易的表格目录和政府机构数据元清单。为完善和验证表格目录，要求每一个政府机构都要填写一份 excel 电子表格问卷。这份问卷的重点是数据元名称以及更为重要的数据元定义。还收集了每一个数据元的属性（格式、来源、用法等）。以这一初步的分析为基础，ITDS 协调团队设立了一个 ITDS 标准数据集（SDS）的底线或基准。

- "归集 PGA 数据元"——将相同和类似的数据元归集分类。使用 excel 可以进行多种不同的分类。一种归并就是以 UNTDED10 数据元标记编号的第一位（1—9）为基础进行的。这种归并有助于分析。

- "确定类似的数据元"——ITDS 团队对类似的数据元进行识别。例如，术语供应商（vendor）和卖方（seller）就被认为属于同义词并因此作为调整到一个数据元的候选对象。

- "实施数据协调并启动 IPT11"——每一个 PGA 的代表（首席联系人）都参加了协调启动会，使各个机构熟悉数据协调过程。

- "进驻 PGA 核实……澄清……"——表格分析和问卷提供协调的基础，但是还有许多需要补充信息和澄清数据元的事例。为获取更多的专业知识和机构的需求，就将 ITDS 的数据结构设计人员指派到各个具体的政府机构。

- "参加 DH IPT 工作会议……核对候选数据元"——为各个 PGA 召开了多次工作会议。这些工作会议都集中于同类政府机构，如农业、食品安全、环境、统计等。其他工作会议则注重于归集数据（见以上第 2 项）所确定的关联数据元，如运输、日期/时间、地点等。

注意，这一过程包含了数据协调中的定义、分析及核对的步骤。

- 第 5 和第 6 项是循环往复的过程，其结果是以"维护 SDS 和候选数据元"提出了对 ITDS 的 SDS 进行修改。这一背景下的术语候选数据元是尚未出现在 SDS 基准中而又需要向 ITDS 的 SDS 追加的那些数据元。
- "推荐新的 SDS 数据元"——第 5、6、7 项的工作成果产生了向 ITDS 的 SDS 增补协调数据元的建议。
- "将 SDS 映射到：＞eCP 数据逻辑模型＞WCO 模型＞MMM 模型"——将 ITDS 的 SDS 与现行和未来的数据逻辑模型、世界海关组织和美国多式联运载货清单数据模型加以映射。
- 第 8 和第 9 项是循环往复的过程，经此过程确定并解决缺陷和差异，产生新版 SDS。由于美国将其企业对政府［B2B，（疑为"B2G"之误）］、政府对政府（G2G）的需求建立在 WCO DM 的基础上，就要将 ITDS 的 SDS 仔细地与 WCO 标准进行映射。如果某一数据元未在 WCO DM 之中，就会针对是否将这些数据元纳入 WCO 数据模型而向 WCO 提出相应的建议。
- 为了进行审核及征询意见，向各个 PGA 和工商企业提供了一系列的 SDS 报告。这些报告有专门针对政府机构的，专门针对手续（进口、出口、转口）的，和专门针对企业（报关经纪人、运输商）的，以及针对其他方面的。
- 在得到管理 ITDS 的委员会的批准后，就会将核查意见吸收到 SDS 之中。

CBP 已经与 23 个政府监管机构一起完成了这一过程。汇集了一万多个数据元。这些都已经被归并为大约 500 个数据元。正在继续进一步的合并。正在对 ITDS 与 WCO DM 之间的差异进行分析并将采取适当措施将 ITDS 单一窗口的需求向 WCO DM 进行追加。

韩国案例研究

韩国海关保税区单一窗口数据协调

背景

（a）启动单一窗口项目，有 17 个与贸易相关的政府机构参与，包括韩国海关总署（KCS）在内，属于韩国 31 个电子政府任务之一的"国家综合物流信息服务改革项目"管辖。

（b）从 2004 年 12 月到 2007 年 2 月，单一窗口的建立结束了三个阶段的实施，总投资达 60 亿韩元或 650 万美元。

- 第一阶段（2004 年 12 月～2005 年 6 月）：海/空运输申报及旅客/乘务人员名单的标准化（与海关、移民和检疫有关的 5 个政府机构参与其中[12]）；
- 第二阶段（2005 年 9 月～2006 年 6 月）：建立基于互联网的单一窗口，连通 8 个政府监管机构[13]，为申报的受理及核准设立免费的通知服务；
- 第三阶段（2006 年 8 月～2007 年 2 月）：对单一窗口进行升级和扩充，加入 4 个新增的政府监管机构。

第一阶段：到达/出发申报单一窗口数据的统筹协调

（a）共同利用分别向海关及海运事务和渔业部（MMAF）提交的海运载货清单及货物/集装箱的输入/放行报表中的数据。

- 将 MMAF 报表格式改为海关载货清单格式，在将现行每个政府机构电子系统的改动降到最低的同时，提高用户的便利性。

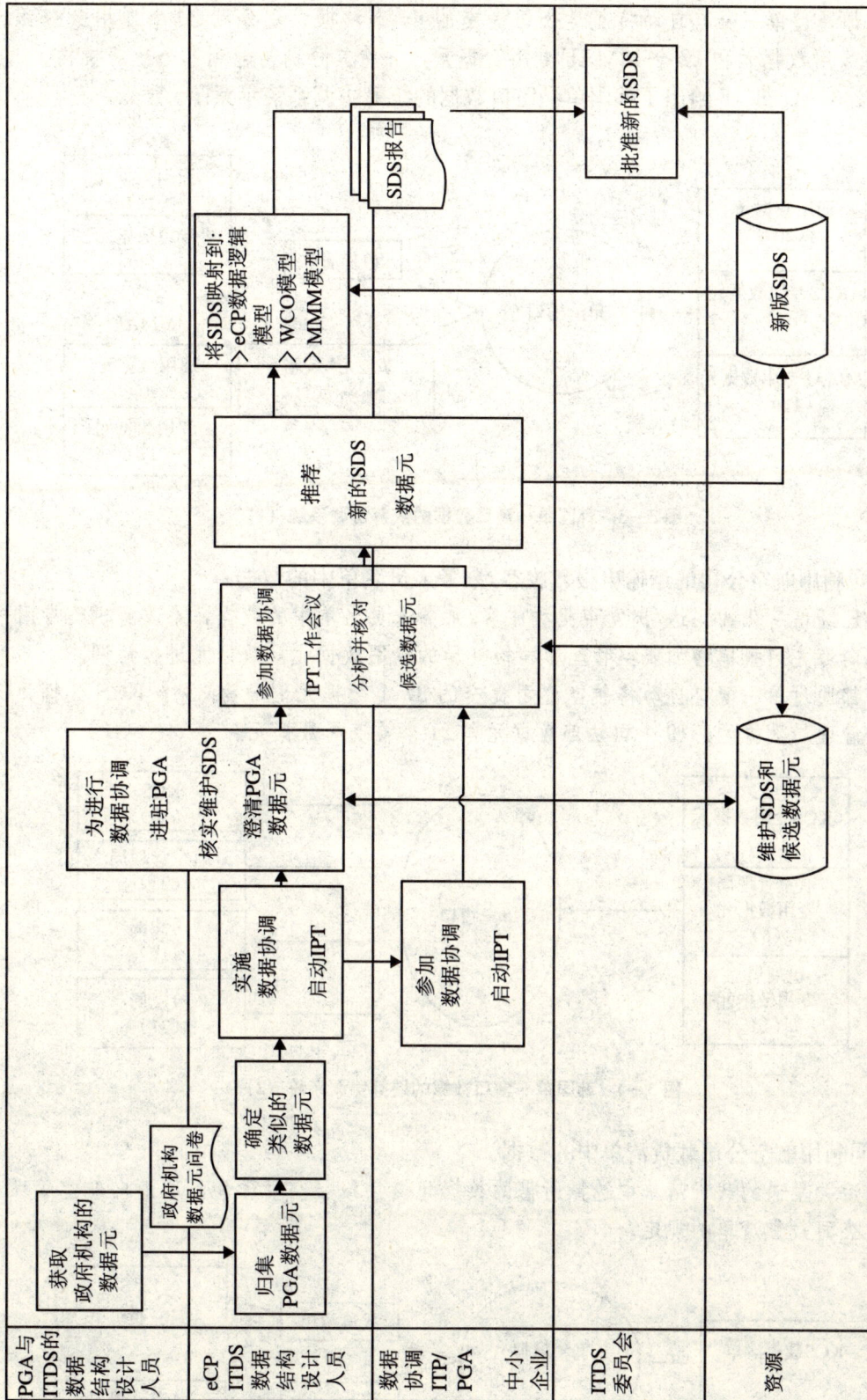

图3—2　数据统筹协调流程

- 从 MMAF 货物/集装箱的输入/放行报表中去除4个现行的数据元并增加8个来自海关载货清单的数据元。
- 每次都通过单一窗口自动将航运公司提交的 66 个数据元划分到 20 个通用数据元、34 个 KCS 专用数据元和 12 个 MMAF 专用数据元，并将其分别传输到各个政府机构。

图3—3、3—4、3—5 给出了韩国单一窗口数据的统筹协调系统示意图。

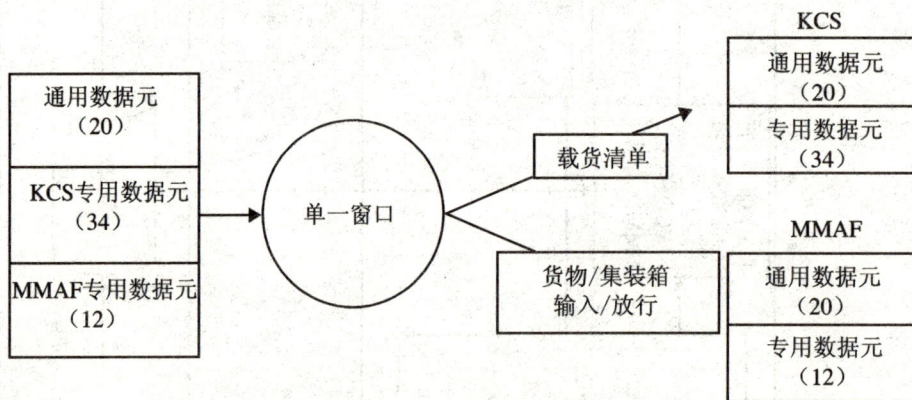

图 3—3   韩国单一窗口数据的统筹协调系统（1）

（b）共同利用航空公司的运输申报、旅客/乘务人员名单中的数据。

- 利用已经信息化的到达/出发申报和旅客/乘务人员名单中的数据，不改变机构专用格式。
- 通过向海关申报单增加航空管理局和检疫局的专用数据元对数据元进行协调。
- 每次都通过单一窗口自动将航空公司提交的 37 个数据元划分为 33 个 KCS 数据元、23 个航空管理局数据元、19 个司法部数据元和 21 个检疫局数据元。

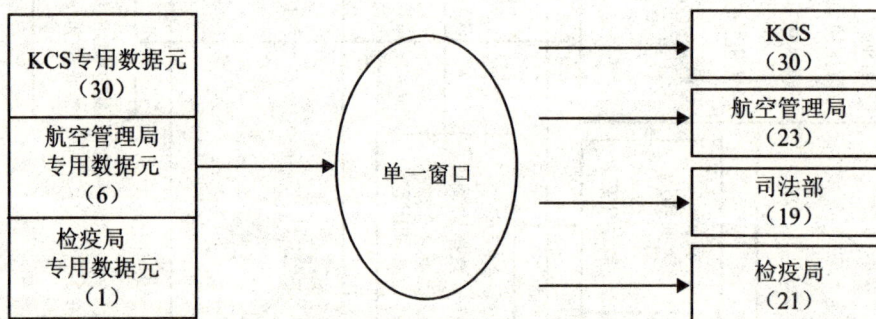

图 3—4   韩国单一窗口数据的统筹协调系统（2）

（c）共同利用航空公司载货清单中的数据。

- 从向海关呈递的载货清单中选择所需的数据元提供给航空管理局，取消向航空管理局提交航空公司载货清单的规定。

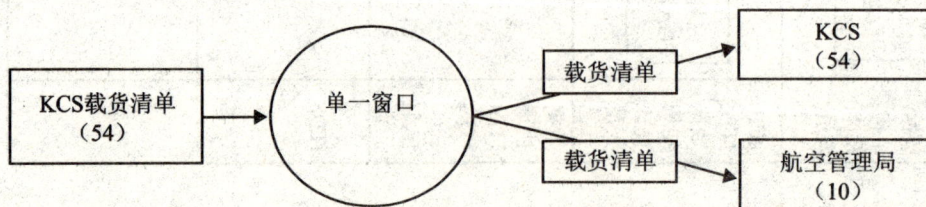

图 3—5   韩国单一窗口数据的统筹协调系统

第二阶段：清关单一窗口数据的统筹协调

（a）组建特别工作（T/F）团队

- 组建数据协调的 T/F 团队，由 KCS 及 8 个与进/出口相关的政府机构组成，包括韩国食品药品管理局（22 名官员）。

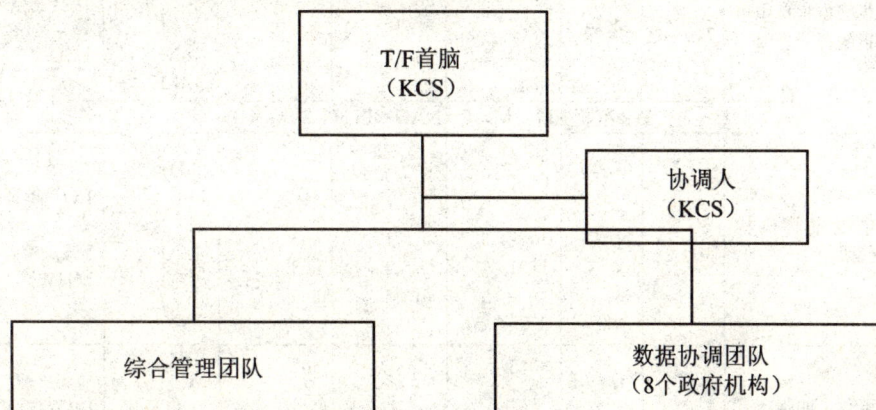

图 3—6

- 从 2004 年 4 月到 2005 年 3 月运行了 8 个月。
- 通过 16 轮工作层面的会议和意见交换，进行了业务流程的分析和申报数据的分类、确认、分析和编排。

（b）数据统筹协调过程

- 选择将要参与数据统筹协调的政府机构。
- 根据 55 项法律和规定，通过对进出口需求的确认，共有 65 个政府机构涉及其中，另据 29 项法律和规定，经海关征稽确认，在 65 个之外还有 30 个政府机构也与业务相关。
- KCS 决定在单一窗口中纳入涵盖大约 92% 输入项目的 8 个政府机构，并承担统筹协调过程。

表 3—2 单一窗口中的政府机构

法 规	政府机构	比 例	其 他
食品卫生法	韩国食品药品管理局 国家水产品质量检验局	45%	92%
植物保护法	国家植物检疫局	17%	92%
畜产品加工法	国家动物检疫局	3%	92%
家畜防疫法	国家动物检疫局	5%	92%
药品事务法 化妆品法 医疗设备法	韩国药品贸易协会 韩国动物卫生产品协会 韩国医疗设备行业协会 韩国牙医行业协会	22%	92%
其他		8%	
合计		100%	

- 对需要加以统筹协调的数据元进行识别和分类。

将 8 个政府机构的 10 张表格与 UN/TDED 进行对照，开列出包含 542 个数据元的目录。

针对每份表格，整理"表格编号"、"数据元名称"、"数据元说明"、"数据段"、"行号"、"数据元标识"、"数据长度"、"代码"等项目。

表 3—3　韩国食品药品管理局食品进口申报单数据元分类

ID	名称	定义	行号	数据段	数据元	数据表示			备注
						UN目录长度	使用长度	强制/可选	
11	申报总金额	单张申报单中申报的美元总值	7	MOA	C516 5025 5004 6345	an..3 n..10 n..3	an3 n..10 an3	(M) M ｜ M ｜ M ｜ M	128：申报价值总额 ◎ USD
				第2组数据段　M，6（NAD-GIS-SG.3-SG.4）					
	申报主管机构	申报主管机构代码	SG.2 10	NAD	3035 C082 3039 1131 3055	an..3 an..17 an..3 an..3	an2 an3 an3 an3	(M) M M ｜ M ｜ M ｜ M	DO：单证接收方 ◎ 115：检验机构 MHW：卫生部
5	申报人（货主）	申报人明细 申报人名称 公司名称1 公司名称2 地址1 地址2 邮政编码	SG.2 10	NAD	3035 C082 C058 C080 3036 3036 3036 C059 3042 3042 3164 3229 3251	an..3 — — — an..35 an..35 an..35 an..35 an..35 — an..9 an..6	an2 — — — an..20 an..30 an..10 — an..30 an..10 —	(M) M N N M ｜ M ｜ M ｜ C M ｜ M ｜ C N N M	DT：申报人 ◎：申报人名称 ◎：公司名称1 ◎：公司名称2 ◎：地址1 ◎：地址2 ◎：邮政编码

- 数据统筹的分析和协调。

　　根据 6 项相关法规对比海关申报单与包括食品药品管理局在内的 3 个政府机构针对进口商规定的 6 份单证格式，平均有 48％的数据元统一了定义。经与世界海关组织的海关数据模型 1.1 版本（WCO CDM V1.1）对照，其中有 65％可按通用数据元加以采用。

表 3—4　海关进口申报单与各种核准所需单证的比较

法律依据	相关政府机构	通用数据元	专用数据元	合计	通用数据元所占比例
食品卫生法	韩国食品药品管理局	25	32	57	44％
植物保护法	农林部	18	18	36	50％
畜产品加工法	〃	25	19	44	50％
家畜防疫法	〃	7	10	17	41％
药品事务法	韩国食品药品管理局	20	27	47	43％
有毒化学品监管法	环境部	4	3	7	57％
合计	6 部法规，3 个政府机构	99	109	208	48％

表 3—5　世界海关组织海关数据模型与各种核准所需单证的比较

类别	通用数据元	专用数据元	合计	通用数据元所占比例
进口报关单	97	48	145	67％
食品类进口申报单	29	28	57	51％
植物类检验申请书	25	11	36	69％
畜产品进口申报单	30	14	44	68％
家畜检疫申请书	11	6	17	65％

续　表

类别	通用数据元	专用数据元	合计	通用数据元所占比例
标准清关计划报告	31	16	47	66%
有毒化学品类核准证书	5	2	7	71%
合计	228	125	353	65%

- 根据对海关进口报关单和各种核准所需单证的分析结果，根据 UN/TDED 和 WCO CDM V1.1 对数据元的定义，将 10 份表格共 542 个数据元中的 185 个界定为通用数据元。

表3—6　对10份申报单进行的数据统筹协调

法律		必要的进口单证	数据元合计	通用数据元	专用数据元	取消
畜产品加工法		畜产品进口申报单	55	27（49%）	14	14
家畜防疫法		动物检疫申请书	23	16（70%）	4	3
〃		畜产品检疫申请书	25	19（76%）	4	2
植物保护法		植物检验申请书	52	21（40%）	11	20
食品卫生法	食品	食品类进口申报单	93	22（24%）	30	41
	海产品	〃	79	24（30%）	16	39
药品事务法化妆品法		标准清关计划报告	88	22（25%）	13	53
医疗设备法		〃	51	15（29%）	9	75
〃（牙医设备）		〃	51	15（29%）	9	75
药品事务法(动物)		〃	28	19（68%）	1	8
7部法律		10	542	185（34%）	102	255（47%）

- 修订相关法律和规定并建立综合申报体系。

以特别工作团队所进行数据统筹协调的成果为基础，政府监管机构对相关法律和规定进行了修改，以便构成数据元名称变更、单一窗口申报受理、核准通知等的法定依据。

KCS建立了一站式的综合申报体系，用户可在互联网上经由这一体系一次性向8个政府机构提交10份申请书和进口申报数据。

第三阶段：推广单一窗口的数据统筹协调

（a）随着4个新增的政府机构加入单一窗口，要根据两项法规承担两份单证格式的数据统筹协调。

（b）遵循与第二阶段相同的程序。

- 决定将48个数据元中的28个划定为通用数据元并取消5个数据元。

预期效果

（a）使数据达到标准化水平，通过单一窗口提供一站式服务。

- 通过从检验和检疫到进出口申报的一站式服务，一次性提交报关数据，削减清关时间。

（b）通过采用基于互联网的系统，降低包括 EDI 传输费用在内的企业物流成本。

- 通过将所需的核准和进口申报手续转移到基于互联网的形式，免除进口商和政府机构 EDI 传输费用的负担。

（c）通过海关和政府监管机构之间的数据共享来提高运行效率。

- 通过建立单一窗口，使海关和政府机构得以共享数据并向客户提供实时的业务数据。

未来计划

（a）为贸易的简化和物流的顺畅，通过在国家层面实施单一窗口项目，韩国海关针对运输工具的申报和清关建立单一窗口，有 16 个相关的政府机构参与。

（b）此外，对相似的表格和数据元的统筹协调以及对申报手续的简化已经增加了用户的便利性并降低了物流成本。

（c）但是为了在各国之间建立能够预先交换信息的国际贸易单一窗口，前提就是在全世界对向政府监管机构申报的数据元实施标准化。

（d）因此，韩国海关总署将积极参与 WCO 建立 3.0 版数据模型的工作，并与政府监管机构就国际标准的重要性进行沟通。同时，KCS 计划根据 2008 年完成的 WCO DM V3.0（世界海关组织数据模型 3.0 版）承担向单一窗口提交数据元的标准化工作。

韩国：完整的业务范围

本案例来自韩国 2004 年到 2008 年间在推行电子贸易业务（称之为"uTradeHub"）的过程中所取得的经验。从这些经验中，成员国就可能理解韩国为遵循 UN/CEFACT 建议书的方法进行数据的统筹协调付出了多大的努力。该国仍在努力改进其电子贸易平台，仍在进行数据统筹协调和单证标准化的研究和努力。

总结——数据统筹协调的完整过程

图 3—7 给出了数据统筹协调的完整过程。

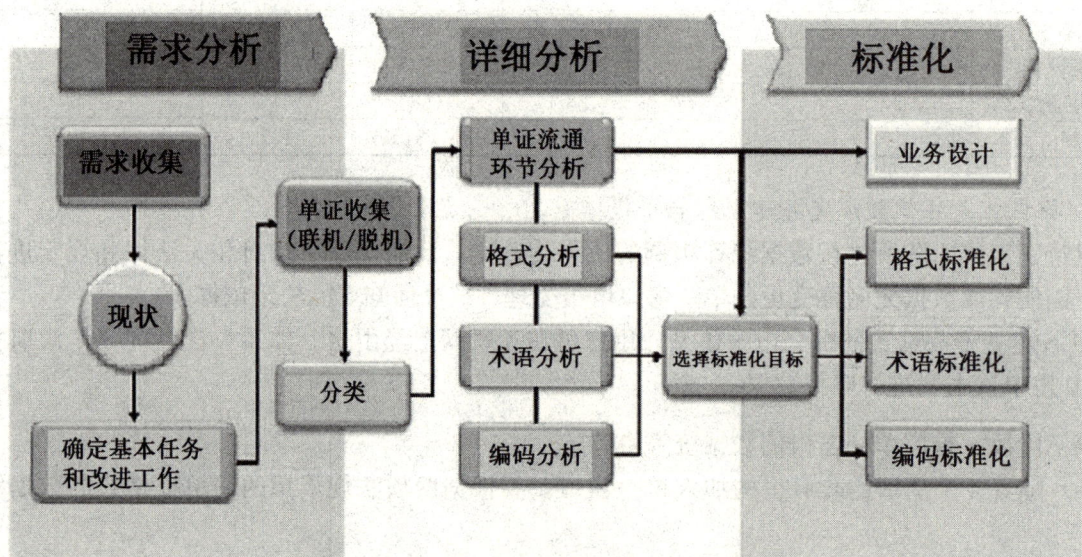

图 3—7　数据统筹协调的完整过程

第一步就是需求分析。首先要收集电子商务的需求，并对其进行分析，以确定基本的任务和改进的工作。然后，要对目标单证信息进行归集和分类。第二步是详细分析。首先要分析单证的流通环节。这一分析的目的是改进单证的流通环节并建立未来的电子商务流通模型。此后，要分析单证的格式、术语和编码。通过详细分析，就明确了标准化的目标并着手进行格式、术语和编码的标准化。

数据统筹协调的具体过程

需求分析（获取和定义）

• 确定基本任务和改进工作。

这一层面是对需求进行详细分析的过程，是进行数据统筹协调的第一步。为进行需求分析，就要进行源数据的收集、专题讨论会和访谈。通过 2004 年进行的电子商务 BPR/ISP（业务流程再造/信息战略规划）项目，收集和分析了大量的数据。在对源数据进行收集、举行专题会议和访谈之后，又按照以下三种方式进行了现状（as-is）分析：现行电子商务相关机构的信息系统分析、单证流通环节分析和标准的现状分析。通过这一过程确定了基本任务和改进工作。信息系统分析、标准现状分析和单证流通环节分析所产生的结果奠定了电子商务业务设计的基础。

- 明确标准化目标。

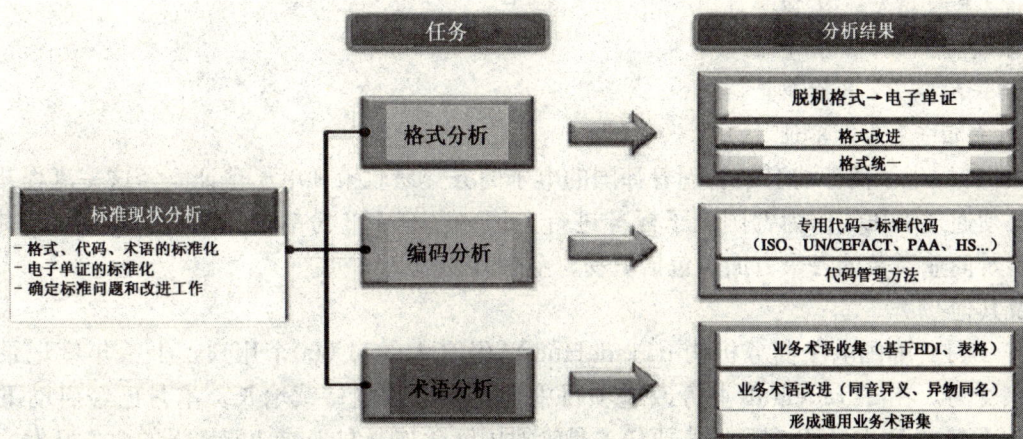

任务　　　　　　　　　　　　　分析结果

标准现状分析
- 格式、代码、术语的标准化
- 电子单证的标准化
- 确定标准问题和改进工作

格式分析　→　脱机格式→电子单证 / 格式改进 / 格式统一

编码分析　→　专用代码→标准代码（ISO、UN/CEFACT、PAA、HS…）/ 代码管理方法

术语分析　→　业务术语收集（基于EDI、表格）/ 业务术语改进（同音异义、异物同名）/ 形成通用业务术语集

图 3—8　明确标准化目标示意图

这是三种现状分析之一的标准化详细分析。详细分析过程可以分为三种途径——格式分析、代码分析和术语分析。涉及格式分析时，格式的改进和统一就是主要任务，向电子单证传输的就是脱机格式。代码分析的目标是将专用代码转换为国际标准代码，为未来的全球化和常态化做准备。此外，代码分析可能会增加进行有效代码管理的迫切性。详细分析的最后一种方式是术语分析。通过分析 EDI 单证和各种不同的单证格式，会收集到大量的业务术语。因此，这些业务术语中的同音异义和异物同名的词汇就会被加以确定。在进行该项改进之后，就会形成为今后所使用的业务术语集。

分析成果的应用
- 术语、代码和格式的标准化与数据的统筹协调密切相关。

图 3—7 的右边部分是对分析过程加以应用的结果。通过格式分析，确定了标准格式和单证结构。还通过术语和格式分析进行了电子单证标准化的基础工作。代码分析和术语分析显示出代码和术语管理的必要性。所以才要建立信息管理系统。元信息管理系统对像代码、术语和数据库架构之类的元信息进行管理。将术语、代码和格式与数据的统筹协调密切关联是极为重要的。

电子单证的标准化
- 将对数据进行统筹协调的成果应用于电子单证的标准化。

单证结构和业务术语集建立于上一步骤之后。CCTS 规范（核心部件技术规范）和条目规范派生的核心部件（CCs）和业务信息实体（BIEs）会基于 TBG17 拟订提交模版。然后以条目规范和类图为基础设计 XML 结构。这是一种普遍使用的单证标准化开发方法论。

本国和国际标准的采用
首先，XML 电子报文开发指南、路由信息指南和 KIEC XML 核心部件库，都作为相应的韩国标准得以应用。作为通用标准，相应的核心部件技术规范、XML 命名和设计规则、UN/CE-FACT 建模方法也都是适用的。

uTradeHub 电子单证的设计符合以下韩国标准：XML 电子报文开发指南、路由信息指南和 KIEC（韩国电子商务协会）XML 核心部件库。所遵循的国际标准有：核心部件技术规范、XML 命名和设计规则和 UN/CEFACT 建模方法

目标单证（共有 102 个 XML 单证）

- 贸易相关：25 份单证
- 汇兑/金融相关：57 份单证
- 陆路运输相关：6 份单证
- 货物保险相关：8 份单证
- 与清关相关：6 份单证

KIEC 即韩国电子商务协会，管理着韩国的电子商务交易政策和电子单证。经这一流程开发的单证，都必须通过 KIEC 作为韩国电子标准进行登记。已有 102 份单证作为韩国电子标准提交。这些单证涉及商业事务的各个方面，包括贸易、金融和物流。

现状及其他

2009 年 1 月，韩国电子商务机构 uTradeHub 已经有大约 11 000 个用户，上一年度记录约有 2 000 000 宗交易。在 uTradeHub 业务改进项目中期，用户数量持续增长。本月已经启动下一代 uTradeHub 业务的 BPR/ISP 项目。主要任务是针对国际化连通和当前功能增强的业务开发。

业务类型	单证数量	数据元合计	对数据实施统筹协调	非标准数据集	标准数据集（可重复使用的数据元）
贸易相关	25 份	约 7 000 个数据元	➡➡➡	约 700 个数据元	约 2 700 个数据元
汇兑及金融相关	57 份				
陆路运输相关	6 份				
货物保险相关	8 份				
清关相关	6 份				
其他	20 份				

图 3—9　数据统筹协调的成果和预期效果

- 用户数量：约 11 000 家贸易公司
- 报文交易：（每年）约 2 000 000 宗
- 功能增强正在进行
- 未来
- 启动针对下一代 uTradeHub 业务的 BPR/ISP 项目
  - 国际化的连通
  - （包括跨境 e-C/O，与 SWIFT 网络的集成服务）
  - 功能扩充
- 功能增强
  - e-Nego 业务（电子化谈判）
  - e-B/L（电子提单）
  - 用户接口解决方案
  - 系统性能

数据统筹协调的成果和预期效应

- 成果
  - 约 125 种 7 000 项不同的电子单证条目经标准化缩减为 2 700 项（可重复使用的条目）
- 定性的效应
  - 通过建立电子商务单一窗口，简化工作流程，提高了工作效率，降低了成本；
  - 通过与贸易相关机构进行互连和共享，避免了重复投资，使成本效益最大化；
  - 通过电子单证的标准化，建立电子商务单证库，不再有书面单证重复提交的现象，手续得以简化，流程得到改进。
- 定量的效应
  - 图 3—10 阴影部分就是电子单证标准化的定量效应

分类		计算因素	货币价值 （$100 000）
直接效应	通过单证标准化，建立电子单证库，取消书面单证的重复提交，所取得的成本节约效应	通过流程改进和实时连接降低业务处理时间的换算额	2 474
		通过电子单证减少递交成本的数额	1 460
		通过存放、查询和使用电子单证降低成本的换算额	1 389
		小计	5 323
	国际贸易公司因建立业务单一窗口和生产率提高的效应所节约的投资成本	国际贸易公司通过电子商务平台 uTradeHub 减少自建成本的数额	1 216
		因国际贸易相关主要管理工作的自动化而实现的生产率增长	708
		通过信息技术提高交易单证处理能力而实现的成本节约	195
		小计	2 118
间接效应	出口增长效应	通过建立和使用电子商务平台所实现的贸易增长	6 183
合计			$ 13 624

图 3—10　电子单证标准化的定量效应

- 自动化处理的目标：TBG17 提交模版（条目规范）和 XML 结构

电子单证标准化是一项费时费钱的工作。uTradeHub 自动化解决方案就是为了解决这一问题所计划的开发项目。只要求用户去创建 UNL 类图。然后由自动解决方案自动生成 xml 结构和条目规范。目前正在对该方案进行技术评审。这对于在不远的将来完成这一方案是必不可少的，有助于取得更大的效益。

第4章　全国性的贸易便利化机构
（联合国第4号建议书）

4.1　概述

联合国贸易便利化与电子业务中心（UN/CEFACT）在1974年3月举行的第2次会议上，正式通过第4号建议书《建立全国性的贸易便利化机构》，鼓励各联合国成员国建立自己的全国性贸易便利化机构，以便推动实施国际贸易便利化和标准化工作。鉴于1974年以来在贸易和运输领域因政治、经济和技术进步所引发的诸多变化，UN/CEFACT在1999年3月举行的第5次会议上决定对本建议书进行如下修改：

UN/CEFACT建议各国政府建立和支持全国性贸易便利化机构，统筹兼顾民间企业和政府机构，以便确定影响本国国际贸易成本和效率的难点，改进措施，使国际贸易降低成本和提高效率，协助推进上述措施，确定本国的协调中心，以收集并发布国际贸易便利化的最佳实践信息，以便提高整个贸易便利化的水平和效率。

政府及贸易经营人在监管和控制货物运输、业务交接及相应的资金流动时需要在国际贸易中办理诸多手续、程序和处理大量的文件等工作。这些工作保证了各国征收关税和控制跨境运输非法毒品、武器、保护物种、有害废弃物及其他受控产品的要求，并满足了管理和统计所需的信息。

但是有些管理机关经常无视一些手续的变动会对贸易系统总体成本和效率所产生的影响，并擅自修改或增加手续、程序和单证，其后果往往成为贸易界的一种经济负担。国际贸易的成本以及跨境交易相关的不确定性，加上官方法规和执行的差异，都将制约国际贸易的发展。这样的情况使许多企业，尤其是中小企业，都对国际贸易望而却步。因此，为了达到贸易便利化的目的，即使商业团体或政府部门的需求之间可能发生抵触或冲突，往往也是有可能对手续和流程进行简化而不对相关任何一方的基本权益造成损害。

为了保持本国经济在国际上竞争力，有关国家应当对简化和缩减手续、程序、单证，以及相关各方均可接受的其他最低程度而要求引进相关的协商机制。许多国家和行业机构都已经提出与贸易相关的信息流和物流的改进措施，这些措施包括国际公约、标准、建议和指南。

UN/CEFACT建议各国政府建立全国性贸易便利化机构就是为了实现上述目的。到目前为止全世界成立全国性贸易程序简化机构的国家和地区有：奥地利、孟加拉国、比利时、巴西、保加利亚、捷克共和国、丹麦、爱沙尼亚、法国、德国、芬兰、匈牙利、冰岛、印度、爱尔兰、以色列、意大利、日本、肯尼亚、韩国、荷兰、尼日利亚、挪威、波兰、马尼亚、俄罗斯联邦、塞内加尔、西班牙、斯里兰卡、瑞典、瑞士、坦桑尼亚、泰国、赞比亚、文莱达鲁萨兰国、哥伦比亚、加拿大、中国台北、加蓬、中国香港、印度尼西亚、马来西亚、马耳他、蒙古国、中华人民共和国、菲律宾、新加坡、斯洛文尼亚、南非、土耳其、英国、美国、新西兰、澳大利亚。

4.2　全国性的贸易便利化机构工作指南

4.2.1　综述

　　经济全球化和贸易自由化为包括发展中国家在内的所有国家和经济体在转型期间提供了在世界经济中发挥更加积极作用的机会，同时为国际贸易的增长提供了前所未有的动力。而缺乏有效和透明的贸易相关服务是一个主要的障碍，如海关、运输、银行和保险、电信或业务信息，集中体现在发展中国家和某些经济体在向国际贸易转型过程中，被排除于全球新兴经济之外。

　　各国的国际贸易对于本国经济都至关重要。这需要高效的门到门物流服务链，简化的贸易手续、程序和操作，还要加上一个支持国际贸易的海关当局。这就意味着需要进行根本性的变革，推动改进贸易和运输惯例，尤其是在使用现代技术方面以及在海关操作和程序方面的改进。为保持竞争力，买卖双方都必须降低各项交易成本，这些成本都将计入消费品的售价。为了降低甚至抵消这些费用，就要从根本上改善一个国家的运输和物流质量，使商业管理适应国际标准，并取消所有不必要的贸易壁垒。

　　有效运用现代化运输方式和交接设施，起到减少实际壁垒和制度障碍并简化法定体制的作用，也是有效改善国际贸易和运输作业必要的先决条件。但是，不仅要关注改善运输网络物质配备（"硬件"）的措施，更重要的是在提高运输经营人及辅助业务的性能方面，在有关改变对用户的商业行为方面，以及在政府机构和运输服务供应商以及国际贸易和运输的用户之间引进全新的关系方面（"软件"）的措施，也必须予以重视。

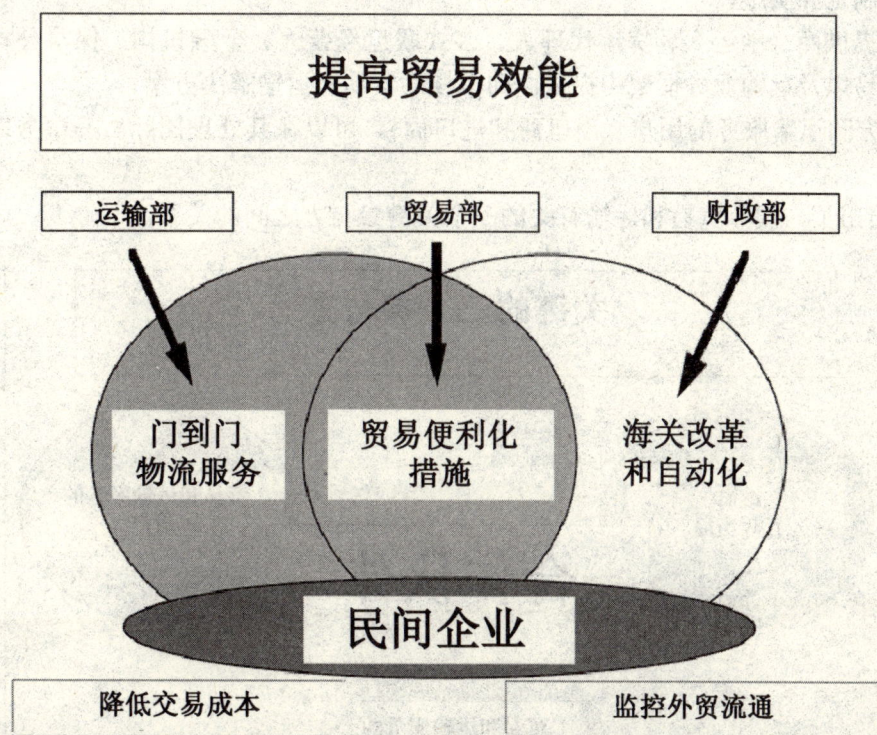

图 4—1　提高贸易效率的三个领域以及政府机构和民间企业在
降低交易成本和监控贸易流通中的作用

　　过时的程序，还有复杂且非标准的单证，会导致交易成本增加，造成货物运输出现不必要的延误。这些增加的成本估计每年约为10 000亿美元。新的惯例适当利用现代运输服务链和信息技术，不仅能够起到减少成本的作用，还可以创造新的机会和市场。在贸易事务众多参与方之间缺乏协调，在政府机构和民间企业之间就简化程序、单证处理及（过度的）规定等方面也缺乏适合于进行坦诚讨论的会商机制，势必限制出口，也会增加进口的成本。

计算机化可以对一些程序方面和单证处理方面的问题提供解决方案。但是，对于涉及监控国际贸易流通多方事务的计算机化，则只有首先对现行的行政和商务惯例进行深入改革才能获益。

为使企业界和本国经济的行政费用缩减到最低限度，必须通过引进简化程序、理顺并统一单证处理以及计算机化来改进通关手续。完成了这方面的改革，海关的表现就会像为贸易商提供服务的一方，即通过高效快捷地进出口货物清关来协助国际贸易，而又不会使国家财政受损。

图4—1描述了提高贸易效率的三个主要领域，也突出表明了政府机构和民间企业在降低交易成本和监控贸易流通中的作用。

4.2.2　提高贸易效率的新方法

提高国际贸易的效率需要结合门到门物流服务、贸易便利化以及海关改革和自动化的一系列对策和措施。不仅涉及到国际贸易事务（含货物运输）的经济、商务和操作等方面，还要涉及其他一些有关运输简化（包括货物中转责任）方面的问题。

这些对策和措施的实施，意味着需要考虑到与本国贸易和运输密切相关的三个主要参与方相互衔接的作用，三方可以一起为业务成长发展伙伴关系：

（a）政府（如贸易部，运输部，财政部，包括海关，以及其他相关机构）掌握国家有关贸易和运输法规的制定和实施；

（b）服务提供商（承运人、货运代理人、多式联运经营人、金融机构、保险公司等）通过在本国和国际贸易以及运输业务框架中提供面向市场的贸易和运输解决方案；

（c）贸易方和运输服务的用户（出口商和进口商），可以在其处理国际贸易事务时从这类解决方案中获益。

图4—2给出了与国际贸易和运输有关的三个关键参与方之间的关系。

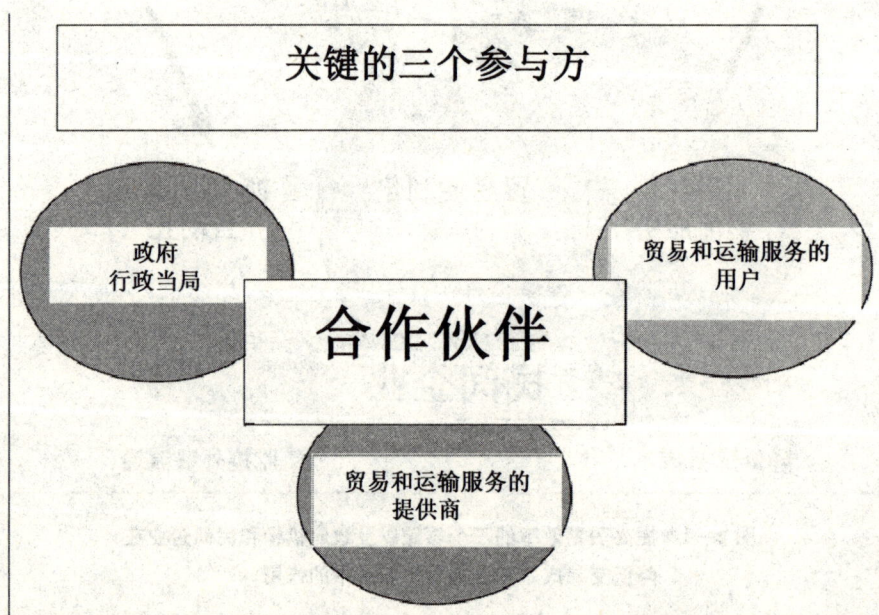

图4—2　与国际贸易和运输有关的三个关键参与方之间的关系

　　许多国际贸易和运输问题都是由制度方面的问题、政府间的问题以及法律上的问题引起的，如跨越政府多个不同层级分别做出的决策，不同政府单位责任不清甚至冲突，以及很难将政府目标与民间企业相融合。

　　作为国际贸易的一个基本组成部分是国际运输。在许多国家中，政府没有专门的机构处理国际运输问题。不同的部属机构甚至不同的部门对这类问题进行具体的却是分片的（海上、空中、公路、铁路）管理。国际运输相当于一种"无人地带"，致使协调决策极为困难。结果，政府官员很少意识到国际贸易背景下国内运输的重要性。这种情况限制了推进新的运输方式（如多式联运）的机会，而政府则本可利用这个机会来刺激对现代运输服务的需求。各个计划管理机构的配合协调应建立在全国层面达成共识的基础上。

　　至于相关的国际运输，在民间和政府机构之间通常没有协调体系。这就会造成混乱，因为政府机构完全对内，而民间企业却有一部分对外。一方是政府办公和行政机构，而另一方为民间企业，双方之间的工作关系会给人以负面印象，对于试图维护公共利益的事务也可能不被信任，而采纳企业意见，则可能被认为是另有企图。任何改善这种情况的策略可能对双方的倾向性思维都会产生一场深刻的变革。

　　这意味着不仅要改变政府机构相互之间的职责，而且还要对运输体系的运行管理设立新的协调机构和新的政府与民间的合作关系。这将有利于根除现有的贸易壁垒，有利于发展中国家和正处于转型的国家增强国力，类似的"出口机器"全面连接制造和运输服务链，不仅会使民间的相关企业之间合作无间，也顺应了为支持扩大贸易所设计的灵活变通的协调机制。

　　考虑到涉及贸易促进的各方权益，就要通过三组参与方之间更紧密的联系，从根本上对贸易、运输或财政措施相关的政策进行合理化和协调。

　　必须建立适当的协商机制。这一机制可以成为全国性的研讨会，在商业团体和政府机构之间就改进国际贸易和运输的简化措施提出建议、讨论协商和寻求共识。因为是官方和民间共同发起，这一会商机制将会针对为提高本国贸易和运输体系的竞争力和质量标准而确定一个协调、连贯和融合的环境。

　　根据这一情况，民间企业不仅被认为作用重大，同时被认为是实际的动力。因此提高贸易效率的新方法就是成立全国性贸易程序简化机构。图 4—3 给出了全国性贸易程序简化机构要解决问题的示意图。

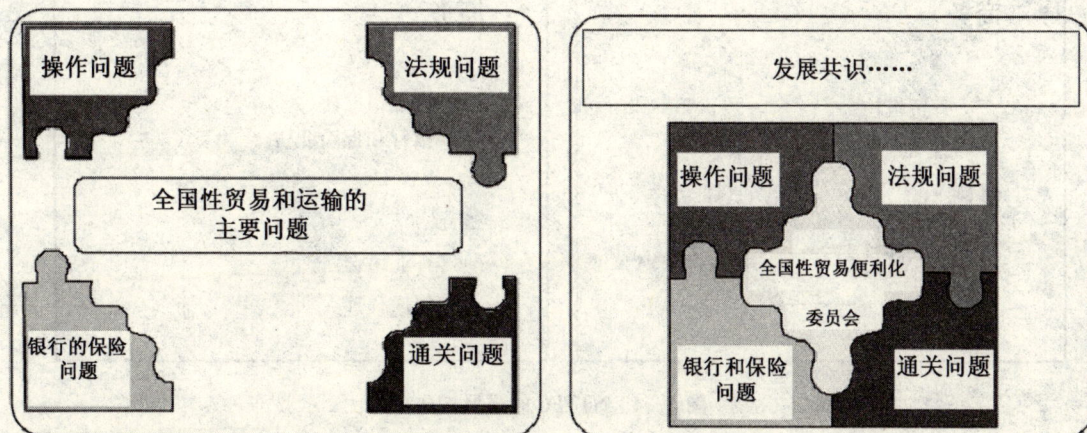

图 4—3　全国性贸易程序简化机构要解决的问题

4.2.3　全国性贸易和运输简化委员会（NTTFC）

4.2.3.1　NTTFC 的作用

NTTFC 应是一个正式编制的机构，涉及国际贸易和运输的所有相关参与方都能提出各自的问题，并通过共同协商取得共识，寻求相互都能认可的解决方案。所起到的作用就像一个促进贸易便利化的行业协会间的协商会议，研究国际贸易和运输法规，编写建议书，并使主要的贸易和运输问题明朗化。

NTTFC 是一个协商机构，应当产生由委员会相关成员自愿采用或推行的建议措施或对策。

4.2.3.2　NTTFC 的成员

NTTFC 的成员应由来自全国所有关键的贸易参与方构成，既有来自政府机构的代表，也应有民间企业的代表。图 4—4 给出了 NTTFC 的成员应来自哪些政府机构和民间企业。

图 4—4 给出了主要的（并非完整）公共机构组织，它们都是主管或负责政策、监管和控制有关全国贸易和国际运输业务的机构，包括：劳工部、运输部和交通部（包括码头经营人）、财政部（特别是海关）、贸易部、全国承运人协会（包括货运代理人协会）、全国运输用户协会（进口商、出口商、托运人协会等）、全国金融机构协会、全国保险公司协会以及各国的国际商会。

这些机构的代表参与 NTTFC 的工作，他们的定位就是以相应机构的观点表达意见。

政府机构和民间企业的代表都应当能够在技术或政策问题上以及某些决策的论证公开对话。这还为政府机构的代表提供了一个听取对政府某些行业政策决定的第一手意见的机会。此外，这种同场表达意见的方式可以与相关的政府机构更好地达成共识。

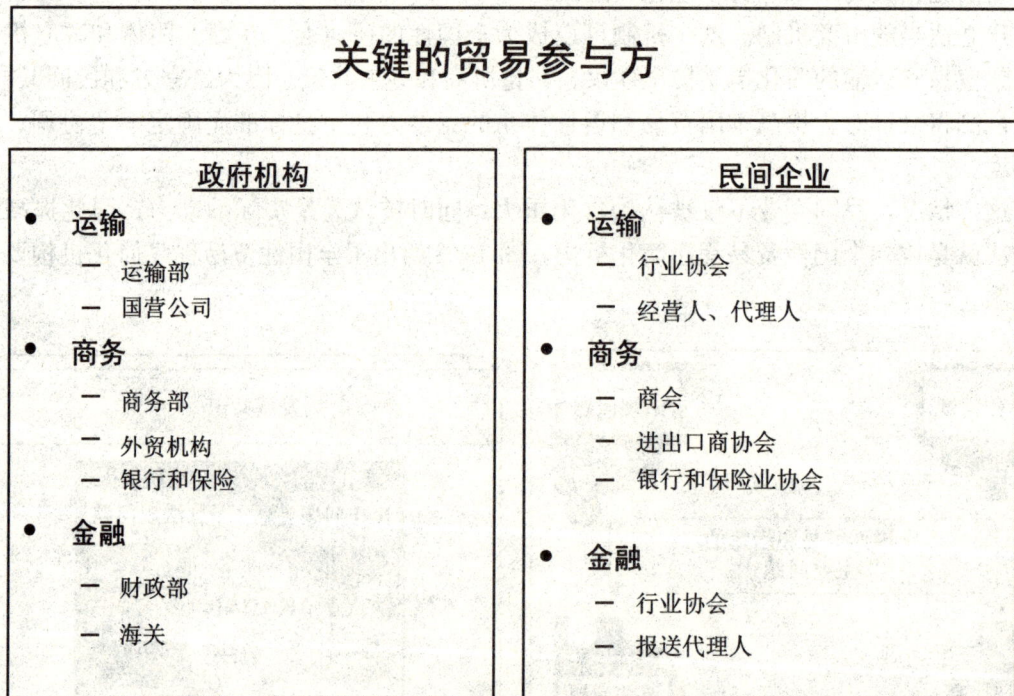

关键的贸易参与方

政府机构	民间企业
● 运输 　　— 运输部 　　— 国营公司	● 运输 　　— 行业协会 　　— 经营人、代理人
● 商务 　　— 商务部 　　— 外贸机构 　　— 银行和保险	● 商务 　　— 商会 　　— 进出口商协会 　　— 银行和保险业协会
● 金融 　　— 财政部 　　— 海关	● 金融 　　— 行业协会 　　— 报送代理人

图 4—4　NTTFC 的成员构成

4.2.3.3　NTTFC 的机构设置

NTTFC 由大约 20 至 40 名政府机构和民间企业的代表组成。但是，如此之大的群体通常并不适合做制定方案这样细致的工作。因此建议应当建立一个专项委员会负责制定政策供委员会取舍。

这个专项委员会参与方的数量应当有所限制（10 个以下），由最为相关的单位（运输部、贸易部、财政部，加上民间关键的企事业单位：银行、保险、运输经营人、运输用户等）发起组成。专项委员会可以基于委员会的特别要求组建特别工作组来统筹相关工作，还可以发挥现有机构的有利条件，例如已经根据最初的第 4 号建议书建立的贸易便利化机构。这些工作组的提案应以相关的行业单位为主起草，以确保进入政策制定过程输入端的质量。专项委员会的任务就是为委员会编制文件，对其决策过程提供帮助。

因专项委员会的成员都是各相关单位的正式员工，只能期望他们以有限的时间投入专项委员会实际的文档编写工作。因此应当考虑适当地配备技术秘书，其职责应当是保证专项委员会的日常工作并为 NTTFC 的会议准备文件。

图 4—5 给出了 NTTFC 机构设置示意图。

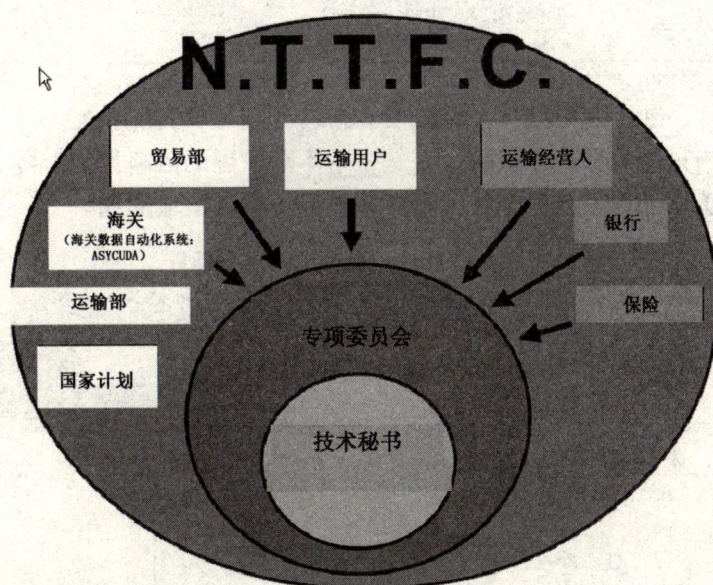

图 4—5　NTTFC 的机构设置

4.2.3.4　NTTFC 各部门的职责和任务'

图 4—6 则给出了委员会、专项委员会及成员机构相互关联的角色，而表 4—1 给出了 NTTFC 各个部门的任务和职责。

要求 NTTFC 每年开会 2 到 3 次，并选取下列事项列入会议议程：

（a）讨论上次会议所确定问题的方案建议书；

（b）确定新的议题并确定这些议题的优先级；

（c）向成员分配任务。

专项委员会应当定期举行会议，比如一个月两次，以跟踪委员会成员对由其所承担事项解决方案的研究工作。

成员机构在特别工作组中的工作不应间断，完成文档编写，以支持其希望向 NTTFC 提交的解决方案。技术秘书将协助各个成员机构完成各自的任务。

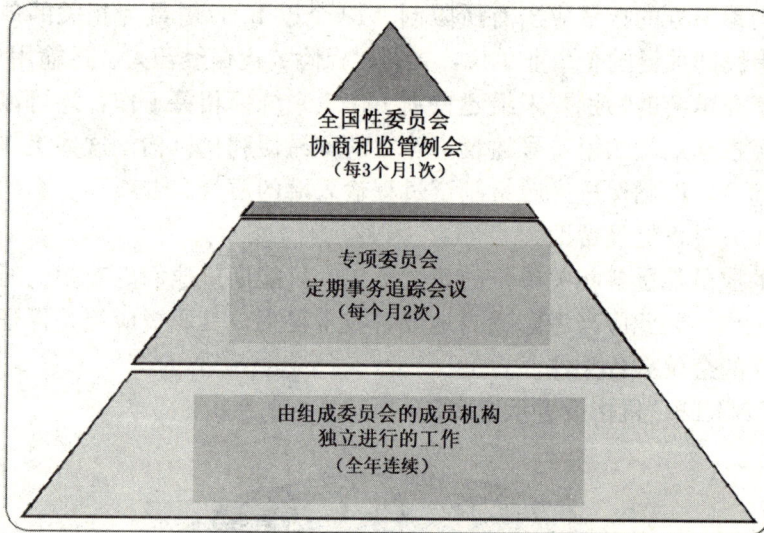

图4—6　委员会、专项委员会及成员机构相互关联的角色

贸易便利化本身不应当只是一个补救措施，而是一个不断发展的战略计划，随着信息技术的发展，需要一个有针对性的工作计划，涵盖全部国际贸易事务，包括运输问题。

表4—1　NTTFC 各个部门的任务和职责

全国性贸易和运输简化委员会

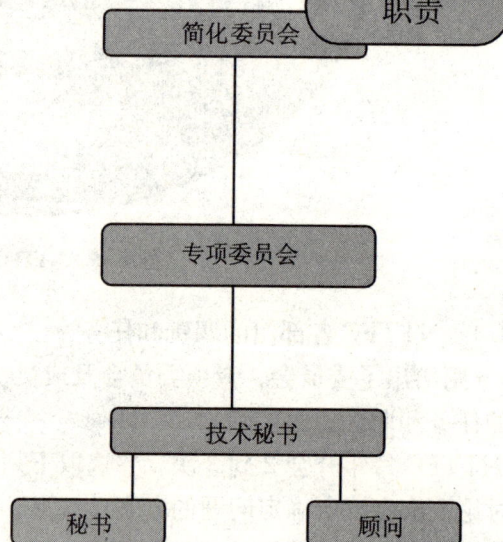

代表(20—40 名)，来自：

运输部；贸易部；

财政部（海关）；

运输经营人协会；

运输用户协会；

金融机构；主要保险公司；

商会。

少量成员机构（10 名），包括：

运输部；贸易部；

财政部（海关）；

运输经营人和用户协会；

银行和保险公司。

当地全职专业人员

当地秘书和兼职国际顾问

2～3 个月开一次会；

就行业之间相互关联的问题进行协商；

向主管行政机关提出建议；

建立工作计划。

每两周开一次会；

编制主要文档；

跟踪现行工作进度；

跟踪决定执行情况。

组织会议和讲座；

协助编制文档；

就 NTTFC 的决定进行日常跟踪；

与行政当局进行协商；

发挥 NTTFC 体系的作用。

提供秘书支持；

对会议和讲座提供直接支持。

对编制文档提供直接支持；

促进 NTTFC 的工作。

NTTFC 应草拟一份工作计划，通过专题讨论、讲座、或论坛等方式与各参与方协商后方可实施。考虑到问题的发生无法预料，这就需要足够的变通。对潜在的提案或可能是负面或不对称状况的响应能力是贸易和运输简化工作的一个要素。工作计划需包含促进贸易和运输简化的最佳实用技术，并且需要与其他组织和政府部门推进的最佳惯例相结合。

已建立的 NTTFC 还应寻求与相关的外部机构或组织的代表资格。这将有助于保持一种相称的信息质量。尤其应当寻求相关国际组织的承认，并使本国 NTTFC 与 UN/CEFACT、世界海关组织、国际海事组织、国际商会对口和保持工作联系，还应参与地区性的贸易便利化推进活动，如 EUROPRO。

4.2.4　建立 NTTFC 的步骤

建立 NTTFC 最初的步骤是要保持有关各参与方对于贸易和运输问题发展动向的信息通畅，应当有意识地在国家经济的特定行业通过讲座、专题讨论、圆桌会议等形式组织活动。这种有意识的活动可以由当地的行业协会组织，如商会、托运人协会、货运代理人协会等。

接着要采取的行动就是考虑何时建立全国性贸易和运输简化委员会，需要考虑的工作有：

（a）制定委员会、专项委员会和技术秘书的职责范围；

（b）为正式（如政令）建立 NTTFC 制定详细方案，委员会需要具备正式的职权或职责范围，其职能需要包括所应承担的各方面工作；NTTFC 的法律基础、组织结构和管理框架各国之间可能会有较大差异。但在章程中应明确规定法律基础和主要的组织结构，以及官员的委任；

（c）为 NTTFC 的资金筹措，编制详细方案；

（d）明确 NTTFC 有可能关注的关键问题；确定所有潜在的关键合作方；

（e）召集所有已确定的关键合作方开会，发起建立 NTTFC，商定委员会及其机构所适合的职责范围，决定委员会应当如何筹资，并编制详细的工作计划；

（f）委员会开业（正式开办）；

（g）按计划举行委员会例会（如一个季度一次）；

（h）允许委员会设立小规模工作组处理具体议案，并要安排工作组进行工作和向委员会全体汇报思路、建议及所采取的行动；

（i）推行商定的建议方案和/或举措。

4.2.5   如何发展 NTTFC

在与 UN/CEFACT 的合作中，UNCTAD 秘书处多年来都在推进建立全国性贸易便利化机构，联合了许多积极参与者讨论贸易相关普遍问题可能的解决方案。这些委员会都是以 UN/CEFACT 第 4 号建议书为基础建立的。现在全世界这样的全国性贸易便利化机构已经超过 60 多个。它们都在各自国家贸易社团和政府的支持下发挥自己的作用。

最近，在国家贸易和运输相关各方之间的一种新的合作形式得到了发展。建立了一些号称全国性贸易和运输简化委员会（NTTFC）的组织，作为 UNCTAD 所实施的技术援助项目的一个重要的输出端。另外，NTTFC 的推进还成为 UNCTAD 和拉丁美洲一体化协会之间达成贸易便利化谅解备忘录的基础。1997 年，这一备忘录获得拉丁美洲运输部长会议全体支持，并有一些国家采取了行动。

同样，建立 NTTFC 也是东南欧合作计划（SECI）议程委员会推进跨境简化项目所出具的主要建议书之一。

NTTFC 比 UN/CEFACT 第 4 号建议书提出的贸易便利化机构有着更大一些的成员范围，贸易和运输事务的所有参与方都可加入，包括相关的政府部门。通过例会和委员会全体成员共同商定达成的决议，NTTFC 不仅能够避免误解，而且能够对贸易和运输问题提出普遍接受的解决方案，从而提高运输的效率。

UN/CEFACT 第 4 号建议书于 1974 年 10 月为国际贸易便利化工作会议成员所批准。这些成员都是向 UN/CEFACT 登记的发达国家（或集团）的代表。建议书提出："为加入国际贸易便利化的各方之间建立一个常设的磋商和合作框架——FALCOM。"又提出了可能采取行动的范围：贸易单证定位体系和自动数据处理和编码体系。在那一时期对于那些发达国家而言，这些相关范围对于国际贸易的确是有意义的。时至今日，这些范围仍然很重要，尤其对于发展中国家和处于经济转型中的国家，显然许多国家当前都面临不同的问题，特别在组织建设方面，而且需要在贸易和运输行业进行深刻的改革。

在已经按照第 4 号建议书建立贸易便利化机构的国家中，政府可能会重新审核现有贸易便利化机构的授权，以便沿着所建议的 NTTFC 路线扩大其范围，也可能会创建 NTTFC 并使贸易便利化机构成为新委员会的关键成员。

4.3   全国性贸易和运输简化委员会职责范围

4.3.1   NTTFC 的作用和目标

全国性贸易和运输简化委员会（NTTFC）的作用是促进贸易和运输业务的现代化，以支持本国的国际贸易。

委员会的具体目标如下：

（a）为国际贸易和运输所用的手续、程序和单证处理的简化（简化目标）提供一个全国性的协商机制；

（b）提出运输和贸易相关法规以及惯例的草案（制度化目标）上报政府审批；

（c）编制有关未来运输和贸易投资政策的建议书（发展策略目标）；

（d）增强运输和贸易便利化的条理以及效益意识（培养目标）。

为实现这四个具体目标，需要进行以下工作：

（a）简化目标：

（1）确保在国际贸易和运输简化领域的正常协作；

（2）以简化和协调的观点保持对包括多式联运在内的国际贸易所需程序的审核；

（3）收集和发布有关国际贸易和运输手续、程序、单证处理及相关事项的信息；

（4）贯彻以联合国贸易单证样式（UNLK）为基础进行的贸易和运输单证简化和定位体系，包括为用于计算机或其他自动系统所设计的单证；

（5）推广采用标准的贸易和运输技术、以及贸易和运输信息的国际代码体系（EDI 通信）。

（b）制度化目标：

（1）根据商务法典或其他法律文本，以及现行法规和惯例对相关义务、民事责任、金融和多式联运（包括集装箱运输）规章进行审核、注解、更正并提交政府审批；

（2）与相关各方并通过管理渠道跟踪那些最终报批核准的相关法规和惯例；

（3）检查依照国际贸易和运输简化的国际协定是否能为本国取得效益展开，这些国际协定包括联合国海上货物运输公约、国际货物多式联运公约、京都公约（关于简化和协调海关程序的国际公约）、1972 年集装箱海关公约以及集装箱临时入境公约。

（c）发展策略目标：

（1）审核多式联运投资（如可能需要的集装箱内陆通关堆场）政策内容，并在适当情况下推动运输和贸易技术/投资（如 EDI 技术）的引进和开发；

（2）作为全国性协商机构，提出有关区域和国际多式联运机构的发展问题（如本国公司的国际责任范围、政府责任和设施管理、合资企业等）。

（d）培养目标：

（1）组织针对政府机构中的政策制订者和高级决策者、国营企业和运输经营人、海关及其他管理机构，进行宣传简化单证处理和程序的效益和必要性的相关活动；

（2）为政策制定者和高级决策者、并为中低层运输业务经理组织并提供系列专题研讨会，使其认识到国际贸易和运输的原理、惯例及其连带关系；

（3）在初步认识计划之后，继而组织短期参观活动，由技术专家提出如何改进贸易事务、如何使运输物流通畅高效以及如何从简化获取最大效益。

4.3.2　组成和管理机构

全国性委员会应当汇集国内的国际运输和贸易问题相关各方公认的代表：

- 运输主管当局；
- 其他政府机构（海关/财政部、计划部门、中央银行等）；
- 其他金融机构；
- 保险公司；
- 运输用户（托运人、收货人、进口商、出口商、货运代理人等），商会；
- 国际运输经营人（航运公司、航空公司、多式联运经营人及其代理等）；
- 口岸管理当局和运输枢纽经营人（包括集装箱内陆通关堆场经营人）；
- 内陆运输经营人（公路、铁路、内河）。

应由政府与各相关部委协商确定全国性委员会的牵头组织（如中央计划署）。这就可以将这一责任交给运输部/交通部或贸易部，这些部门还可能为委员会提供秘书处服务，也可以交给财政部，就像其负责海关一样。应指定部门出任委员会的主席（最好是部长）、秘书长和专项秘书。

委员会应设立专项委员会来追踪调查决议的执行情况。委员会和专项委员会都应在指定技术秘书的帮助下开展其研究和工作。该名秘书应全面负责委员会和专项委员会的日常业务，并应为这两个机构的会议制定议程。委员会的管理机构即为对口参与方管理机构的附属。

4.3.3　委员会的建议范围

委员会是一个协商机构。编制有关贸易和运输发展的国内外政策事项的建议书和议案在其权限范围。建议书应以提案形式上报有关部门和政府所属的执行机构。

委员会主席应根据委员会的要求向对应的管理机构提交委员会的提案。

4.3.4　工作计划

委员会应制订并实施其工作计划，针对：

（a）推进协调的全国贸易和运输法规，并组织贸易便利化和多式联运培训活动；

（b）设计贸易便利化和多式联运问题的政策和解决方案，尤其是关于口岸的日常管理问题、内陆运输及海关相关问题；

（c）在全国范围推进 EDI 系统的开发。

委员会应定期（如每年两到三次）召开会议，或按主席或任何成员的要求召开会议。

指定作为主席的政府部长应当主持委员会的会议。商会的代表可以担任执行秘书，并由 NT-TFC 的技术秘书予以协助。

4.3.5　区域协作

从每个全国性委员会抽调 2 到 3 人，包括主席和技术秘书，就有望组建区域性贸易和运输简化委员会，每 6 个月召开一次会议。区域性委员会的基本职责范围是：

- 监测区域内运输和贸易领域的发展动向，并协调区域性推广简化意识的活动；
- 确定普遍的障碍（技术、制度或商务）；
- 明确解决当前问题所需的通用方案和区域性措施；
- 为单证处理、费率结构、EDI 等设定区域范围的标准。

区域性委员会将起到重要作用。如标准设定之类的事务，在尚未采取简化措施而多式联运又需要进行跨境协作的情况下，就必须遵循自上向下的处理步骤。事实上，协调的需要并不限于针对贸易参与方和第三国，因为由一个国家引进简化措施和多式联运而不顾其邻国，转口贸易在这类国家往来或过境就会产生许多相关的问题。

在区域性委员会安排下，通过指定特别的专家服务，可以使其导向作用的重要性得到加强。

4.4　全国性贸易和运输简化委员会技术秘书

地点：首都和所需的业务场所。

期限：一年，可续约，3 个月试用期。

职衔：全国性贸易和运输简化委员会（NTTFC）技术秘书。

职能：在全国性贸易和运输简化委员会主席的领导和监管下，技术秘书应负责 NTTFC 及其下属机构的日常业务。

他/她应在以下范围之中负责：

（a）筹备 NTTFC 会议，包括：

- 制定议程；

- 发送邀请并追踪与会人员；
- 收集背景资料和信息；
- 进行相应的设施预订及其他必要的安排；
- 协助办理会务；
- 编写并发放会议纪要。

（b）协调和追踪相关成员单位的准备工作，包括在 NTTFC 会议举行之前各项必要的准备工作或会议。

资历：

（a）他/她应具有经济学、法学、社会科学或工程学的大学学位。

（b）他/她应具有 10 到 15 年在国内商业部门（贸易、或与贸易关系密切的运输）或贸易和运输相关的行政管理部门的专业工作基础的经历（其中至少有 5 年在管理层）。

（c）他/她还应当能够表现出对贸易便利化的浓厚兴趣和在海关技术方面扎实的知识，具有分析薄弱环节和在管理机关和商务伙伴中间推行共同达成的解决方案的能力。

（d）还应包括推行行政管理简化措施的实际经验。

（e）他/她还应为 NTTFC 的成员单位所认可和接受。

（f）他/她应当能够就组织 NTTFC 会议编写议程、纪要和报告。

（g）他/她应当能够管理会务，并且能够与 NTTFC 各成员单位的代表、与资助机构及国家的代表进行合作和联络。

语言：当地母语并对英语和/或法语有良好的理解。

办公室：技术秘书的办公室应设在贸易部（或运输部）内。

报告：每 3 个月，技术秘书应当提交一份工作简报。

第5章 有关国际贸易便利化措施
（联合国第18号建议书）

5.1 概述

尽管近年来国际贸易业务有了重大进展，但在许多国家中货物和服务的自由流动依然存在相当多的障碍，尤其是发展中国家和正在进行转型的国家。这些障碍对国际贸易造成不必要的额外成本和纠纷，从而阻碍国家和企业从国际贸易中获益。

联合国贸易便利化与电子业务中心（UN/CEFACT）第18号建议书为国际贸易的简化和协调提供了一套全面的关于国际最佳惯例和标准的建议，从最初的商务单证到支付方式和官方监管措施，以及货物运输。单证反映了当前贸易惯例的变化，而正在发生的变化又促使采纳电子商务工具和相关业务模式。涉及电子商务的具体建议体现了UN/CEFACT对贸易便利化所做努力的价值和希望所在，并鼓励商务伙伴进行电子化交易以推进这些措施，减少或避免托运货物交付的任何不必要的延误。

为理解国际贸易中商务交易关键要素的复杂性，UN/CEFACT开发了国际供应链模型。基于这一模型开发了具体措施，涵盖了商务交易过程的关键要素。这些要素分为四大类，分别是商务措施、国际支付措施、官方监管措施和运输相关措施。

第18号建议书既涉及贸易业务的企业，也面向各国政府以及各国和国际与贸易相关的组织。它尤其关注正在转型的国家和发展中国家，这些国家通过简化国际贸易程序还能够对其经济进行重大改善。

UN/CEFACT在2001年3月的第7次会议上批准通过了第18号建议书第3版。为了跟上贸易便利化和电子商务的快速发展，开发本建议书的国际贸易程序工作组（ITPWG）根据常规审核流程，将其归属为版本动态更新的文件。第18号建议书是联合国欧洲经济委员会为帮助建立简单、有效和完整的贸易程序和体系所开发的35份贸易便利化建议书中的一份。

信息技术（IT），尤其是互联网或基于网络应用的发展，极大地影响到国际贸易和运输的发展。尽管多年来全球自由贸易将使所有国家，尤其是发展中国家和处于转型中的国家受惠的观念在逐步增强，但这一信念并不总是会在其相关的贸易政策中得到反映。事实上，依然存在相当可观的国际贸易的障碍，甚至还在逐渐增加。这些障碍继续使国际贸易蒙受不必要的成本和纠纷，从而使国家和企业无法从国际贸易中充分受益。

电子商务使参与方能够对比报价，然后订货和协商支付条款，大约一分钟就能完成。但是，交易货物向最终消费者或收货人的实际交付可能就常常面临问题，因为可能受阻于货物的实际流通过程。引起这些延误的可能产生于卖方或买方提供的说明或信息不完整、接转服务提供商的性能，以及来自政府行政机构的各种官方监管要求。进行电子交易的商务参与方需要有进一步的措施，以降低或避免其在交付货物中的不必要的延误。这正是UN/CEFACT进行贸易便利化努力的新价值和希望所在。

要了解国际贸易的复杂性，就要有一个清楚的商务交易关键要素的模型，从而完整地制订必要的贸易便利化措施，UN/CEFACT 已经发布了国际供应链模型，使用的是国际上认可的建模技术。此外，还能对 UN/CEFACT 各个工作组正在进行的标准化详细设计工作和实施贸易便利化行动提供支持。这也是在为将来建立更简化、更可靠的国际供应链铺平道路。业务流程分析工作组正在进行这项工作。他们基于国际商务交易都要包含的商务、运输和支付过程这一前提，提出了真正简化的供应链模型。与模型中的流程相关的建议措施被分为以下 3 类：

（a）购买——适用于所有与订购货物相关的商务活动；

（b）运输——适用于所有实际传输货物的作业，包括官方监管；

（c）支付——适用于所有涉及支付货款的业务。

图 5—1 给出了显示一种真正简化的供应链形态。

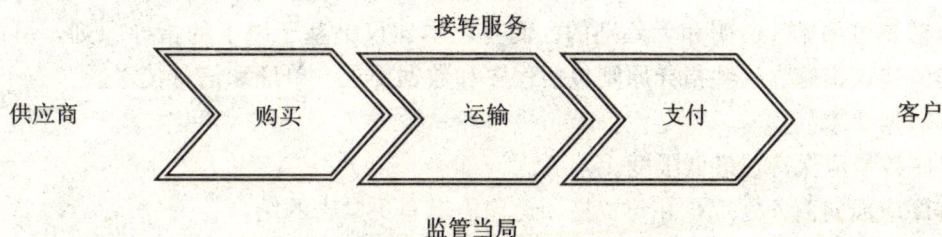

图 5—1 显示一种真正简化的供应链形态

第 18 号建议书按第 1 版在 1981 年 9 月由 UN/CEFACT 批准通过。文件推荐了国际商务交易简化的几项具体措施。1982 年 9 月又通过了一个修订版。考虑到自 1982 年以来已经改变了国际贸易和运输原有模式的技术发展和正在扩大的全球化，UN/CEFACT 负责本建议书的修订。

为了使其国际贸易便利化和电子商务的快速发展一致，根据常规审核流程，国际贸易程序工作组将本建议书归属为一份版本动态更新的文件。

修订后的第 18 号建议书结构如下：

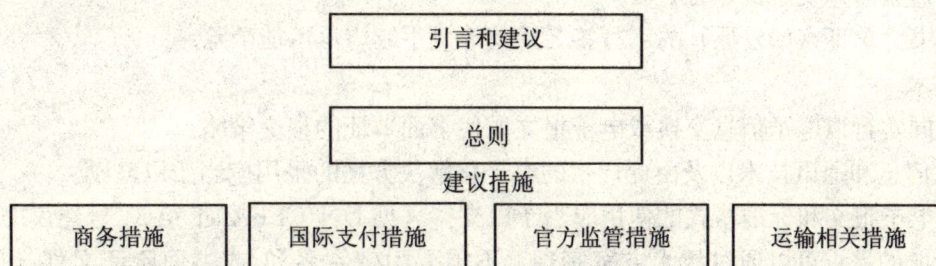

图 5—2 第 18 号建议书结构

总则适用于两类或多类建议措施。期望这些措施能具有真正的实用价值。

5.2 建议

UN/CEFACT 注意到种类繁多的手续、程序和惯例对国际贸易造成障碍及额外成本，因而制约了国家和企业从国际贸易中充分受益。因此考虑对这些程序、惯例和手续，以及由其产生的单证所进行的简化、协调及标准化有助于走上消除这些障碍、减少成本和延误的发展路线。UN/CEFACT 还注意到引进信息和通讯技术、贸易和运输业新发展的速度及不断加快的节奏，以及对适应这类新技术的贸易程序和管理的急需。建议负责本国国际贸易货物流通相关法规和惯例的政府、行政当局和机构，通过坚持普遍原则并推进以下简化措施，来支持国际性的简化工作。建议负责国际协定的国际组织在审核现行的或制订新的国际条约时能够接纳这些措施。建议国际贸易当事各方都能在其相关的范围内接受并推广下述的这些简化措施。恳请各国政府和国际组织向联合国欧洲经济委员会执行秘书通知其接受并推行下述简化措施的范围。

5.3　简化措施

总　　则

本建议书所依据的前提条件是，在符合官方法律要求的情况下，所需时间、所用程序以及所涉及的费用都是可预见、透明和无差别的。而且，本建议书基于以下的指导原则，可以适用上述一类或多类的建议措施。这些指导原则包括程序和数据要求、单证和信息技术。

程序和数据要求

（a）程序数量应保持在最低限度。

（b）程序应面向商务处理，并与贸易和运输需求有更紧密的结合。

（c）程序应当是简化的、协调一致的，并应符合国际标准。

（d）要求的数据量应保持在最低限度。

（e）数据要求应当是简化的、协调一致的和标准的，以方便信息的流通。

（f）法律规定和其他有关程序和数据要求的信息应当便于所有参与方访问。

单证

（a）要求的单证数量应保持在最低限度。

（b）单证应当符合 UN 第 1 号建议书——联合国贸易单证格式。

（c）应当接受使用普通纸张，直接或看似由自动或计算机系统打印生成的单证。

（d）不应要求呈交辅助单证。

（e）在书面单证（如发票）的手写签名及其等效手续应尽可能消除。

信息技术

（a）共同实行以电子信息交换或电子报文取代书面单证的移交策略。

（b）对信息和通讯技术以及由此产生的电子化解决方案的采用应当予以鼓励。

（c）对电子报文和标准格式的使用应当予以支持（见 UN/CEFACT 第 31 号建议书）。

（d）验证的需求可以通过技术方案实现，不需要附带签名和/或书面验证文件（见 UN/CE-FACT 第 14 号建议书）。

第 1 类措施　商 务 措 施

简介

供应链管理是为满足市场需求，对货物的供给、制造/装配、仓储、运输和支付进行纵向和/或横向集成的处理策略。

主要的目标是通过信息系统自动和集成的方法，减少各环节中业务人员的数量，减少中间环节或缓冲存储和订货到交货的时间。这些都可以通过全面协商和长期合作，利用专业机构加以实现。

物资流通越来越多地由中间服务提供商承担，其往往会提供准时在指定地点向客户交付货物的成套服务，即第三方国际物流服务提供商。

快速发展的电子商务以取代传统书面信息的电子报文（单证）和电子数据处理为标志。它为复印和重复循环的例行程序提供了精确性，而传输和处理的时间降至几分之一秒都不足为奇。此外，电子商务提供更为透明的市场环境和支持更快反映行情的流程。按时交付已成一般惯例。

建议措施

措施 1.1

框架协议

应当建立长期合作的宽泛协议，在适当的情况下，产品的供应商和客户之间约定交易条款和技术细节，客户可以据此下订单。

措施 1.2

中间服务供应商

中间服务供应商在国际供应链中提供商务和/或运输服务，在适当的情况下，应当作为一份单独的合同与客户和供应商之间的框架协议加以关联。

措施 1.3

运输安排

运输的安排应当从启运地起到目的地止，中间过程应尽可能少，并限制中转或变更运输方式期间对货物自身的装卸作业。

措施 1.4

环境保护

贸易参与方应遵守关于环境保护的各国法规和国际协定，即包括安全回收措施或为消除废料和垃圾问题对包装及产品原料的再加工。

措施 1.5

内部对标准数据元的使用

企业为国际商务交易引进电子数据交换应当从联合国贸易数据元目录（UNTDED）、ISO 7372 以及适用的 UN/EDIFACT 目录中选用标准的数据元。

措施 1.5.1

使用标准的设计

企业为国际商务交易引进的信息和通讯技术解决方案应当适用于 UN/CEFACT（例如，第 16 号建议书"UN/LOCODE——口岸及相关地点代码[7]"和第 25 号建议书"UN/EDIFACT 标准的使用"）和其他国家和国际组织（如国际标准化组织、世界海关组织、国际海事组织、国际民用航空组织、国际商会、国际电信联盟和联合国贸易和发展会议）发布的标准和建议书。

措施 1.5.2

内部单证的定位调整

国际贸易中货物的卖方和买方应当按照联合国贸易单证格式对所有内部单证进行定位调整。

措施 1.5.3

将包装说明纳入订单

对包装有要求的时候，应当在采购订单中予以表示，从而避免另外再使用专门的表格。产品标志的说明，以及有关销售包装和/或运输包装的说明都可纳入其中。

措施 1.5.4

将交付说明与订单相结合

当对交付进行说明时，应当将其并入采购订单，以避免为（交付）说明或为索取交付说明而使用专门的表格。

措施 1.5.5

进口商的单证分发要求

进口商对单证分发的要求应当在采购订单中表述。

措施 1.5.6

通用的标准运输标志

进口商应当提倡使用 UN/CEFACT 第 15 号建议书"简化运输标志"中所述的标准运输标志。只要切实可行，标志所遵循的标准就应与适用的国际标准（如 ISO）协调一致。运输标志应当在采购订单和跟单信用证中加以规定。

措施 1.5.7

发货和装运通知的及时送达

发货和装运通知应当尽量在货物之前送达进口商和/或进口货运代理，以便及时安排清关和运输。

措施 1.5.8

出口商分发单证的通知

出口商分发单证的通知应当并入发货或装运通知。

措施 1.5.9

标准销售条款

贸易伙伴在其公正表达各个相关参与方权益时，应当使用那些标准的销售条款、国际或某些行业中公认的合同范本。起草销售合同时对 ICC 所规定的标准合同范本应加以考虑。

措施 1.5.10

标准贸易条款

贸易伙伴应当广泛使用适用的标准贸易条款，如 ICC 的 INCOTERMS。为避免将来可能的争议，应当在合同中对适用的标准条款进行具体的参照，如 FCA 或 CIF（见 UN/CEFACT 第 5 号建议书）。

第 2 类措施　国际支付措施

简介

本节所涉及的措施和建议是关于国际贸易中与货款支付相关的方法和程序。

在对各种支付方式都加以考虑的时候，焦点就对准了往来账户，反映出国际贸易中使用这一支付方式的扩大趋势。为便于推广，措施直接按照贸易商、国际银行、各国政府和国际组织进行划分。这一方法强调，只要对最佳措施给予更大的关注，就可能有重大改善，远胜于按照原本国际协定和公约进行推广。就此而言，有两项建议的确需要在国际上取得一致，一项在国际标准化组织（ISO），另一项在世界贸易组织（WTO）。

在研究建议书的过程中，在供应链整体业务中，就像在"支付流程"中所反映的，显然支付方面往往被从事国际贸易的公司忽视或低估。这对卖方有极大风险，因为会导致不支付、逾期支付或提供了产品却无利可图。

某些建议措施直接针对提供国际业务的银行。在过去几年中，银行集中进行了许多国内支付功能的改善，却有损于国际支付业务方面的进展。这导致实际的发展和现代化建设都十分有限。尽管没有作为建议书被收录，还是在监测一个超过传统程序范围的新的支付体系，就像跟单信用证和汇票，应当进行系统地检查并使之具有广泛的可行性。

就各国政府和国际协议而言，为了完全开放市场的利益，希望能够自动采纳建议的措施。如果不能有效地进行管理，估计支付周期的成本可能高达交易价值的 8％～15％。该项成本通常要传递到进口国的购买方。根据外汇管理的有关措施，这就会对进口国的宏观经济产生负面效应，国内增加的产品成本最终还要加在出口商品上。

还要认识到，随着对税率的减免和限制，一些国家可能考虑起用其他程序对贸易交易限制，例如，为了使其本国银行系统的信用货币尽可能长时间的获取利益，就可能会拖延支付。这些措施不仅不利于发展生产，而且与全球化目标背道而驰。所以要建议 WTO 采取适当的追索机制来防止这种现象。

图 5—3 给出了供应链中的各种支付关系。

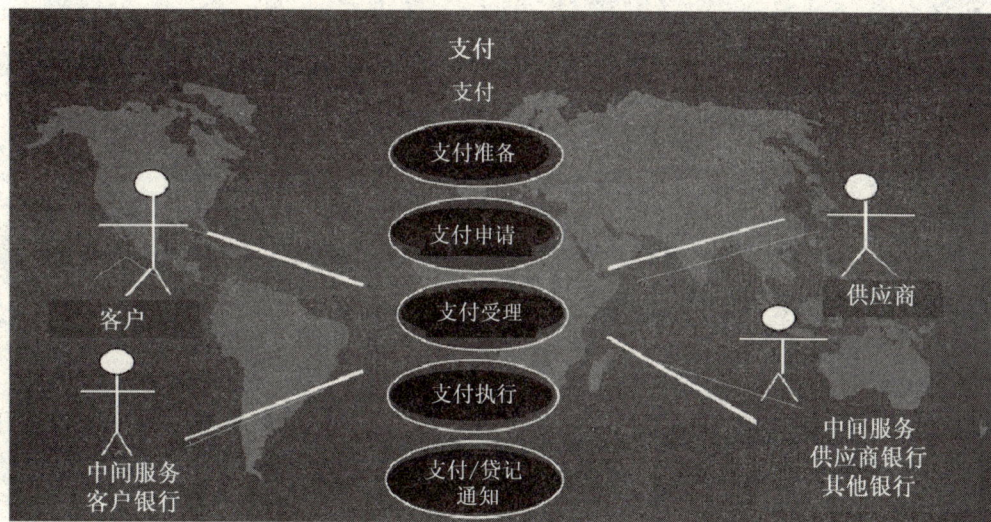

图 5—3　国际供应链中的支付

最后，互联网和电子商务的使用对支付惯例和信息提供也都产生了重大影响，可以获得如信誉和支付品行之类的信息。这些建议将这些发展也纳入考虑范围，认为其并不互相排斥，对于仅具有有限功能或尚无网络环境的国家也同样适用。

建议措施

措施 2.1

直接针对国际贸易商的建议措施

有 8 项建议针对涉及国际贸易的公司。所推荐的均以最佳措施为基础，并表现为操作一览表的形式。应当注意，列出的各个关键点都同样重要，如果不加以贯彻，每一点都可能对支付的收取和及时性产生不利影响。

措施 2.1.1

对参与国际贸易的员工进行适当培训

参与国际贸易的企业应当确保其员工就国际支付事务接受适当的培训。

措施 2.1.2

了解支付流程

应当确保出口销售人员，对于操作员工也是一样，完全了解本建议书所描述的支付流程，并对销售合同中适用的支付条款予以正确的表述。

措施 2.1.3

使用有关支付的缩写

一些有关支付的缩写在进行国际贸易业务中可以使用。建议要使这些缩写本国也能用，这样公司就可以培训并告知其员工去使用这些缩写。

措施 2.1.4

鼓励立即支付

为鼓励客户立即支付，企业应当考虑为立即支付提供折扣。例如可以对根据交货进行的支付提供 1%～3% 的折扣，而在 10 天内收到货款的则为 0.5%～1.5%。

措施 2.1.5

信用监控

企业应当审核其对信用资料（信誉和支付品行）的需要。应与其银行或商业信贷信息提供商商谈取用这类资料的条件。

措施 2.1.6

支付条款

建议企业应当以收到的信用信息为基础建立客户分析资料，并根据信用风险判断、具体支付方法的关联成本及托运货物的价值来调整支付条款。

措施 2.1.7

对立即支付进行管理

货物的发送和交付都应随之向买方/进口商/客户发出关于交货和质量的电子邮件或传真，强调已经到货、符合合同的质量规范，以及卖方期望能够准时在付款期内进行支付。

措施 2.1.8

降低收款成本

企业应当通过其银行获取收款能力和位于买方/进口商/客户国内的贸易融资，以便提供支付的收取速度并降低贸易的资金成本。

措施 2.2

针对商业银行的交易措施

这一部分的建议措施针对提供国际支付服务的银行。其目的是使支付流程更加有效，而结果就是改善银行所提供的客户服务。

措施 2.2.1

提供客户的信用资料

银行应当以商业服务提供商的身份订立合作协议，向进行跨境交易的企业客户提供信誉和支付道德资料，为卖方和银行的贸易资金筹措提供更好的风险评估。

措施 2.2.2

建议支付方法

银行应当对客户的买方信誉、与客户企业规模比较而言的不支付风险，以及托运货物价值加以权衡，向其客户就合适的支付方法提供明确客观的建议。经过这一程序所推荐的支付方法对该银行的客户应当是最便宜和最有效的。

措施 2.2.3

降低收款成本

银行应当提供支付托收服务，并对以合同指定的买方货币进行销售的客户在买方国家提供贸易融资功能。所有企业都应能够使用这类功能，不论规模大小。

措施 2.3

针对各国政府的建议措施

以下的建议措施针对各国政府。

措施 2.3.1

外汇管理方法

各国的外汇管理不应当要求使用专门的支付方法，如跟单信用证或跟单托收。这类要求会造成延误、增加成本和复杂性，就像一道并非关税的贸易壁垒，而对外汇管理却没有什么积极的影响。

措施 2.3.2

不鼓励逾期支付

各国政府应当制定逾期支付的法规，以鼓励根据公认的商业条款立即支付。

措施 2.4

针对国际协议和标准的建议措施

以下更为长期的提案需要在各国政府和商业及金融组织及其对应的国际组织之间进行协商。

措施 2.4.1

货款支付业务标准

各国都会遵循经过修订的 ISO 9001：2000 "质量管理体系——要求" 及附加的 ISO 9004：2000 "质量管理体系——业绩改进指南"，其中含有公司对于支付业务的承诺。应当进行的核查是，只有履行合同约定的支付体系才是合格的。

措施 2.4.2

消除国际支付（并非关税）壁垒

WTO 应将采取措施防止滥用强制支付程序作为一项议题列入下一回合贸易谈判。事例就是那些为了外汇管理而进行的强制要求，以及因国内银行系统扣压款项引起不必要延误的那些程序，这些都构成了非关税贸易壁垒。通过正常的 WTO 争端解决机制进行适当地纠正应该是可行的。

第 3 类措施　官方监管的相关措施

简介

贸易自由是经济发展的一个关键因素。在许多情况下，有关方便和加快跨境货物流通的意见一般得不到反映。贸易和运输业还在遵循一些妨碍新的贸易和运输发展方案和增加交易环节不必要成本的程序和手续。

但是对跨境货物的许多监管是对各国和国际公共利益的正当反应。税收必须征收、危险品、有害废弃物及核材料需要监控，而违禁药物也必须禁止。在所涉及的跨境贸易中，许多要求都不适用于海关手续，而是其他行政机构的规程。

应当在持续合作的基础上建立民间和政府利益之间必要的平衡。事实上，各管理机构都与为进行贸易便利化所需的协调和透明行政密切相关。对于海关管理当局，对关于简化和协调海关制度的国际公约（京都公约）进行的修订，有助于世界各地海关制度和惯例更为紧密的配合。经过修订的京都公约，作为对 1999 年 6 月 26 日布鲁塞尔公约修正案协议的改进，包含有海关行政的承诺：

(a) 对所有与国际贸易相关的事务都必须透明和预先公告；

(b) 使用风险管理技术；

(c) 与其他行政机构和贸易团体进行合作；

(d) 推行适用的国际标准。

因此各国应当尽可能加入这一公约。如果还不能正式接受，只要可行，就应推行该修订版京都公约中所列的标准和建议措施。关于贸易效率的哥伦布部长级声明（UNCTAD 发布）和国际海关准则（ICC 发布）也含有对海关事务进行进一步简化和标准化的建议。至于涉及装运前检验机构进行与海关相关业务所产生的影响，UN/ECE 第 27 号建议书"装运前检验"规定，应将这种影响的发生只限制在有限的时间内，而在这一期间相关政府应采取各种可能的措施使其海关业务恢复正常功能。

建议措施

措施 3.1

预先公告

所需时间、所用程序以及官方规定的费用都应预先公告。

措施 3.2

透明

包括有关程序和监管信息在内的所有与官方法规相关的通用信息，商业团体都有权获取，对政府机构也一样。在一个总体的合作框架内，新的法规以及对其进行的任何修订在开始实行之前都应向商业团体公布并征求意见。法规在其投入实施前应有充分的时间通过印发和电子方式先行提供。

为确保商业团体接收信息和指导，应当在相关的行政机构设立联络点。

应以正规方式安排对商业团体进行的培训。

措施 3.3

成本效益分析

在对国际贸易货物的查验、监管和检测引进新的规定或延长现行规则之前，相关行政机构应当对提案的成本和效益进行评估，与商业团体进行协商。

措施 3.4

数据要求

政府机关应将监管专用的数据和单证要求降到最低，并尽可能利用商务信息。

措施 3.5

数据的呈交

政府机关对出口和进口数据的索取应当只限一次，并且允许只需向一个机构呈交数据即可（单一窗口概念）。

措施 3.6

提前申报

政府机关应当允许货物在到达指定地点后立即放行。为方便货物清关，应当允许提前呈交单证。

措施 3.7

延期支付

对所有向有关机构提供足够担保或其他达到可接受标准的参与方，政府机关都应当允许其进行延期支付。

措施 3.8

协调由政府各机关进行的实际查验

如果不同的政府机关必须对货物进行查验，就应对该项查验进行协调并尽可能在同一时间进行。

措施 3.9

在风险管理的基础上进行最低限度的抽查

由政府各机关进行的监管应当保持在必须符合其总体目标的最低限度，并应最大限度地在使用风险管理技术的基础上有选择的进行。

措施 3.10

基于稽核的监管

要管理全世界的贸易增长并要为贸易商提供更大便利，行政机构应使用贸易商的商务会计系统，更多地依靠以稽核为基础的监管。

对这些监管应当进行协调，只要可能，相关的各个不同行政机关就应同时进行作业。以稽核为基础的监管不应排除对货物的实际查验（京都公约准则修订版第 6 章 7.2 款）。

措施 3.11

原产地证书

只有在必要时才应索要原产地证书或商业发票或特定表格上有关原产地的声明。这是既要防止欺诈又要应用特惠制度而正确实施贸易政策措施的要素。

应当接受商业发票上出口商关于原产地的声明。

如果索要专用格式的原产地证书，就应基于规定的标准并且遵照国际公认的模式对这类证书进行设计。应当准许由进口商保管原产地证书并只有在索要时才予以出示。

只要符合安全要求，就应准予使用普通纸面的原产地证书。

只要符合安全要求，就应允许通过电子方式提交原产地信息。

措施 3.12

单证的法律认定

不应要求对单证进行法律认定（如领事发票）。

措施 3.13

危险品、有害废弃物及核材料

各国法规都应遵守国际标准（UN/ECE 第 11 号建议书：国际危险品运输单证格式）。

措施 3.14

手续费

政府行政机关不应为法定工作时间之外处理业务而特别征收费用。

第 4 类　运输相关措施

简介

安全、可靠和准确地将交易的货物从供应商向其客户进行实际的转交是一宗商业交易取得良好结局的基本要求。

因此，运输是国际贸易中的主要功能之一，而且与运输相关的程序在其效率方面极为重要。这些程序主要涉及对运输服务的选择和约定、确定保管货物的责任以及与之对应的保险范围、装载货物的记录、采取的告知措施以及对所提供服务的支付要求。

除运输经营人和承运人之外，当货物在出口商和进口商之间的途中时，货运代理人、报关代理人（报关行）以及港口、仓库和货运集散场站经营人所扮演的一个基本角色就是提供中间服务。有些时候，这些服务只在中间地点使用，但更为常见的还是用于国际贸易货物运输的启运地和最终目的地。

所用的运输单证反映出业务活动的主要方面，并可分为两类：(1)合同单证；(2)收货凭证。

这些单证应当根据联合国第 1 号建议书[18]贸易单证格式（UNLK）中的图示编排，特别是：

（a）保险单和保险凭证，根据预约保险合同为单票装运货物和保险申报所签发；

（b）发货通知；

（c）托运单；

（d）海运单和提单；

（e）多式联运单证；

（f）通用运输单证；

（g）海关货物申报单（IMO FAL 2）；

（h）危险品申报单（IMO FAL 7）；

（i）到货通知。

图 5—4 给出了供应链与运输的关系。

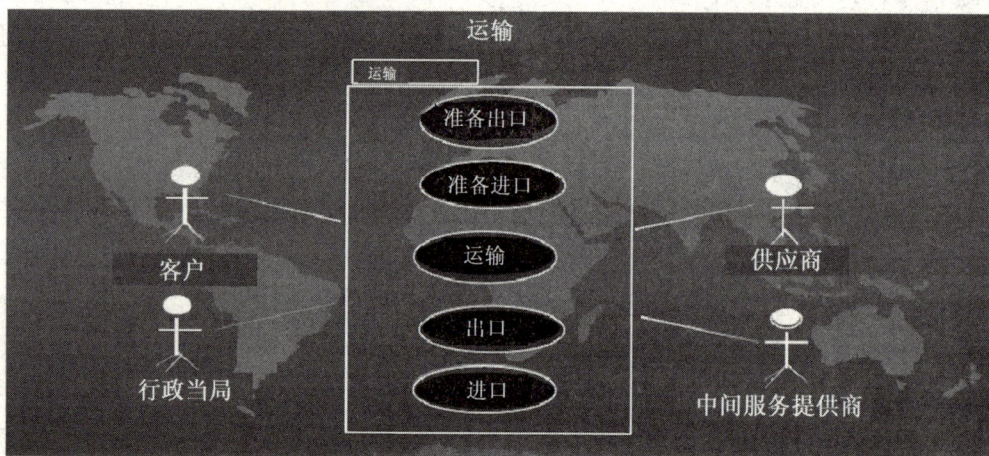

图 5—4　供应链与运输的关系

建议措施

措施 4.1

简化对出口商的投保要求

当由出口商负责购买或安排收益人为进口商的保险（即 ICC，INCOTERMS 的 CIF 和 CIP 条款或类似交易）时，这类现有的保险凭证应视为已由承保人签发而予以认定，即使其是否为国内惯用格式还不能确定（即保险单、保险凭证、保险申报单、保险确认书等）。

可以允许在另一份商业单证（如发票）上的加贴暂保单或加盖条款，与索赔程序和保险条款的标准约定一起使用，作为这些表格的替代方式。否则，就应将保险条款的副本发送给进口商。对于经常性的装运业务，由承保人直接给进口商的一份通用的保险确认书就可代替单票货物的保险单证。

措施 4.2

简化对进口商的投保要求

当进口商安排保险（即根据 ICC，INCOTERMS 的 E 类条款、F 类条款和除 CIF 和 CIP 之外的 C 类条款）时，除了一些散货贸易，就没有单独出具保险单证的必要了。

但进口商为其自身利益应安排与其承保人签订总保单、预约保单或类似对其有所保障的合同，与对其所作的货运申报无关；应与承保人商定一个简单的体系，报告应投保的所有装运货物。

措施 4.3

自愿使用 UNCTAD/ICC 有关多式联运单证的规则

对于多式联运的经营，运输经营人应当使用现有的基于 UNCTAD/ICC 有关多式联运单证规则的运输单证。根据这些规则的 2.6 条规则，一份多式联运单证意味着是一份证明一宗多式联运合同的单证，必要时可由电子数据交换报文取代（见 UN/CEFACT 第 12 号建议书）。

假如希望设计自己的多式联运单证，就应按照 UNLK 格式编排这一单证，并与 UNCTAD/ICC 规则相结合或进行参照。

措施 4.4

推广海运单和不可转让的多式联运单证

只要其功能是有效的并适当的，就应当提倡卖方和买方使用海运单和不可转让的多式联运单证。运输经营人和承运人在任何情况下都应提供不可转让的运输单证，要知道只需申请人在开立信用证加以规定，就可以在跟单信用证项下使用这些单证（ICC UCP 500）。

措施 4.5

通过电子数据交换（EDI）技术在目的地缮制运输单证

应当使用 EDI 和电子商务工具，为在目的地国家缮制运输单证开发计算机软件、设施和流程。

措施 4.6

批准 IMO FAL 公约

1965 年关于便利海上运输的国际公约（1988 年版）适用于海上运输，本意是通过将手续和单证要求简化和最小化，以达到海上运输简化的目的。强烈希望尚未批准和加入该公约的国家考虑成为其缔约方的重要性，并据此尽快予以实施。

措施 4.7

批准华沙公约的蒙特利尔第 4 号协定

华沙公约的蒙特利尔第 4 号协定在 1998 年 6 月 14 日生效，仅适用于 43 个缔约方领土之间的航空运输（截至 1999 年 6 月 30 日）。强烈希望尚未批准的国家重新考虑该协定对其发展航空运输业的重要性，尽快成为其缔约方，并据此尽快予以实施。

措施 4.8

善加利用华沙公约的蒙特利尔第 4 号协定

随着蒙特利尔第 4 号协定的生效，作为书面单证出具空运单的规定被取消，卖方和买方应当对此善加利用。在适当的情况下，可在两个缔约方地域之间的对航空运输业务的操作以电子数据处理和传输取而代之。

措施 4.9

及时的到货通知

运输经营人和承运人应当确保相关各方在货物到达之前都能尽早获取到货通知，取决于时间因素，可以使用传真、电子邮件或类似方式，也可以是一份按 UNLK 标准缮制的单证，可能就是一份运输单证的复印件。

措施 4.10

标准的到达前通报措施

运输经营人、承运人、货运代理人、进口商、海关及其他机构应当评估各方对到达前通报的要求，以便有效使用简单的、传播广泛的，以及众所周知的措施，尤其对于路程极短的运输。

措施 4.11

货物追踪系统

运输经营人和承运人应当鼓励引进计算机化的货物追踪系统，向客户提供其托运货物所在地点的预报信息。

第 6 章　在进口清关程序中确定法律问题的简化措施（联合国第 13 号建议书）

6.1　概述

UN/CEFACT 一直就国际贸易便利化相关的法律问题开展工作。1976 年确定了这些问题并随之进行了更为全面的研究，一个小型专家组的工作形成了题为"贸易便利化法律问题综述"记述了一些已知的问题，明确了与之密切相关的参与方，并建议为可能有助于并加速解决问题而收集资料的方法。

1978 年 9 月，一个为处理法律问题而设立的非正式专家团队提交了一份关于进口程序法律问题的论文，随后又立即向数据需求和单证处理专家组提交了一份建议书草案，以便在其第 19 次会议上进行讨论。专家组又将文本转发给工作会议，工作会议于 1979 年 3 月第 9 次会议上批准了建议书 13 号"进口结关程序中已标识的法律问题简化"。

UN/CEFACT 注意到海关合作理事会已在"关于简化和协调海关程序的国际公约（京都公约）"的附件中，特别是在附录 B.1 中，鼓励海关当局准许加速货物清关的特别措施，同时注意到进口当局关注的主要是所提交信息的完整性和准确性，而非其呈现形态，问题则常常集中于对满足辅助信息的需求上。在回顾了已经引进特别程序的一些国家，不再要求对货物进行详细地实际查验并在进口地点呈交正式凭证，允许经过核准的进口商直接将货物送到其自己的场所，有时还以延期支付为条件，这些条件包括：

（a）可以检验货物；

（b）必要时即可办理进口清关并呈交符合要求的辅助凭证；

（c）保留这类信息，以便后续核查；

（d）保证支付安全并保证对货物负责。

UN/CEFACT 还回顾了正在进行改进的国家规章制度，或者是考虑到电子或其他自动方式的数据传输而对"单证"和"签名"的术语设定更加宽泛的定义，或者是允许根据适用条款使用这种数据传输方式。

6.2　建议

（a）建议各国政府为了进一步推广使用各项简化国际贸易程序措施起见，对上述的发展予以考虑；

（b）建议各国政府注意京都公约条款，尤其是附录 B.1 有关对国内消费的清关，并研究将其纳入本国法律的可能性；

（c）建议各国政府研究并评估接受按照特定标准以电子或其他自动技术传输数据的可能性；

（d）建议各国政府与欧洲经济委员会就所附研究沟通各自观点；

（e）建议起草上述建议书及所附的研究报告提请海关合作理事会和关税及贸易总协定考虑。

简化有关进口程序的法律问题源于进口管理当局常常因各国法规而在货物可被放行之前要求各种严格认定的书面单证。其中的一些单证（经常为运输单证）必须在出口地点发货时填写制作并呈交，而在货物到达的清关地点则可能根本毫无效用。这就可能造成延误和成本的大幅度增加，这最终还是要由进口国居民偿付，无论是通过高额货价，还是通过高额税赋，或者两种形式都有。单证数据内容的不兼容，或缺少必要项目，又使问题有所增加。

应付这些程序性和单证类的法律要求可能会迟滞国际贸易，重要的是要研究海关和管理机构能够共享技术进步效益的方法，尤其是关于在法律体系内通过电子或其他自动方式传输信息。早先的一份报告中的一段引述值得借鉴：

"没有法律，就会混乱，所以我们不能将我们的规章一扫而空，但必须对其进行修改并使之现代化。"

当前的研究所建议的方式使这一目标有可能实现。研究显示进口管理当局真正关注的是以识别货物及相关的贸易参与方、查验该票货物的性质和价值、原产地和正确的分类及估价进行进口清关，并用于检疫、安全和技术标准。一份正式的单证——进口申报单——必须在进口地点提交，申报人就是进口税费和数据及货物正确性的法定责任人。申报需要本身通常不会对贸易便利化产生不利。问题集中在对合格的辅助凭证的要求上，这在出口地或发货后基本上是不可能做到的；而就传统单证而言，通常不能以很短的时间在所需地点（即进口地点）提供这样的凭证。

进口程序和需求

关注进口货物验放的进口管理当局有多方考虑，而其需求通常具体表现在法定表格之中。但是，他们常常会根据某项法案获取相当宽泛的权利去制定细则。这种细则通常就会要求一份正式的单证，一份进口申报单，应当由进口商或其代表货运代理人呈交。这份申报单可能会出现不同的格式，取决于：

（a）进口的性质（即纳税货物、加工/补偿和再出口货物、库存货物等）；

（b）国家的要求，比如对空运/海运/邮政可能要用不同的专用表格；

（c）关税联盟或类似组合中国家集团的规定。

海关申报的主要目的是使任何应收的税费或其他款项都能得到核查和征收，特别是要控制本国限制进口的货物，如通过使用许可证、配额或其他管制措施，并要经常提供信息，编制贸易统计。它们还要对因违反要求而采取的法律行动提供依据。由于海关申报单要满足如此之多的不同目的，常常就成为一份非常复杂的单证，并且不得不附上各种辅助单证，如商业发票副本（或专门的海关发票）、价值申报单、进口许可证、原产地证书或其他为申请减免税费进行辅助的单证。呈交海关申报单及任何必要的辅助单证的责任由货物的进口商或其代理人（报关代理、船舶及货运代理、报关行等）承担。

进口申报单所需的信息要由进口商或其代理人通过不同的来源收集，并且能够按照以下分类进行内容广泛的记述：

（a）货物　　　　　　——包装、货名、价值、数量、原产地；

（b）相关参与方　　　——进口商、发货人、代理人；

（c）运输　　　　　　——运输方式和运输工具、装货地点和卸货地点、集装箱编号；

（d）特别条款　　　　——许可证、配额、库存货物。

在出口商发货之前或之后不久，申报人可能从商业发票、包装记录单和提单获取其中的一些信息，特别是在一旦获取这些信息就立即进行传输的情况下，例如，通过电传发送商业发票数据、或通过计算机连接发送运输单证书据。运输信息有时只有在货物实际到达时才能得到，而运输单证常常可能由国际货运车辆的司机随车携带。一旦掌握托运货物的详细资料，进口商就应清楚地知道特别条款，并应按要求自行负责确保取得进口许可证，以及原产地证书、检疫证书等。在某些情况下，进口商还被要求为征收应付税费预付准备金。

辅助凭证问题

一系列的贸易便利化问题并非产生于进口清关需求本身，因为对于在货物清关地点呈交的单证可以在进口国填写和验证。当然，困难可能起因于单证填写是否正确。但是，法规常常要求额外的辅助凭证，以满足进口管理当局的要求。增加呈交辅助凭证以及对其进行验证与核查的要求，看起来更像是贸易壁垒。

有可能对其进行区分。单证和货物一起传送，如船舶的载货清单（舱单）或运输单证副本，可能并不合适，但还不能引起主要问题的简化。单证需求发生问题主要在于：

（a）商业发票，通常必须签名，有时甚至要进一步验证；

（b）海关发票或领事发票，同样要签名和验证；

（c）原产地证书，需要签名和验证；

（d）检疫、重量或其他性质的专用证书。

单证处理的许多数据内容对于进口管理当局进行有效的进口清关是至关重要的。但是，必须实现的是进行识别、验证、分类和估价的需要。毫无疑问，对书面单证及签名的正式要求迎合了正当的需要，这已被历史所证实，但是正在变革的环境需要对需求进行重新评估。在任何情况下，单证的价值并非全都在纸张本身，而在其记载的信息。书面单证的优势在于耐久不变、稳定可靠，而且即使对这种载体另加信息也不会丧失其原本的固有性质。尽管纸面单证的信息常常可能缺失，或可能部分不准确，甚至有错，也仍然保持着其主要特性。但问题则是书面单证本身就不适合快速的数据传输。

进口程序的改进

进口海关通常只有在收到进口申报单并同意出货后才会放货。但是，随着近来货运方式（滚装运输、集装箱化运输）的变化，海关当局已经采取了各种特别的措施，在呈交简化的申报单的基础上，到内陆点对提交完整申报材料的货物办理结关，其目的是从机场/港口/边境邮局加速出货。

尤其在欧洲大陆地区，将海关的监管从港口/边境邮局转移到内陆机构，甚至到贸易参与方自己的场所，已是大势所趋。这种变动的最终目标是根据对实际到港或跨境货物的抽检，以查验交易参与方账户为基础的某个系统，取代对货物进行的实际监管。

海关当局对进口货物特别处理方式的发展已经发生了根本的改变，并反映出给关系到自然地理、口岸布局和发展、运输流量和变化、贸易需求和管理效率等方面所带来的不同压力，迫使管理当局在经费或其他限制的能力范围内，重新部署资源和调整程序。除了海关当局以计算机方式和传真的传输参与更加新颖的数据和单证传输方式的积极性，这样一种变革的姿态也随之日益提高。以 1976 年 9 月 16 日发布的 TRADE/WP. 4/GE. 2/R. 81 号文件为例，在接受传真单证和签名的情况下，管理机构就可有多种解决问题的方法。

ADP 系统

部分海关管理机构对于改变传统单证程序为电子或其他自动信息交换的积极性在某种程度上已经与签名和凭证问题密切相关。在行政和管理方面事先就已经明确两个主要的要求：

（a）必须保证法定要求得到执行；

（b）必须核对单证的真实性。

呈交经过签名的申报单是一项法定要求，对不一致、内容错误和欺诈性违规都有具体惩罚措施。

大部分海关管理机构都要承担执行法律赋予的责任，保证关税收入，防止欺诈和/或瞒报或漏税。某些情况下，法庭要求提供指控的合法证据，而缺少经过签名的书证则被认为会给胜诉带来困难。某些国家的法律意见目前倾向于，当单证的签名仍为值得保留的证据要素时，除非绝对罪案，其缺失可由其他证据进行弥补。

可是，如果传统单证让位于电子或其他自动信息交换，则尚有必要保证国家的司法部门批准存储在计算机上的信息可以作为证据，并要接受存入计算机的信息是输入计算机的准确记录。

利用各种信息传输系统提供真实数据仍是申报人提供准确信息的责任，如果海关管理当局准备修订法规，就可以采用新技术设定这种责任（输入设备、输入安全识别卡、安全密码系统）。

书面单证方案

必须认识到，甚至当大批交易数据通过非书面方式传输时，可能都会遗留一定数量的纸面单证。在这种情况下，对传真收发设备善加利用就可以是对应的方案，或者可以对海关当局所需的事务系统进行扩充，籍此可在收到全部辅助单证之前就予以放货，单证则在规定期间内出具后再行办理。以下为各种的选择方案：

（a）传真件保留了正本单证大部分的效用，但由于费用和耗时使其不太可能被作为证据接受；

（b）常用的电传能确定来源，但在数据内容的准确性方面不理想；

（c）电子数据传输快速有效，并在某些情况下获益良多。相对于数据在纸上的永久呈现，通过各种电子方式传输的数据在传输过程中被转换为电子信号，并且必须重新转换为可视形式。然而，为了核查，可能还是要在两端进行打印输出，一些控制方法正在开发，并发现正逐渐为法律所接受。这种数据传输方法的使用正日益扩大，并在某些条件下可以提供更迅速和更可靠的选择方案，也就是：

- 原始数据正确；
- 保证数据传输正确；
- 能够为随后设定的查验保留数据；
- 能够避免未授权使用。

本质上，可以对哪些是属于"符合要求的辅助凭证"进行认定的规则，还是必须要由各国行政管理机构设定。相关国际组织确定标准的指导方针看来也是至关重要的。

如果某国法律放弃对单证及其签名的要求，就可能产生对"单证"和"签名"放宽定义和研究这样签名的单证应当在什么时候才能有效使用的问题。在某些情况下，可能必须修改国家法律。当国家法律授权进口管理机构制定细则时，就会使局面向更加适应运输、贸易和数据传输的高速发展的方面转变。

在急需更加有效的进口清关的情况下，以下几点是必需的：

（a）至关重要的是需要进口管理机构加快对数据准确性和完整性的验证；

（b）需要进口申报单和/或在进口地点承担进口税费、数据和货物正确性责任的人员；

（c）需要法定安全措施；

（d）需要提供解决方案，使进口清关更为有效，既保留传统的书面单证，也坚持发展更为先进的程序。

合理的解决方案

作为一个主要目标，海关合作理事会已经承诺要使其成员的海关系统达到最高程度的协调和统一。1973 年 5 月，海关合作理事会批准了关于简化和协调海关程序的国际公约，即众所周知的京都公约，其中的几个附录多方面地介绍了海关程序的标准和推荐惯例。理事会希望海关当局逐步采纳各项附录，并以此循序渐进地对各项程序进行协调。

随时欢迎海关合作理事会就本建议书讨论的一些问题继续已经发起的行动，认为海关当局采纳现代化程序和技术发展，确需进行广泛宣传。

考虑到进口（但不限于进口）所涉及的，并且可以使海关当局乃至贸易相关各方受益的突出问题，可归纳如下：

（a）使用磁带进行进口、统计信息的申报，与港口/边境邮局的快速放货程序相连；

（b）接受进口程序所需的传真信息或计算机传输数据，以便可以及早放货；

（c）接受通过传真输送进口申报所需的辅助单证；

（d）为贸易商将计算机系统与海关系统相连进行进口申报提供方便；

（e）在涉及多个国家的贸易参与方的情况下，接受由进口国计算机联机出具的出口发票；

（f）接受内陆直接出货的方案，以递交简单申报、税费缓交安排和在贸易商场所执行稽查性质的监管为前提条件；

（g）扩大准许货物临时清关的业务范围，前提条件是及时出具所需单证的正式法定承诺；

（h）在法律许可的情况下，使用符合贸易规范的出口单证；

（i）海关方面合理地接受以贸易单证提供海关所要求的专用信息，以取代更多的正式进口申报单，尽管目前这在美国和其他一些国家尚无定论；

（j）研究对本国法律进行必要的修改，认可在计算机上存储证据信息；

（k）研究对本国法律进行必要的修改，认可在计算机上存储的信息是对计算机进行输入的准确记录；

（l）研究在免除常规单证时向海关当局开放的数据验证的可选方法。

第7章 用非签署方式对贸易单证认证
（联合国第14号建议书）

7.1 概述

UN/CEFACT工作会议已经明确了涉及因需要验证用于国际贸易交易数据或单证的签名而在国际贸易数据流方面产生的某些法律问题。国际商会（ICC）召集了一个非正式专家团队对这些问题展开一项研究，指出以不同的、可选的验证方式取代签名的可能性。

在本建议书草案和研究报告中提出的这一结果提交给了工作会议的专家组，并在其第18和第19次会议上进行了讨论。专家组于1979年3月在工作会议第9次会议上转交了建议书草案，并在该次会议通过了建议书第14号。

UN/CEFACT工作会议意识到签名的需求关系到书面单证的使用，而电子或其他自动方式的数据传输的使用正日益扩大，这就促使有关方面寻找新的方法以保证数据可靠并确定其来源。UN/CEFACT工作会议同时注意到在本建议书的研究中所述的以选择不同的验证方法替代签名的可能性，引自联合国1978年海上货物运输公约，以及使用可以保存数据传输记录的其他方式取代书面单证，引自关于国际航空运输的华沙公约的蒙特利尔第4号议定书第5款。建议政府和国际组织负责对相关的政府间协议进行研究，以确定本国的国际贸易所需单证签名要求的文本，并考虑对这类条款进行如下修改："必要时，可以通过电子或其他自动数据传输方式对单证所含信息进行配备和传输"，并可以通过在所用传输方法中所保证的鉴别方式来满足签名的需求；建议所有与国际贸易便利化相关组织检查现有商务单证，确定哪些签名可被安全地使用，并为引进对商务惯例所做的必要变革而支持一项广泛的教育培训计划。

长期以来，国际贸易的一个要求就是某些单证必须经过签名才能交易。目前，远离纸面单证处理转而进行电子或其他自动信息交换的传输方式正日渐扩大。当以这种方式发送信息时，就不可能以同样的传输完成一项签名。已经有意见认为，少了一项签名就减少了信息的价值和真实性，而且通过机器传输的信息是不可接受的，除非由一份经过签名的单证加以证实。签名的需求无疑已经成为国际贸易便利化的障碍。

这项研究有两个部分，首先是定义签名以及在国际贸易单证处理环境中的效用，对当前手工签名需求的背景予以揭示。其次则是检验现代化的替代方法，对接受不加签名信息的案例进行陈述。

7.2 手工签名概述

7.2.1 签名的定义

对于签名的定义目前有以下几个版本：

（a）凡是为了证实、确认、使之具有效力而置于一封信件、一项合同或任何其他文件最后的个人手写的名字。

（b）签名是一个人在信函或文件最后手写自己的名字，为了证实、确认或使之具有效力。

（c）一个人为证明（赋予法律效力）某些书面文件而用手书写的自己的名字（或有意义的标记——已废弃）。

（d）一个人在文件结尾用自己的手书写自己的名字所施加的符号化表示，以证明这一文件并转移其默示承担的责任或对其予以证实。

（e）一个人（以特定的或合法的方式）填写自己名字的栏目，以证实一份书面文件的准确性和真实性，或对其承担责任。

（f）一个人自己在一份文件或一份契据结尾手书的签字。

（g）一个人在书面文件结尾书写的名字或标记，以证明是自己所写或自己同意其中的内容。

几乎所有定义都有签名人手书其名的要求。在法庭的听证中，凡是需经签名的裁决就是审判员自己对有关案情进行判定的问题。联合国 1978 年海上货物运输公约（汉堡规则）的第 14（3）款规定，签名可为手写、传真打印、穿孔、盖章，也可以是符号或通过任何其他的机械或电子方式（只要不违反相关国家的法律）产生，这一考虑是基于国际贸易和法律界普遍接受的惯例。

7.2.2　某些国家法律对签名所采取的一些司法判定

（a）书面签名不能由指纹或首字母（布鲁塞尔，1807 年 1 月 27 日）、标记（印章）、划叉组成。

（b）已婚妇女以其丈夫名字出具的签名、根据假名（笔名）、或以商务名称、或借助于影印方式也可被承认为合法签名。首字母是否同样有效还确有质疑，但划叉、指纹、印章、在打印信函贴印花、加盖或冲压名章确非签名。

（c）如果在遗嘱中的签名能够通过个人惯用标记编辑，就不可能认同。

（d）在名字可以辨认时，正确和完整的签名就得以成立，无论是否为签字人惯用的字体。但顾及书写字符的构成也是有必要的，否则就会缩减为简易标记。如果个人习惯签全名，一个完整名字就是一项签名。标记、十字形符号或其他随意的标记，即使是有关个人常用的，也不能作为一项签名，但事实上有些还是做了认定处理。

（e）就证据而言，法律把握的是签名的特定状态。签名是同意、要求、或核准的外在形态。立法的原意是通过签名这一绝对事实对签字人进行约束，并以其自身的行为来获取证词。

（f）一盘有记录的磁带，相当于一段已知的案情，法官可以从中得出结论，借助磁带做出推定。

阿尔及尔上诉法院的表述关注到这一方面："假定民法典的作者不能对由科学进步可所能带来的各种想法的表达都制定规则，因此要以一种宽泛和全面的方式对'书写'一词进行解释。"

7.2.3　签名的功能

贸易单证的签名有三个主要用途：

（a）确定单证来源，即制单人；

（b）确认单证中的信息；

（c）构成签单人为单证信息正确性和/或完整性负责的证据。

签名被认为是单证及数据传输具有不可置疑法律效力的证据要素。尽管签名单证是一项正规的要求，但基本功能却是验证数据内容。在某些情况下，验证的需要还引发了叠加的要求，即不仅要求责任方签名，而且要求一份已经签名的申报单还要由某些官方或半官方机构为该项签名进行背书。

7.2.4 签名的需求

无论是各国的法律还是国际公约，可能都要求一项签名作为具有正式法律效力的证据。它可能有专门的用途，也可能只不过是根据商务惯例所作的要求。在强制要求的场合签名都是必须的，除非修改或废止法律。为了使通过电子方式传输数据像合法单证一样可被法律接受，必须选用验证方法取代签名。

通常情况下，对以下几个方面会有影响：（1）贸易；（2）运输；（3）金融；（4）官方。问题主要出现在"流转的单证"，通常称之为"运输单证"，即只传输发货数据的单证必须用于目的地的货物清关。实际上货物也随带某些单证，如船舶的载货清单（俗称"舱单"）或危险品清单，这些单证不可能构成问题。还应当想到，一些单证可能与更多的参与方相关联，不止是单证的最初发送方和最终接受方。

贸易单证

国际贸易法的主要原则对签名并无正式要求。根据各国法律对签名的额外要求，因此实际履行合同所需的单证，如商业发票，或有关质量和数量的证书，都不需要签名。相关参与方主要关注的是识别单证和验证数据内容（这可以从其他来源获取），并不依赖于签名。对于为更多贸易条款所要求的发货通知/装运通知书也同样适用。所以没有理由在贸易所需的信息之中加入签名的要求，现在这也是惯例。即使改变原有习惯有困难，再教育就是对这个问题的明确回答。

运输单证

一些国际公约规定要对运输单证进行签名。铁路运输的 CIM 等其他公约则放弃了这项要求，这似乎没有指定有验证这类单证的法定需要，当然本国法律对签名有要求的除外。因而要解决这个问题就只能按照在所指出的路线采取行动，如废弃法定要求或由相关管理机构接受由电子或其他自动方式产生的数据。可是，除了承运人自身，一些相关的参与方（出口商、进口商、金融机构、保险公司和行政当局）将其在运输中的定位进一步复杂化了。签署单证的需求所引起的一些相关功能也同样显现出来：

（a）承接运输合同的证明；

（b）承担货物运输的证明；

（c）交运货物细节的证明；

（d）接收时货物状况良好的证明。

验证经签名传送的数据内容更甚于需要签名本身，各种符合这种需要的可选方案在 7.3 中说明。

对于（可转让）提单所产生的特殊问题，因为提单从构成一项运输合同起，就是一份可转让的物权凭证。这是典型的单证流转例证，除了最初的发送方和最终的接收方，还关系到其他的参与方。显而易见，这要解决相关的法律问题，不可冒进。要使现代化的数据传输方式在海运中的应用成为可能，最好的方法就是促使参与方考虑其贸易关系与使用不可转让的运输单证替代提单的情况是否一样。经验表明，这种单证在许多场合都是一种可以接受的选择。

金融票据

对像信用证之类的金融票据的验证需求不属于讨论范围，尽管信用证专用的跟单条款可能会产生问题。在某些情况下，对一票装运货物的保险是否进行有效验证的需要，就导致了对单证签名的需要。然而，出口商根据总保单的承保范围自行填写保险凭证的趋势不断扩大，而确保现有保单适当投保范围替代方法的可行性又可以使这种特定需求有所减少。例如有一种越来越明显的倾向，多数出口商只要根据一项统保协议就可声明保险生效，而无需单独针对某一票装运货物签发任何单证。

官方单证

为满足官方要求进行责任鉴别和认定的主要需求似乎都出现在进口国的最终目的地。而这些需求与购买国在发货时或后续的处理都有着直接关系。进口流程通常基于一份强制的表格，结合进口商或其代理人进行的申报以及因此而构成的法定责任。由于这份单证是在进口国产生并签名，其自身的使用并不一定就会对国际贸易便利化形成干扰。此外，在获取完备单证的情况下，根据简化的单证处理，结合在内陆场所对货物进行实际查验，从进口地点加速出货已成为一种趋势。这对于通关简化本身也是一大进步。不过，由于对辅助单证的要求，大多数是"流转单证"，如证书或发票，也常常使局面复杂化。

某些国家的海关当局坚持要求一份经过签名的发票，按照商业发票、领事发票或所谓海关发票的格式出具。在对经签名的发票有法定要求的地方，就只能通过废止相关法规来克服此类单证需求。在其他情况下，进口管理机构就具有更多自行决定的权力，自己就可以培训贸易商，改善程序，方便交易。海关合作理事会的工作为这一目标做出了显著的贡献。

但是，必须指出清关程序通常都比较复杂。不仅必须满足海关当局关于货物识别及内容的要求，而且还有所适用的相关经济指标。另外，还经常要求查验货物，以确保其达到由于各种"非海关"原因所放弃的要求，如卫生或安全。而至于签名，看来也完全可以通过使用替代方式解决问题。

签名和证据

如果完全能够正视对签名的取代，为什么人们依然对签名还是如此留恋？由签名提供的证据价值可能被认为是一种解释。文件在法院出示之前，只有经过参与方签名才被人们公认为合法。在这方面手工签名可能特别有效。当可能对签名进行伪造或某人可能拒绝承认一项签名时，要否认具有签字文件的责任，比否定任何一种其他的责任都更为困难。

当签名对于商务单证通常并非绝对必要时，通常就完全用于官方的要求了。因为有如此之多的国家规定，使得国际贸易参与方担心可能达不到要求，这样他们通过在大多数单证上加以签名来追求稳妥。通过签名提供保证的想法意味着签名也被经常用于商务单证，或许尽管不太频繁，参与方互相之间也知道的很清楚。

从以上所述可以看到，签名被普遍使用并将继续使用，有多种原因：

（a）对于商务单证：主要为取得呈堂证据，通常遵循现有的（或推定的）国家贸易法规的要求；

（b）对于运输单证：通常遵循现有的国家和/或国际规定所要求的在运输合同或其他运输单证上进行签名；

（c）对于官方单证：一般是通过识别负责提供信息的法人获取数据内容的证据。

在从购买国向（最终）目的地国传输数据和必须在货物清关时取得签字的情况下，对签名的使用和要求向现代高科技数据传输提出了一个主要的问题。只要是为保证以这种方式传输信息的真实性而强制要求签名的国家法律和国际公约，都应当进行修改。至于其他数据，通常以书面传输，在国内（发货国家，最终目的地国家）即可获取数据，而对签名的使用和要求现在已经不再被认为是阻碍在商业交易中使用经济的高科技数据传输的制约因素。可是，在可预见的未来期待的改变和对使用签名的评估应当由那些责任方和参与方进行。一些商务关系已经不再需要依赖签名，参与方相互之间已经建立信任，无需再等待为商务交易引进不同于签名保证方式的现代化程序。

7.3　手工签名的替代方法

对签名的要求关系到书面单证的使用。电子及其他自动数据传输方法越来越多的使用，意味着需要寻找数据及其来源的新的约定方式。一些国际公约及其他政府间协定已被采纳，或正在起草，他们都考虑到了这些发展。

可用方法

有几种即时通信的方法，其中一些已被广泛使用。对最重要的可作以下点评：

（a）电传：应答码系统对识别数据来源和接受约定似能给予足够的安全保障。经验显示问题往往产生于不正确的数据传输，所以需要降低其出错率。

（b）远程复印：这种方法已经使用，但可能费钱而且耗时。近来的技术进步表明可以显著降低传输时间，而且这种方法的使用也明显增长。假以时日，有可能成为主要的替代方法。

（c）磁带传输：这种方法的使用正在稳定增长，无论对内部系统还是公司间信息交换都被证明非常可靠。

（d）计算机到计算机传输：这种方法越来越受欢迎和信赖。随着电子数据交换技术在国际范围的发展，常常使用它们提供的便利和协议，这种方法有望成为国际贸易电子数据传输的标准方法。

（e）计算机打印输出：具有值得关注的能力，在出口和进口地点对硬拷贝打印输出的延伸使用。

数据安全

一般而言，电子及其他自动方式是对数据传输提供高准确性和高可靠性的方式。通过确保用诸如密码、代号、特别标记或其他方法对系统存取加以限制可以保护数据安全。可以毫不夸张地说，这些系统可以对报文内容提供的可靠程度好于任何传统的单证处理。文件的保密性也由上述方法加以维护。参与方的识别可由预先商定的代码加以确定。

数据传输的责任

除上述存取代码之外，系统用户还需要知道构建其报文的方法。系统的使用条件通常称之为"协议"。如果用户接受，就会受到系统的约束并承担因使用系统所构成的责任。接受使用系统的条件就可以在参与方之间订立正式签名的协议，在这种情况下，按照协议进行传输的呈堂证据就会取得正式签名文件的法律效力。系统必须以无可辩驳的方式识别每一个用户。必要时，还必须对有一致性争议的报文来源作证；提供的证据必须经得起法庭或为此指派的专家的验证。系统拥有计算机的日志或目录，可以验证或确认其可靠性，并能列示每一份报文专门的索引及其来源，这就能够达到这一要求。如果日志记录了系统处理的所有报文的完整内容，安全性就将得以增强，但可能要付出代价，而且也没有必要将其作为每天的例行事务。

一套有保障的和身份可验证的程序，加上一份经过签名的协议，就能够提供与签名同等意义的呈堂证据。这并不能确保完全防范欺诈企图，但对于一个设计良好的计算机系统，伪造报文来源的身份可能就远比伪造签字要困难的多。然而，计算机记录所掌握的证据必须予以保留，以防万一在法庭审理的使用需要。各国最近的数据法都关系到保留期限，而实际上5年的期限似乎就足以满足这一需要。

签名用于鉴别和证实数据，易于认定为呈堂证据。在对签名还有正式要求的情况下，就需要某一个名称，直到这项要求被废止。由计算机系统按照参与方身份指定可验证的保障，就可对签名提供有效的替代方法；这些系统本身就被指定用于接受系统交换的报文并为达到同等效力签名书面协议。在商务惯例继续坚持签名的情况下，就需要进行宣传教育，使参与方能够认识到进行变革的优越性。

7.4　对贸易单证的签名与验证

7.4.1　空运

国际民用航空组织（ICAO）

电子数据处理技术的建议措施：

（a）缔约国应当采取措施，使通过电子数据处理技术生成的为空运货物清关所需的商务单证的应用成为可能，并应使用易读取、可理解和可以接受的格式。

（b）缔约国应当与国际航空货运经营人和其他相关各方密切协作，查验新增的源于电子数据处理技术的简化措施，并应考虑在空运货物单证量大的地方引进这类技术。

（c）缔约国为监管进出口空运货物动态而计划引进电子数据处理技术时，该缔约国应尽力应用以下原则：

- 为进行必要的修改，应当对现有监管要求和程序进行检查；
- 从一开始就应给予所有相关参与方以协商的机会；
- 对新系统与该机场现有的或在他国机场开发的系统之间保证兼容的需求，应当给予密切关注；
- 应当对接受通过电子数据处理技术编制和传输空运货物的接收、装载、卸载、交付和清关等必要信息的可能性给予密切关注。

在国际民用航空公约附录 9 第 4 章"简化手续"第 3 节"货运单证处理"做了如下规定：

第 5 款：

（a）应为交付运输的货物出具空运单。

（b）在发货人同意的情况下，任何能够保存执行货运记录的其他方式都可取代所出具的空运单。如果应发货人要求使用这类方式，承运人应当向发货人出具货物收据，以便对该票托运进行标识并获取由这类方式留存记录中所含的信息。

（c）在本款中所指的可以留存运输记录方式在中转地和目的地不能使用，承运人也并非就有权拒绝接受货物的运输。

第 6 款：

（a）空运单应由发货人填写，正本一式三份。

（b）第一联应当注明"交承运人"，并应由发货人进行签名。第二联应当注明"交收货人"，发货人和承运人都应签名。第三联应当由承运人签名并由其在接收货物之后交给发货人。

（c）承运人和发货人的签名可以是打印的或是盖章。

（d）如果在发货人的要求下由承运人填写了空运单，根据反证，就应视为这是其代表发货人所为。

7.4.2　海运

政府间海事协商组织（IMCO）

电子数据处理技术的建议措施：

应当接受由电子或其他自动数据处理技术以清晰并可理解的形态生成的单证。

联合国国际贸易法委员会（UNCITRAL）

第 1 款——定义：

"书写"包括（但不限于）电报和电传。

第 14 款——提单的签发：

（a）当承运人或实际承运人接管货物时，承运人必须按照托运人的要求，向托运人签发提单。

（b）提单可以由承运人授权的人员签名。由载运货物船舶的船长签名的提单视为承运人代表所作的签名。

（c）只要不与提单签发地国家的法律抵触，对提单的签名可以手写、影印、穿孔、盖章、使用符号或通过任何其他的机械或电子方式签订。

7.4.3 多式联运

联合国贸易和发展委员会（UNCTAD）/IPG

多式联运单证定义：

草案条款 A：

"多式联运单证"指一份证明一项多式联运合同、多式联运经营人接管货物及由其承担按照该合同条款交付货物责任的单证。

多式联运单证的签发：

草案条款 B：

（a）当多式联运经营人接管货物时，应当"按照发货人要求"签发多式联运单证，根据发货人的选择，应有可转让或不可转让两种。

（b）多式联运单证可以由多式联运经营人或其授权人签发。

（c）只要不与多式联运单证签发地国家的法律抵触，对多式联运单证的签名可以手写、影印、穿孔、盖章、使用符号或通过任何其他的机械或电子方式签订。

（d）在发货人同意的情况下，任何能够保存执行货运记录的其他方式都可取代签发多式联运单证。如果应发货人要求使用这类方式，多式联运经营人应当向发货人出具货物收据，以便对该票托运进行标识并获取由这类其他方式留存记录中所含的信息。

7.4.4 危险品运输

联合国经济和社会委员会（ECOSOC）

关于托运程序的建议：

这里提出有关危险货物装运的建议程序，涉及施加标志、挂贴标签，以手工、电子或其他自动方式进行单证处理，以及设置警示牌。

7.4.5 清关

海关合作理事会（CCC）

海关合作理事会于 1979 年 5 月 16 日通过了有关海关对于商业发票要求的一份建议书。一方面要鼓励海关当局接受上述建议书，另一方面要促使海关管理放弃对商业发票上为了海关而强加的签名要求，商业发票必须向海关呈交，以便辅助货物申报。本建议书的原则如下：

海关合作理事会愿意通过能够在贸易领域使用现代化数据转载和传输方式来推动国际贸易

的简化；重视（但不限于）在国际层面所作的努力，仅通过一份标准单证只以单一轮次作业的方法就能完成一宗国际贸易所需所有单证的编制；重视 1979 年 3 月由欧洲经济委员会国际贸易便利化工作会议通过的关于签名和验证的建议书，尤其关注普遍采用以机械或电子方式传输数据对现行手写签名所需进行的变革。海关合作理事会认为海关强加于商业发票的签名要求并不能给予海关任何有关准确性的具体保证；建议所有成员应当：在关系到货物清关而要求呈交商业发票的情况下，接受以任何处理方式生成的商业发票，如单一轮次作业法；对于为辅助货物清关而呈交的商业发票，杜绝海关强制要求的签名；要求接受本建议书的成员向秘书长通报其承诺、实施本建议书的起始日期及其实施条件。海关合作理事会秘书长将向成员国海关行政当局转达这些信息。

7.4.6　货物销售及合同订立

联合国国际贸易法委员会（UNCITRAL）

第 10 款：

销售合同无须以书面订立或以书面证明，并且不受任何其他有关格式要求的约束。合同可以通过任何方式加以证实，包括人证。

第 11 款：

本公约第 10 款、第 27 款或第 2 部分允许以任何不同于书面的方式订立一份销售合同或对其进行修订、废止，或进行任何发盘、接受或其他意向表示的任何条款，但对任何处于已按本公约（X）款做出声明的缔约国境内的交易地点则不适用。参与方均不得背离或变更本款的效力。

第（X）款：

法律要求销售合同应以书面达成或证明的缔约国可以依据第 11 款在签名、批准或加入时做出一项声明，本公约第 10 款、第 27 款或第 2 部分允许以任何不同于书面的方式订立一份销售合同或对其进行修订、废止，或进行任何发盘、接受或其他意向表示的任何条款，均不适用于参与方任何处于做出此项声明的缔约国境内的交易地点。

第 18 款：

（a）发盘人在电报或信函内规定的接受期限，从电报交发时刻或信函所示日期起算，如信中无此日期，则以信封所示日期起算。发盘人以电话、电传或其他即时通讯方法规定的接受期限，从发盘送达受盘人时起算。

（b）如果是因为接受期限的最后一天正逢受盘人交易地点的官方假日或非工作日而不能在受盘人地址交发接受通知，这一期限则顺延至下一工作日。期间的计算应将在一段连续时间内出现的官方假日和非工作日包括在内。

第 19 款：

（a）要使逾期的接受仍然具有效力，则需要发盘人就此毫不迟延地以口头或发送通知的方式向受盘人告知这一意愿。

（b）如果构成逾期接受的信函或文件证实只要传递正常就能在规定期限内送达发盘人的事实，这份逾期的接受就是一份有效的接受，除非发盘人毫不迟延地以口头或发送通知的方式将其对发盘已经过期的判断告知受盘人。

第 22 款：

为达到本公约第 2 部分的要求，发盘、接受通知书、或任何其他的意向表示均应"送达"收件人，通过口头通知或任何其他方式送交其本人、其营业地点或通信地址，如果没有营业地点或通信地址，就送交其常驻场所。

第 32 款：

如果卖方有义务移交货物单证，就必须根据合同要求的时间、地点和方式进行移交。

7.4.7　支付

国际商会（ICC）

第 4 款：

与托收业务相关的银行对任何在传递报文、信件或票据中的延误和/或遗失，或对任何电报、电传的发送、或由电子系统进行的通讯所发生的延误、残损或其他错误，或对技术条款的翻译或解释错误所发生的后果均不承担责任或义务。

7.5　环球银行间金融电信协会（S. W. I. F. T.）数据传输系统

S. W. I. F. T. 系统是为了让参与的银行访问计算机化的国际金融网络而设计的，系统为现在通过邮件、电传或电报传输银行业务报文提供通讯服务。它原来是为外汇交易业务而设计的，速度方面的性能是基本要求。S. W. I. F. T. 对报文的发送方和接收方都要进行鉴别。S. W. I. F. T. 会保留全部的交换信息。

用户要签署一项协议，其中特别规定：

"对于团体的加入，签字人需要另行做出声明，称其为构成并维护该团体系统的有效运行，准备联合该团体成员和通过同一集线器相连的该团体系统用户作为该项协议的共同签字人，并对其境外分支及其机构的相应行为应符合上述总则第 3 款规定承担责任。"

承诺中提到"为构成和维护系统的有效运行"进行"联合"，使之认可系统设定的操作规则，从而通过这种方式接受报文的内容。

所传输的信息借助于 16 进制密钥进行编码，只有信息交换的参与方才知道，并依靠软件程序对报文组成部分的每一种排列进行转换（密钥保证报文内容在传输过程中的保密性）。

第8章　装船前检验
（联合国第 27 号建议书）

8.1　概述

UN/CEFACT 分别在其 1981 年和 1982 年召开的第 14 和第 16 次会议上批准通过了第 18 号建议书"有关国际贸易程序的简化措施"，其中有不赞成使用装船前检验的建议。

在这之后，世界贸易组织（WTO）采纳了"装运前检查协定"，世界海关组织（WCO）发布了"海关诚信宣言"，并在其他国际组织的合作下，正在推进海关行政管理改革和现代化的计划。

UN/CEFACT 考虑到这些发展，负责起草了一份不赞成在通常情况下进行装运前检查（PSI）的建议书，而 WTO 的关于"装运前检查协定"则认为这类检查作为过渡措施还是必要的。

8.2　建议

1999 年 3 月，UN/CEFACT 在其第 5 次会议上通过了建议书第 27 号，其建议如下：

UN/CEFACT 认为过度的行政管理和官方手续会对贸易构成非关税贸易壁垒，而这就可能引起延误和额外成本。注意到一些要求在装运前对货物进行检验的政府均来自出口国；以及收回早先不赞成使用装运前检验的建议书，建议装运前检验（PSI）不应成为一项法规性质的要求。

8.3　对于装运前检查的说明

一百多年以来，民间机构的买方和卖方一直借助于装运前的货物检查措施，以确保交易货物的数量和质量符合销售合同的约定。

在最近的 25 年间，在一些进口国，这一纯粹的商务措施被列入官方法规，尤其是在海关及其他官方机构被认为效率低下的国家（因而损害了税款的征收并会滋生舞弊和欺诈）。

造成延误和成本增加、有时还要陷入繁琐的程序，这些都是 UN/CEFACT 收到的有关装运前检查的负面影响报告，早在 1976 年，就已经观察到 PSI 对国际贸易便利化的努力起到的是相反的作用并保证会采取措施予以矫正。

1981 年 9 月，UN/CEFACT 工作会议批准通过第 18 号建议书"有关国际贸易程序的简化措施"。

对这一问题进行讨论的结果，工作会议通过了一项关于"不赞成进行装运前检验"的建议措施，具体表达如下：

"对货物进行装运前检查与植物检疫、卫生防疫和动物监管的目的不同，当前增长的趋势引起了严重的关切，因为这一形式意味着成本和延误。这一措施应当予以阻止。在对检查有正当需要时，相关管理机关应接受由出口国官方监管机构签发的证书。"

作为对贸易便利化建议书持续检查的一部分，注意到使用装运前检查有了实质性的增长，并考虑到装运前检验问题中的主要影响，经过在包括世界海关组织、世界贸易组织和国际商会在内的国际会议上的发起论证，UN/CEFACT 同意就此议题采用一份单独的建议书，重申其先前的立场并考虑当前的发展，特别是批准通过的 WTO "装运前检验协定"、WCO "海关诚信宣言（阿鲁沙宣言）"，以及由 UNCTAD 开发的有关海关业务的第 19 号贸易便利化建议书。

所以，本建议书的目的在于为 UN/CEFACT 重申其对于装运前检验的关切，对 WTO 和 WCO 的文件，以及 UNCTAD 关于这一议题的建议书予以支持，并通过建议对 PSI 的使用规定期限来加强引导。

第9章　统一标识编码方法 UNIC
（联合国第8号建议书）

9.1　概述

在 1978 年 2 月举行的 UN/CEFACT 国际贸易便利化工作会议第 7 次会议上同意批准第 8 号建议书"统一标识编码方法（UNIC)"。第 8 号建议书为每一国际贸易的业务处理都规定了一个唯一的代码，将货物和单证联系起来，并在可行的情况下，以新的代码取代其他标识方法。

国际贸易便利化工作会议在 1991 年 9 月举行的第 34 次会议上通过了以下建议：

（a）建议在各个不同阶段进行国际贸易业务处理的相关参与方使用根据下述规则所产生的"统一标识编码方法"；

（b）建议政府和各国贸易便利化机构：

- 促进唯一标识代码方法的应用，例如，通过在相关国家的官方或民间的单证处理流程中予以采纳，包括用于国际贸易的国内标准单证体系、贸易数据交换报文、并可用于货物运输标志；
- 就实行第 8 号建议书所采取的措施予以通报。

工作会议还要求欧洲经济委员会执行秘书向其他联合国区域经济委员会的执行秘书发送本建议书，请他们向各自区域的相关政府进行转发。

在国际贸易中，从订购到交货业务处理的每一阶段所涉及的参与方都会产生和收到大量的代码，这些代码不仅显示在单证上，还为 EDI 报文及运输标志所引用。

维持如此大量的代码完全是一种资源密集型的作业，在转换或传输时极易出错；在无法确定所需代码引用无误的情况下，识别也可能就成为一项极为复杂的操作。此外，在实际业务中，无论是要将货物上的运输标志与单证上的代码对应关联，还是要在各种运输方式中作为通用标识，数量众多而且结构各异的代码用起来都非常困难。

除这种因素之外，还主要发生在与传统的单证处理流程进行连接的环节上，现在必须考虑电子数据交换（EDI）和传输技术在许多企业和外贸机构中都已经并将继续取代传统单证处理工作。作为主导信息的关键，EDI 需要统一的编码方法，同时，如果所有参与方都寻求为具体用途和操作以自行生成的代码迭代信息，贸易统一体系的最佳效益就无法实现。

考虑到这样的因素，UN/CEFACT 修订了第 8 号建议书，并努力开发一个统一的托运货物代码（UCRN），以取代国际和国内贸易参与方所使用的大部分代码为目标。推出的代码必须唯一并容易识别，遵循现有国际标准并与单证和报文中的标准字段兼容。只有在生成的代码不会引发风险的情况下，才会支持国际贸易事务处理不同阶段的参与方减少当前所用代码的数量和种类。

可以理解，参与方不希望废止他们自己的代码体系，除非推行的体系具有结构唯一并得到国际认可的应用潜力。有鉴于此，并考虑到长度为 17 位字符的 UCRN，建议修改"唯一存取代码"概念。由于"唯一存取代码"这一名称已为 UNTDED（贸易数据元目录）所用并针对不同的用途，因此，第 8 号建议书更名为"唯一标识编码方法（UNIC)"。

9.2　UNIC 的范围

"唯一标识编码方法（UNIC）"是一个无重复的代码体系，用于参与方之间作为对贸易业务处理和/或托运货物进行编码的一种规则。其目标是减少代码的数量和形式差异，而无意用作产品的标识方法。

UNIC 的结构结合了许多需求，否则就无法取代所有其他贸易编码体系中的大多数。UNIC 体系一旦确立，其灵活性允许所有各方各自的内部用途维护其编码体系（就像所期望的，用户会抽时间从现行系统转用 UNIC）。

UNIC 可以应对贸易业务和托运货物中的下列各种情况：

（a）一票托运货物构成的一笔交易。在这种情况下，UNIC（通常由买方或卖方生成）就是这笔交易的唯一代码，并且还能用于标识这票托运货物。

（b）多票托运货物构成的一笔交易。在这种情况下，最初（标识这笔交易）的 UNIC 因为不能保持唯一性而不能再被用于标识单票托运货物。因此，需要建立新的 UNIC 以标识这些托运货物。可由买方、卖方或服务提供方生成新的标识托运货物的 UNIC，而代码的局部可以与这笔交易最初的 UNIC 进行关联。

（c）多笔交易构成的一票托运货物。在这种情况下，对每笔交易都单独确定各自的 UNIC 所进行的标识因无法保持唯一而不能再被用于整票托运货物。因此需要确定一个新的 UNIC 作为主要代码来标识整票托运货物。该票托运货物的 UNIC 可由买方、卖方、或服务提供方生成，并用于查询该票货物。

当一笔交易在契约责任方面发生变更时，则需分配一个新的 UNIC，可以与最初 UNIC 进行关联的某种方式对其进行构造。应向相关各方通知这一变更。当一笔交易由多票托运货物组成，并且这些托运货物中的一票或多票被买方改交另一参与方时，标识最初交易的 UNIC 应保持不变。

当一票托运货物发生了实际变化并有必要进行额外的运输，就应编制一个新的 UNIC。但是，如果该票托运货物的构成和内容未变而发生了所有权的转移，其 UNIC 则应保持不变。

对商定程序不可预见的变更，如不可抗力，或其他对单票托运货物的类似变更，都不应影响该票货物的 UNIC 代码。

9.3　术语和定义

第 8 号建议书使用以下术语和定义：

交易

一笔交易就是由双方或多方之间的一项契约，经买卖双方商讨并随之达成货物供应或相关服务（如保险或金融服务）的合同。一笔交易可能构成一票或多票托运货物/服务。

托运货物

一票托运货物是为只按一份运输单证或电子报文进行发货而与实际调配或置备货物的关联。货物本身可按整票编码，也可针对整票中的部分货物进行编码。在某些情况下，一票托运货物可以包含多笔交易项下的货物。

9.4　UNIC 的结构

　　UNIC 取代"唯一存取代码"（CAR）并由 3 个贸易数据元目录（UNTDED）中的数据元构成，只能以字母数字型字符组成，不得使用标点符号或其他标记。其结构由 GB/T15191"贸易数据元目录"中的 3 个数据元 3055、3039、和 1154 组成，具体表示如下：

1. 3055　　　代码表负责机构，代码型　　　　　　an..3
2. 3039　　　参与方标识，代码型　　　　　　　　an..17
3. 1154　　　参考号　　　　　　　　　　　　　　an..35

　　在 UNIC 中，数据元 3039 和 1154 的长度如上所述将受到限制。

　　UNIC 在基于联合国单证格式（UNLK）的单证上显示时，应将其分置 2 行（对应 UNLK L 06 和 L 07）并在 UNLK 中位于 P 63～80，数据元应以斜杠（/）加以分隔，每一斜杠占用 1 个字符位置。

　　当使用 UN/EDIFACT 标准进行电子数据交换时，应对 UNIC 进行必要的限定。

　　以下为 UNIC 中用到的每一数据元的功能说明：

　　（a）3055　代码表负责机构，代码型，是一个由 3 位字符组成的代码。该数据元标识了分配给参与方代码的机构。这个机构代码已为 UN/CEFACT 秘书处所分配的代码表所收录。

　　（b）3039　参与方标识，代码型，通常应当限制在最长 13 个字符以内。但是，如果调整代码（1154）的长度，使 3039 和 1154 的总长不超过 30 个字符（不包括斜杠），3039 就可能扩充到最长 17 个字符。

　　（c）1154　参考号，最长限制为 17 个字符，进一步限制取决于上述参与方标识的长度。该数据元对参与方标识代码所对应公司的贸易事务处理或托运货物进行唯一标识。这个代码应当由以上代码的对应公司设定和管理，并且在该公司内部必须是唯一的代码。

　　在一个稳定多群体或参与方都能同意使用较短代码的特定环境中，就只需使用参与方标识代码（3039）和参考号（1154），或只需使用参考号（1154）。

9.5　UNIC 应用示例

　　以 3 个数据元的组合构成 UNIC：

XXX/XXXXXXXXXXXX/XXXXXXXXXXXXXXXXX

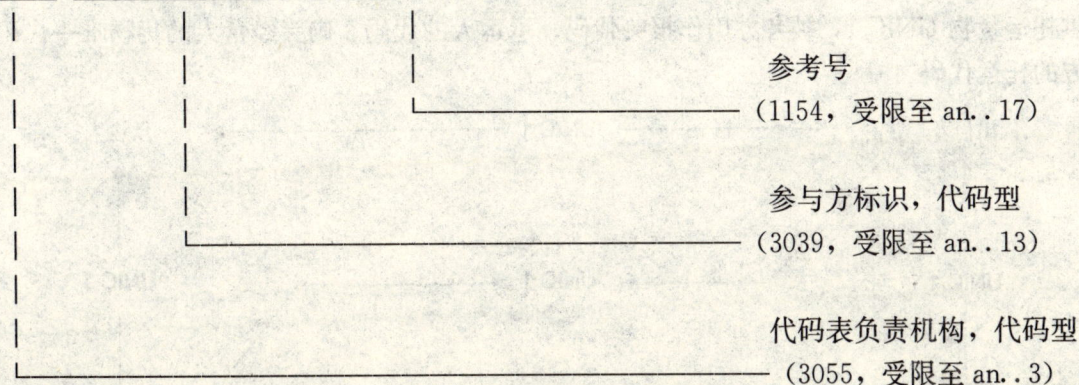

参考号
（1154，受限至 an..17）

参与方标识，代码型
（3039，受限至 an..13）

代码表负责机构，代码型
（3055，受限至 an..3）

　　在参与方标识代码必须超过 13 位字符的限制扩充到最长可达 17 位长度的情况下（以法国 SIRET 代码为例），参考号（1154）的最大长度就必须相应缩短：

SIRET　　　（法国）
<u>XXX</u>/<u>XXXXXXXXXXXXXX</u>/<u>XXXXXXXXXXXXXXXX</u>
　3　　　　　　　　　　14　　　　　　　　　　16

设想编码机构要求的参与方标识代码超过 13 位字符，而公司却未必会用足 17 位字符的编码。

对于许多组织，尤其是要用于单证处理的情况，采用 35 位字符的编码可能就是不必要或不愿意的。对现行 17 位字符则可考虑使用以下建议方案：

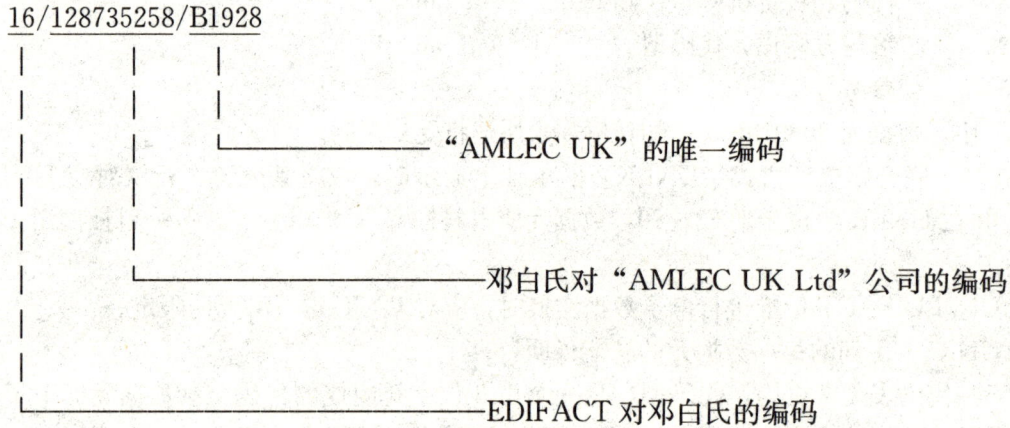

<u>16</u>/<u>128735258</u>/<u>B1928</u>

　　　　　　　　　　　　　"AMLEC UK" 的唯一编码

　　　　　　　　邓白氏对 "AMLEC UK Ltd" 公司的编码

　　EDIFACT 对邓白氏的编码

为内部对应 "AMLEC UK Ltd"，或在参与方之间商定的情况下，只需引用 UNIC 的一部分（B1982）即可。然而，重要的是应当注意到，虽然 "AMLEC" 不在 UNIC 中使用 35 位字符，这全部 35 位字符也必须照顾到由第三方提供编码的情况。

如果上述交易的 UNIC 由 3 票托运货物组成，就可由买方、卖方或服务提供方与交易 UNIC 最初的分配方（AMLEC UK Ltd）商定生成新的 UNIC。这些新标定的编码应当与该笔交易最初的 UNIC 逻辑相关，建议按以下方法：

16/128735258/B1928	—	该笔交易的 UNIC
16/128735258/B1928C1	—	第 1 票托运货物
16/128735258/B1928C2	—	第 2 票托运货物
16/128735258/B1928C3	—	第 3 票托运货物

示例 1：

在本例中，出口方完成了海关出口单证编制，还雇佣一个承运人实际运输货物。该出口方已经提供托运货物 UNIC 1，被各方用作报关代码、承运人的代码、码头经营人的货物唯一代码以及出口方的托运代码。

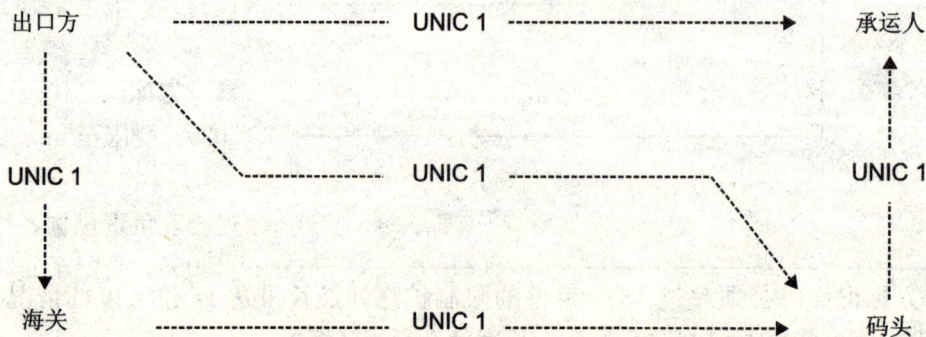

货物订舱/确认 UNIC 1，　　　　　　　出口方———→承运人

海关数据录入/受理 UNIC 1，　　　　　出口方———→海关

接收货物作业和港口库存系统录入 UNIC 1，　出口方———→码头

离境货物录入 UNIC 1，　　　　　　　　海关———→码头

通知 UNIC 1，　　　　　　　　　　　码头———→承运人

对比现行编码体系，使用 UNIC 可将编码从 4 个减到 1 个。

示例 2：

在本例中，给出一笔信用证交易的流程，涉及开证行、通知行、出口方和进口方。虽然不会有协议，当前可能是由开证行产生 UNIC。随着 EDI 的发展，就认识到出口方或进口方可以将 UNIC 代码作为信用证开立申请的一部分通知开证行。

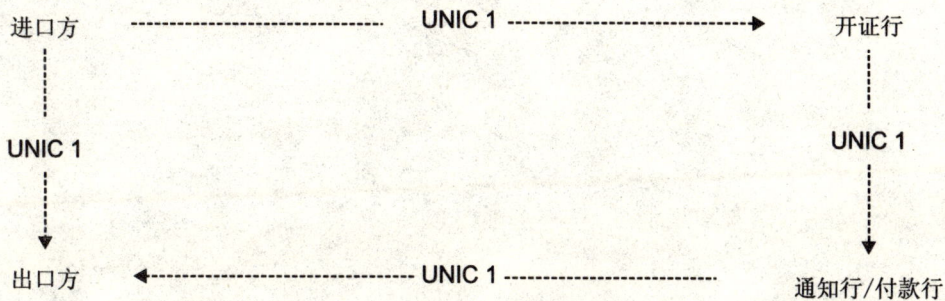

进口方 ------- UNIC 1 -------→ 开证行

UNIC 1 (进口方→出口方)

UNIC 1 (开证行→通知行/付款行)

出口方 ←------- UNIC 1 ------- 开证行

出口方　　　　　　　　　　　通知行/付款行

申请	进口方	———→开证行
信用证	开证行	———→通知行
开立信用证	通知行	———→出口方
出口单证	出口方	———→通知行/付款行
收货通知	进口方	———→出口方

注：将来，出口方（或进口方）就可以产生满足这一流转及银行事务处理的 UNIC。对比现在的编码体系，使用 UNIC 将编码数量从 12 个缩减到 1 个。

示例 3：

在本例中，3 个出口方使用 1 个拼装货运服务代理办理所有海关手续。该货运代理随后将托运货物（UNIC 1、UNIC 2 和 UNIC 3）转交给一承运人实际运输经拼装并重新标识为 UNIC 4 的货物。一旦进口方的货运代理收到 UNIC 4 并办完清关手续，就会按照 UNIC 1、UNIC 2 和 UNIC 3 分解并分送到各个进口方。就本例而言，还并未意识到将进口港的海关或港务当局都纳入其中的必要性。

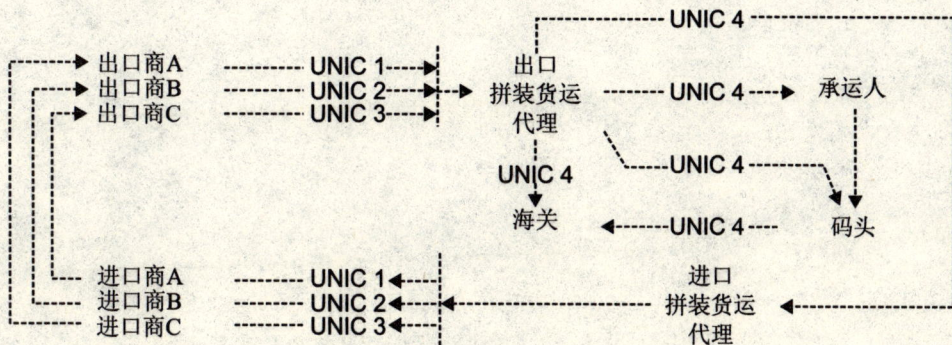

出口商A ——— UNIC 1 ——→ 出口拼装货运代理 ——— UNIC 4 ——→ 承运人
出口商B ——— UNIC 2 ——→
出口商C ——— UNIC 3 ——→

UNIC 4 ——→ 海关

UNIC 4 ——— 码头

进口商A ←— UNIC 1 —— 进口拼装货运代理
进口商B ←— UNIC 2 ——
进口商C ←— UNIC 3 ——

货物订舱/确认，	出口方 ——————→ 出口货运代理
成组货载订舱/确认，	出口货运代理——————→ 承运人
海关出口数据录入，	出口货运代理——————→ 海关
接收货物作业和港口库存系统录入，	出口货运代理——————→ 码头
离境货物录入，	码头 ——————→ 海关
货物确认通知书，	出口货运代理——————→ 进口货运代理
货物分解，	进口货运代理——————→ 进口方
到货确认，	进口方 ——————→ 出口方

对比现行编码体系，使用 UNIC 将编码数量从 19 个缩减到 4 个。

第 10 章　联合国贸易单证样式 UNLK（联合国第 1 号建议书）

10.1　概述

联合国贸易便利化与电子业务中心（UN/CEFACT）建议书第 1 号给出了联合国贸易单证样式，同时给出了这些单证中代码位置的规则，并且解释了联合国基准贸易单证系统。

国际贸易便利化工作是由欧经会（ECE）特别工作组 TC154 负责推动，在其工作中得到了许多负责国际贸易交易各个特殊环节的各国际组织的帮助。

ECE 和联合国贸易和发展会议（UNCTAD）秘书处在这个方面进行了紧密的合作，并且由从事国际贸易便利化工作的两个秘书处将签发的系列基准单证呈现给公众。

由从事国际贸易便利化工作的特别工作组在其 1981 年 3 月召开的第 13 届全会上同意采纳单证样式和代码在单证中的位置两个建议书。

1960 年 10 月 ECE 贸易开发委员会决定成立一个特别工作组以便检查这些正在起草的其目的在于减少、简化和标准化外贸单证的建议书。

特别工作组在其 1961 年 8 月的第一次全会上商定，为了使各个国家在标准化上采用相似的方针，必须准备一个国际标准样本格式，该格式能够包括外贸单证中所须的所有数据元，以及将这些数据元放在特定的位置。在商定好纸张大小之后，准备了一个包括格式设计原则和所列出的数据项的样本格式草案，并且提交给各国政府和关注此事的国际机构征求意见。

根据各方所表达的观点以及经过专家广泛协商之后，特别工作组在 1962 年商定推荐一个根据全会讨论的结果所起草的修订样本格式。

在 1963 年 10 月的第三次全会上，特别工作组考虑了来自各国政府和政府间国际组织的意见回复后，得出如下结论：该修订样本格式能够作为简化的和标准化的出口贸易单证样式。

在 1963 年到 1969 年间，ECE 样本格式先后被国际航运协会（1963）、银行协会（1963）、国际邮政联盟（1963）、海关合作理事会（1965）、国际货运联盟（1967）、国际铁路运输中央办公室（1967）、国际公路联盟（1969）采纳并相继推荐到各种已建立的单证中。在此期间基于 ECE 单证样式的基准格式被介绍给 ECE 的各成员国。

在 1969 年 4 月，在注意到这些单证在国际接受方面所取得的进展之后，欧经会采纳了第 4 号解决方案，该方案建议"在设计与国际贸易相关的单证时应考虑使用 ECE 单证样式。"欧经会还为在国际广泛合作之下进行的程序和单证简化与标准化工作起草了经济与社会注意事项。

在本建议书发布之后，许多国家建立了简化团体，以便在国家层面上推进这项工作。在单证样式向世界主要贸易活动领域扩展应用之后，UNCTAD（联合国贸易和发展会议）建立了一个独立的秘书处来推进全球范围的简化工作的合作。

自从单证样式在 1963 年被采纳之后，自动数据处理（ADP）和数据传输领域的快速进展引起了某些文献开发过程的关注，这些关注包括与新技术匹配的程序可能导致全球各应用领域应用系统之间的不兼容；另外，单证样式可能不适合 ADP 应用。根据一些国家和组织的经验，可以确认单证样式系统真正适合于上述应用，同时也适合于传统方式，感觉把它推荐作为国际贸易单证表示的基础公正而又适当，不论这些单证是否以自动方式、传统方式、非自动方式进行处理。

在本语境中，特别工作组注意到在国际贸易中使用的不断增加的单证已经作为输入到 ADP 系统或从 ADP 系统获得单证的基础。因此，可以得出结论：在贸易单证中含有的信息如果以代码的形式给出的话可以在 ADP 系统中以快速和节省的方式处理。然后开始讨论和准备代码型数据元的位置规则。

通过这些开发以及对基准贸易单证在国家和国际层面上进展进行回顾，使得国际贸易便利化特别工作组能够在 1973 年采纳两个建议书：第 1 号建议书是 ECE 贸易单证样式（在 1963 年确认采纳单证样式，并且建议政府和有关组织努力将所有对外贸易单证与该样式看齐）；第 2 号建议书是在贸易单证中代码的位置。

在 1975 年的一个特别会议上工作组注意到 ECE 基准单证样式已经被许多 ECE 以外的国家引入，这些国家包括像澳大利亚、日本、新西兰这样广泛关注世界贸易的国家，同时工作组也注意到迫切需要通过给出国际标准来简化通用的国家系统。

1978 年 ECE 满意地注意到"1963 年由 ECE 专家商定的并由国际贸易便利化工作组 1973 年正式推荐的单证样式已经在世界范围内被广泛接受，使得它能够作为'联合国贸易单证样式'。"

1979 年特别工作组商定本建议书应由联合国签发后发布，并且建议书的文本应把第一号建议书和第二号建议书的文本结合起来。特别工作组还定义了"联合国基准贸易单证系统"，并且商定合并系统描述。

由于其应用的灵活性，可以在比 1963 年更大的范围使用单证样式，而无须任何变化。然而，在 1981 年给出的单证样式版本中对标识术语栏进行了一定变化，反映了数据元标准化的发展。另外，还对解释性的注释进行了更新。

10.2　范围和应用领域

该建议书的目标是为在国际贸易和运输中使用的单证标准化提供一个国际基准，同时为像单证表示这样的可视显示提供一个国际基准。

该建议书适用于与行政、商业，以及对外贸易中生产性和分配性活动有关的单证设计，这些单证可以由手工完成，也可以由像打字机和自动打印机这样的手段完成，还可以通过复制完成。它适用于描述单独发货（或打包成组的发货，如集装箱装载的货物）的单证，而不是列出运输工具总装载（如：货运清单）的单证；考虑到后者的文件类型，单证样式还能用于货物描述。虽然单证样式主要适用于货物贸易所使用的单证，但它也能适用于不涉及货物交易相关部分的单证。

单证样式打算作为基准单证设计的基础，这些单证在使用复制的方法制作单证时使用一个主单证；它还适用于在 ADP 应用中可视显示表示的样式。

10.3　术语和定义

该建议书使用下列术语和定义。

（1）A 型—纸张规格 A-sizes

在 ISO 216：1975 中规定的一系列实际纸张的规格。

注：实际纸张的长边和短边之间的比例关系为 1.414：1.000

（2）地址栏 address field

为姓名和/或地址保留的一个格式或信封区域。

（3）字符 character

供组织、控制或表示数据的元素集合中的一个元素。

（4）字符间距 character spacing

同行相邻字符对应垂直中心线之间的距离。

注：办公计算机一格的宽度

（5）代码框 code box

数据栏中为代码型数据项指定的区域。

（6）代码型数据项 coded data entry

用代码表示的一条数据。

（7）列 column

以竖直序列表示数据记录的区域。

（8）数据 data

信息的可重复解释的形式化表示，以适用于通信、解释或处理。

（9）数据载体 data carrier

为存储和/或传输数据指定的数据媒介。

（10）数据项 data entry

数据载体中所输入的数据。

（11）数据栏 data field

为特定数据项指定的区域。

（12）描述性数据项 descriptive data entry

用普通语言以完整或缩略形式表示的数据项。

（13）单证 document

一种数据载体及其所记录的数据，通常具有永久性并可为人或机器读取。

（14）单证代码 document code

以代码形式表示的单证标识符。

（15）单证标识符 document identifier

规定了单证功能的文本或代码。

（16）单证名称 document name

以普通语言形式描述的单证标题。

（17）栏目代码 field code

以代码形式表示的栏目标识符。

（18）栏目标题 field heading

用普通语言以完整或缩略形式表示的栏目标识符。

（19）栏目标识符 field identifier

在数据栏中规定了该数据属性的文本或代码。

（20）格式 form

为传送数据项的可视化记录而指定的一种数据载体。

（21）格式设计单 forms design sheet

样式表的一种应用，在含有边缘指示符和指出印刷规则位置网线的格式设计中该样式表准备用来帮助取代这些规则和预印刷。

（22）纸夹空白区 Gripper margin

印刷机或复印机为纸夹留出的与格式的一边平行的空白区。

（23）图文区 Image area

一个预先确定的区域，在该区域内能够进行信息的复制、储存或传输。

（24）ISO 的纸张规格 ISO-sizes

在 ISO 216—1975 规定的纸张规格。

（25）样式表 Layout chart

配有标尺以及其他指示器的一张表，标尺和指示器与通常的办公和数据处理中使用的主要字符印刷机特征一致。

（26）样式 Layout key

一种形式文件，以集成方法为文件中展现某些表述预先定义指定空间。

（27）行距 Line spacing

相邻的两行基线之间的距离。

（28）空白区 Margin

格式的一边和其相邻图象区之间的距离。

（29）主单证 Master

为制作其他单证而准备的一个单证，其他单证可通过对该单证完整或部分数据进行复制或复印而获得。

（30）一对多复制方法 One-run method

把记录在主单证上的所有或部分信息传输到构成一个或多个配套格式上所进行的复制处理。

（31）序号数据项 ordinal data entry

用于对一个单证或一个数据项进行标识或分类和排序，而不进行数量计算的数据条目。

（32）数量数据项 quantitative data entry

用来作为数量计算的数字型数据项。

（33）顶部空白区 Top margin

格式上部的空白区。

（34）实际尺寸 Trimmed size

一张纸的实际规格。

10.4　描述

纸张规格——样式的纸张规格为 ISO 中规定的 A4 型纸：210mm×297mm。基于这一样式所设计表格上的有效图文区为：183mm×280mm。在某些国家，尤其在北美，通常在贸易单证中使用的纸张规格为 216mm×279mm，对于这种规格单证的通用图文区尺寸为：183mm×262mm。

间距尺寸——单证样式的基本间距尺寸（行间距为 4.24mm，或 1/6in，字符间距为 2.54mm，或 1/10in）符合在制作表格时大多数机器所使用的行间距和字符间距，这些机器包括打字机、计算机高速打印机，以及其他自动字符制作设备和光学字符识别设备。

各边和设计原则——单证的顶部预留 10mm 空白边，左边预留 20mm 空白边。设计原则基于 ISO 3535—1975"格式设计单和样式表"，该标准使用标准的列的宽度，适用于预设置标准制表位置。

设计考虑——通常都基于"框式设计"原则进行样式设计。为使用开窗信封，收件人地址区处于邮政机构可以接受的一个区域。经与有关各方会商，从技术、法律、商务、行政及实务角度进行了综合考虑，才确定了样式中出现的其他项目的位置。样式下方的"自由处置区"则是为迎合个性化应用的特定需求所设。

应用原则——下列原则适用于以单证样式为基准的格式设计：

（1）在单证样式中规定的数据元应被放置在所设计表格的对应区域。

（2）在单证样式中没有规定的数据元应被放置在"自由处置区"。

（3）可以不重视（考虑）在单证样式中规定的但在所设计表格中没有要求的数据元，并且对应的用于其他目的的区域与"自由处置区"相同，见5.2"自由处置区"。

（4）"自由处置区"（包括5.3提到的）可以根据特殊设计考虑如果该表格将成为基准系列或者用于一对多复制应用。在可复制的原文件中可能包括任何内部数据元时，设计者必须考虑他们，并将其放置在适当位置，所有出现在国际、地区、或国家单证样式或标准格式中的相关项应当适用于所设计的基准单证。只有注释、邮票，以及类似的条目在进行表格的一对多复制后才被放置。

（5）如果自由处置区用于其他数据栏目的扩展，应当考虑那些自动办公程序是基于基准单证的贸易伙伴间产生的问题。如果他们接收到所包含的数据栏目大于联合国单证样式或相关的数据标准所设置的栏目，他们可能无法在各自的系统中交换他们对应的数据条目；在这种情况下，应当在所涉及的贸易伙伴间采取适当措施进行协调。

（6）在单证样式中的标识符指出了在该栏目中所包含信息的一般属性。数据栏可以根据各种已开发的国际单证中出现的实际情况进一步细分。例如，可以为出口商的代理在出口商栏目的底部给出一个区域，为了适应各种规定行程位置、运输方式和运输工具等的数据元，可以对运输事项栏目进行细分。"货物描述"区的高度可以根据需要通过升高或降低虚线来调节。在两个数据元之间设置的"毛重——体积"以及"净重——值"的顺序可以保留。

（7）当根据单证样式起草一份单证时，对于单证样式框架的允许误差有一些疑问，建议与国家贸易程序简化机构进行联系，或者与 UNCTAD 在瑞士日内瓦的贸易简化特别程序工作组联系。

10.5　数据元

下面列出单证样式的栏目标题。描述部分用来解释将在对应数据栏中填入数据的属性。

发货人（出口商）

该栏目用来表示货物的发送方或单证的发起人的姓名和地址。

收货人

该栏目用来表示与国际邮寄规范一致的收货人的姓名和地址，以便使用窗口信封。

通知方地址或交货地址

如果在海运中托运货物上标有"定货通知"，则需要一个通知方地址。如果没有，该区域可用来规定与收获人地址不同的交货地址。

运输事项

该栏目用于运输的描述，它包括所涉及运输链的地点、运输方式和运输工具等。

日期和参考号

如果没有其他规定，这里的"日期"指的是在单证中出现的该单证的签发日期。参考号指的是每套单证通用的号码或符号。它可以是订单号，或发票号等。在该栏目中，将要输入的其他日期和号码要么是单证制作时间，要么是后续的参与方接管单证的时间。这些项的顺序可以更改。

买方（如果不是收货人）或其他地址

经常有货物送到一个地址而单证送到另外一个地址的情况出现。在这些情况下，收货人栏目用于填写货物所要求的地址，而运输单证除外，运输单证地址栏目用于填写另外一个发送的地址（买方地址），如：发票的地址。

国家情况

由于统计或其他需要，可填写货物原产地国、发货国和目的地国的信息。如不需要填写国家名称时，此区域可以用于其他目的，如用于指明许可证号码；也可将交货和付款条款增加到该栏目。

交货和付款条款

该区域通常用于指出所规定的交货时间、交货条款、付款条款、保险事项等。

运输标志和集装箱号码

该栏目用于按照联合国第 15 号建议书"简单运输标志"标识货物（和货物集装箱）以及与货物有关的单证这样的特殊需要。如果货物标用收货人地址进行标志，该栏目应由像"收货人"或者填写整个收货人地址这样的表示来指明。

包装种类和数量

样式中没有为这些数据元预留列的宽度，由于必须有足够的宽度来填写最大包装数，而它又很少出现，因此没有必要减少货物描述的空间。建议制单时，可以根据实际需要，将该信息与货物描述区分开。

货物描述

该栏目使用通用的贸易术语对货物进行描述，如果可能应使用海关或货物运价表所使用的术语。货物的详细说明可在"自由处置区"填写。

商品编码

通常情况下，采用与商品统计或关税有关的号码，因此，这些号码的第一个数字是通用的。

毛重

该栏目用于货物和货物装卸。与净重设在同一列内进行表示，但用虚线进行分隔。

体积

该栏目用于指出货物在运输中所占的空间。其位置应在毛重旁边。

净重

该栏目给出净重及统计需要的在相关商品表或关税表中规定的其他数量。

价值

该栏目主要用于统计目的。在大多数国家出口统计基于 FOB 的价值，而进口统计基于 CIF 的价值。

自由处置区

该区域用于填写像附加信息这样的在规定的栏目中不能包括的内容。使用时每一具体项目需占多少位置，可用虚线分隔。

认证（签署）

该栏目除了用于签署或其他认证证明之外，还用于填写与单证的签署或认证有关的地点和认证日期等相关信息。

10.6　代码位置的规则

下列规则适用于国际贸易单证中所表示的单证代码位置、数据栏代码（标记）位置以及代码型数据项的位置。

单证代码的位置

单证代码应放置在紧靠单证名称前或代替单证名称。

栏目代码（标记）的位置

如果使用数据栏目代码，重要的是要避免与代码型数据项混淆。因此栏目标记应放置在栏目标题（数据元名称）之前，或代替栏目标题在数据栏左上角开始的位置。

代码型数据项的位置

在框式数据栏中，代码型数据项应置于该数据栏的右上角。可以使用短的竖线将代码框中的代码型数据项与剩下的数据项分开。

在分列式数据栏中，代码型数据项应放置在栏目代码（标记）下以纵向顺序排列。必要时前置一顺序编号（项号）。

当以代码型数据输入 ADP 系统这样直接使用形式给出顺序和量化的数据项（如：日期、毛重、量、价值、集装箱号）时，没有必要在特殊代码框中重复它们。

示例：

710 BILL OF LADING（提单）或 710

BILL OF LADING（提单）

框式数据栏

栏目标题：

单证日期：

栏目代码：

BN

描述性数据项：

1993 年 2 月 5 日

代码型数据项：

	19930205

完整栏目框：

BN 单证日期 1993 年 2 月 5 日	19930205

分列式数据栏

在分列式数据栏中，代码型数据项应在栏目代码下以纵向顺序排列。必要时前置一顺序编号。

1492 行号	8260 集装箱号	8154 集装箱类型／尺寸	7224 包装号	6292 毛重
	EACU1234567	1020	1	8
001	EFGU8902345	2040	1	050
	IJKU6789012	1540	1	3
002				100
				5
003				200

序号数据项　　　　　　　　　　　　　　数量数据项
（编号）（标识）（分类）　　　　　　　　　　（计算）

注：上述示例仅作为说明而没有规定不同框和列的准确尺寸。源自 ECE/UNCTAD 贸易数据元目录的数字标识符
（标记）作为栏目代码使用。

10.7　联合国基准贸易单证系统

联合国单证样式将作为各种从属生成的国际和国家单证样式的基础，同时也作为国际和国家建立标准格式的基础。最终将在公司这一层使用基准单证和格式。

通过观察有关规则，认真考虑各层之间独立性和关联性的层次结构，能够成功地校准那些导出的单证样式和格式，而各层次结构在后面的图中给出，并在注释中给出解释。图中虚线框描述了作为格式设计基准而不是作为实际单证的样式，而实线框指出了将用于完整格式的国家主要单证、标准格式或其他作为实际单证的基准格式。

原则上，如果在高层上不考虑现有的单证样式、主要单证、或标准格式将无法进行格式设计；相反，如果在中间层没有适用的强制性的单证样式、主要单证、或标准格式，一个公司能够以联合国单证样式为基准直接设计一个基准格式。

国际或地区单证样式

国际或地区单证样式是一些政府间或非政府标准（大部分为可选型），这些标准根据联合国单证样式给出了数据元，并且这些标准指导特殊应用或行业应用所共有的数据元布局。

国际或地区单证样式将作为特殊应用或行业应用中使用的基准格式设计的基准，并且适用于One-run 系统。

举例：

——UN/ECE 第 6 号建议书"国际贸易基准发票单证样式"

——ICS "标准提单"

——CCC "货物声明单证样式"

基准国际标准格式

基准国际标准格式是一些已建立的国际性格式（大部分为强制性），这些格式根据联合国单证

样式给出了数据元，并且这些格式指导在相关条约、惯例、协议和协定中所需要的数据元布局。原则上，这些应用不允许在设计上出现任何偏差。在协议中通常包括这些标准格式模版，并且在命名上符合所填写的单证功能。

举例：

——根据 CIM 公约制定的铁路托运通知

——TIR 国际公路运输单证

——GSP 证书

——移动证书

国家单证样式

国家单证样式是一些推荐性的国家标准（强制性或自愿性），这些标准根据联合国单证样式（考虑了有关国际或地区性单证样式和标准格式）给出了数据元，并且这些标准指导国家所需要的数据元布局，以便建立一套基准贸易单证。

国家单证样式（有一套或没有基准贸易单证）通常被国家标准化机构采纳为国家标准。这些标准也可以为特殊应用由政府作为法规颁布。

举例：

——"贸易单证：用于格式设计的单证样式"（瑞典国家标准 SIS 614110，1970）

——"统一单证系统。外贸单证系统。标准格式"。（苏联国家标准，GOST6。2—1973）

国家主单证

国家主单证是一些推荐性的（强制性或自愿性）标准，这些标准根据联合国单证样式（考虑了有关国际或地区性单证样式和标准格式）给出了数据元，并且这些标准中包括了所需要的数据元。这些标准为一套基准贸易单证的基础。而这些主单证的副本能够直接用于单证制作。这些副本被称作"主单证格式"。国家主单证（有一套或没有国家基准格式）能够被国家标准化机构采纳为国家标准。这些国家主单证也可以为特殊应用由政府作为法规颁布。

举例：

——"用于国际贸易的美国标准主要单证"（国际贸易单证国家委员会，1970）

——"主要单证"（印度对外贸易研究所）

基准国家标准格式

基准国家标准格式是一些国家标准化格式，这些格式根据联合国单证样式给出了数据元，并且根据相关国家的需要被采纳。

国家标准格式通常基于国家单证样式主单证和国际或地区性单证样式，并被设计用于成套基准贸易单证中。

举例：

——国家海关录入格式

——商业发票国家标准

公司基准主单证和格式

在实际应用中，为了包括所有贸易交易所需的相关格式，使用一对多方法完成贸易单证的公司已建立了公司基准主单证。在已经建立国家主单证的国家，该主单证格式原则上可以用作公司主单证。除了强制性的国际和国家标准格式外，贸易交易所需的格式还包括许多其他格式，这些格式用于公司的特殊需要，他们含有预先印刷的公司名称和标识，有时还含有公司的特征。这些"公司格式"的详细设计留给公司自行处理。对于一般性应用格式，如：商业发票、提单等是基准中性版本的商业化应用。

下图给出了联合国基准贸易单证系统。

```
┌─────────────────────┐
│    联合国单证样式      │
└─────────────────────┘
```

国际应用

```
┌ ─ ─ ─ ─ ─ ─ ─ ─ ─ ─┐              ┌─────────────────┐
  国际地区单证样式                      │   国际标准格式    │
└ ─ ─ ─ ─ ─ ─ ─ ─ ─ ─┘              └─────────────────┘
```

国家应用

```
┌ ─ ─ ─ ─ ─ ─ ─ ─ ┐   ┌──────────────┐   ┌──────────────┐
   国家单证样式          │   国家主单证   │   │   国家标准格式  │
└ ─ ─ ─ ─ ─ ─ ─ ─ ┘   └──────────────┘   └──────────────┘
```

公司层面

```
┌───────────────────────────────────┐
│           公司单证及格式              │
└───────────────────────────────────┘
```

United Nations Layout Key for Trade Documents

Consignor（Exporter）	Date，Reference No.，etc	
Consignee	Buyer（if other than original consignee）or other address	
Notify or delivery address	Country whence consigned	
	Country of origin	Country of destination
Transport details	Terms of delivery and payment	

Shipping marks；Container No.；Goods description	Number & kind of packages	Commodity No.	Gross weight	Cube
			Net quantity	value

Free disposal

Place and date of issue，Authentication

Recommendation 1

国 际 贸 易 单 证 样 式
LAYOUT KEY FOR TRADE DOCUMENTS

发货人（出口商） Consignor（Exporter）	日期和参考号等 Date，Reference No.，etc	
收货人 Consignee	买方（其他收货人）或其他地址 Buyer（if other than consignee）or other address	
通知方地址或交货地址 Notify or delivery address	出口国 Country whence consigned	
	原产地国 Country of origin	目的地国 Country of destination
运输事项 Transport details	交货和付款条款 Terms of delivery and payment	

运输标志和　包装类型和件数、货物描述　商品编码 集装箱号码　Number and kind of packages；　Commodity No. Shipping marks；Container No.　　　Goods description	毛重 Gross weight	体积 Cube
	净数量 Net quantity	价值 value

自由处置区
Free disposal

认证（签署）

Place and date of issue，Authentication

中华人民共和国国际贸易单证样式（GB/T 14392—2009）

第11章　联合国口岸及相关地点代码 UNLOCODE
（联合国第 16 号建议书）

11.1　概述

在国际贸易和运输中需要进行大量的信息交换，经常会有对某个地点的位置需求，从而进行货物运输。对国际贸易中的相关地点进行唯一标识是国际贸易中一个非常重要的环节。联合国 UN/CEFACT 于 1981 年发布了第一版"促进国际贸易程序"第 16 号建议书"联合国口岸及有关地点代码"（UN/LOCODE）。UN/CEFACT 又分别于 1996 年、1998 年和 2009 年发布了第二版、第三版和第四版"促进国际贸易程序"第 16 号建议书。

联合国口岸及相关地点代码采用等长 5 位字母码，前 2 位采用 2 位字母码的国家及地区代码，后 3 位字母表示地点名称。到 2011 年联合国口岸及相关地点代码已经有近 6 万个。

"中华人民共和国口岸及相关地点代码"国家标准由我国制定发布。它是联合国口岸及相关地点代码体系的组成部分，作为 UN/LOCODE 的中国部分发布。GB/T 15514—1995 是以第一版的 UN/CEFACT 第 16 号建议书为指导，于 1995 年完成。该标准收录了至 1994 年年底为止国务院批准开放的 225 个国家一类口岸。GB/T 15514—1998 是以第二版的 UN/CEFACT 第 16 号建议书为指导，于 1998 年完成。该标准增加了国务院 1995 至 1997 年批准开放的 45 个国家一类口岸，并对 1995 版标准中个别口岸的内容进行了修改。

GB/T 15514—2008 是以第三版的 UN/CEFACT 第 16 号建议书为指导，充分考虑近些年我国国际贸易的发展和变化，除了收录 2007 年 12 月底之前所有由国务院正式批准的国家一类口岸之外，还收录了所有二类口岸以及大部分设有常驻海关机构、能够办理海关手续的地点。共收录国家一类、二类口岸及相关地点 526 个。

11.2　标准的技术说明

11.2.1　编码原则
该标准遵循科学性、统一性、实用性的编码原则。

11.2.2　代码结构
中华人民共和国口岸及相关地点代码采用等长 5 位字母码，前 2 位采用 GB/T 2659—2000 中表示中国的 2 位字母码的"CN"，后 3 位表示地点名称。

对于航空口岸，采用国际统一的 IATA 标准代码。

11.2.3　代码表结构
代码表包括代码、中文名称、罗马字母拼写、所在行政区、功能、备注 6 栏。

（1）代码

口岸及相关地点名称的代码。

（2）中文名称

口岸及相关地点名称的中文表示。

（3）罗马字母拼写

口岸及相关地点名称的罗马字母拼写，采用 GB/T 15273.1—1994 中规定的拼写形式。

（4）所在行政区

口岸及相关地点所在的行政区。

（5）功能

代码表中口岸及相关地点的功能与 UN/CEFACT 建议书 16 号"联合国口岸及相关地点代码"的功能一致，具体分类如下：

1. 港口

2. 火车站

3. 汽车站

4. 机场

5. 国际邮件交换站

6. 多式联运（例如：内陆清关地点等）

7. 固定贸易功能（例如：石油平台等）

8. 边境通道

11.3　该标准在体系中的地位、作用，以及其他标准的关系

中华人民共和国口岸及相关地点代码是 UN/CEFACT 建议书 16 号推荐使用的标准的组成部分，UNLOCODE 是 UN/CEFACT 第七个作为建议书推荐使用的代码国际标准。它也是国际贸易单证标准体系中通用信息标准子体系中的第七个标准。它的作用是唯一地标识出国际贸易运输的地点，如：CNPEK、CNTNG、CNDAG 等。该标准在通用信息标准子体系中与其他 UN/CE-FACT 建议的代码标准处于平行位置。在国际贸易单证中经常要标识出国际贸易运输的地点代码，虽然它仅是贸易单证体系中的一个标准，在具体单证中表示一项数据，但它的准确与否非常重要。

11.4　标准应用指南

中华人民共和国口岸及相关地点代码主要用于进口，进口商在货物进口时应当明确标出进口结关的口岸和相关地点。当货物出口时，出口商应当使用 UNLOCODE 代码明确标出出口国口岸和相关地点。由于代码是由 2 字符国家名称代码，以及 3 字符地点名称代码组合而成，当出口商填写口岸时首先不能把出口国搞错，其次是地点代码不能出错。用户应注意口岸或相关地点的功能，如：海运、铁路运输、公路运输、航空运输、邮寄等。另外，用户还要注意口岸或相关地点的名称、所在的行政区划，以及其他相关信息，以保证该信息准确无误。

另外，UN/CEFACT 为了满足国际贸易对于世界口岸及相关地点代码的需求，每年都动态地对 UNLOCODE 代码进行修订，并将新的版本每年公布两次。因此，当用户在进行出口贸易时需要使用 UNLOCODE 代码，此时用户可以在 UN/CEFACT 网站上查找和使用。

11.5　中华人民共和国口岸及相关地点代码表

中华人民共和国口岸及相关地点代码示例见表 11—1。

表 11—1　中华人民共和国口岸及相关地点代码示例

代　码	名　称	罗马字母拼写形式	所在行政区	功　能	备　注
CNPEK	首都国际机场	Shouduguojijichang		—4—	国家一类口岸
CNBJZ	北京站	Beijingzhan		—2—	
CNTSN	天津滨海国际机场	Tianjinbinhaiguojijichang		—4—	国家一类口岸
CNTNG	天津港	Tianjingang		1—	国家一类口岸
CNSJW	石家庄正定机场	Shijiazhuangzhengdingjichang		—4—	国家一类口岸
CNSHP	秦皇岛	Qinhuangdao		1—	国家一类口岸
CNTYN	太原太武宿机场	Taiyuantaiwusujichang		—4—	国家一类口岸
CNHET	呼和浩特白塔机场	Hohhotbaitajichang		—4—	国家一类口岸
CNSHE	沈阳桃仙国际机场	Shenyangtaoxianguojijichang		—4—	国家一类口岸
CNDAG	大连港	Daliangang		1—	国家一类口岸 也可使用 CNDLC
CNDLC	大连周水子国际机场	Dalianzhoushuiziguojijichang		—4—	国家一类口岸
CNDDG	丹东港	Dandonggang		1—	国家一类口岸
CNCGQ	长春大房身机场	Changchundafangshenjichang		—4—	国家一类口岸
CNYNJ	延吉朝阳川机场	Yanjichaoyangchuanjichang		—4—	国家一类口岸
CNHBG	哈尔滨港	Harbingang		1—	国家一类口岸
CNHRB	哈尔滨太平国际机场	Harbintaipingguojijichang			国家一类口岸
CNPVG	上海浦东国际机场	Shanghaipudongguojijichang		—4—	国家一类口岸
CNSHG	上海港	Shanghaigang		1—	国家一类口岸 也可使用 CNSHA
CNSHA	上海虹桥国际机场	Shanghaihongqiaoguojijichang		—4—	国家一类口岸
CNSHZ	上海站	Shanghaizhan		—2—	
CNNJG	南京港	Nanjinggang		1—	国家一类口岸 也可使用 CNNKG
CNNKG	南京禄口国际机场	Nanjinglukouguojijichang		—4—	国家一类口岸
CNZJG	张家港	Zhangjiagang		1—	国家一类口岸
CNHGH	杭州萧山国际机场	Hangzhouxiaoshanguojijichang		—4—	国家一类口岸
CNNBG	宁波港	Ningbogang		1—	国家一类口 也可使用 CNNGB
CNNGB	宁波栎社机场	Ningbolishejichang		—4—	国家一类口岸
CNZOS	舟山	Zhoushan		1—	国家一类口岸
CNWZO	温州	Wenzhou		1—	国家一类口岸
CNHFE	合肥骆岗机场	Hefeiluogangjichang		—4—	国家一类口岸
CNTXN	黄山屯溪机场	Huangshantunxijichang		—4—	国家一类口岸
CNMAA	马鞍山	Maanshan		1—	国家一类口岸
CNTOL	铜陵	Tongling		1—	国家一类口岸
CNWHI	芜湖	Wuhu		1—	国家一类口岸
CNFZG	福州港	Fuzhougang		1—	国家一类口岸 也可使用 CNFOC

代　码	名　称	罗马字母拼写形式	所在行政区	功　能	备　注
CNFOC	福州长乐国际机场	Fuzhouchangleguojijichang		—4—	国家一类口岸
CNXAM	厦门	Xiamen		1—4—	
CNXMG	厦门港	Xiamengang		1—	国家一类口岸 也可使用 CNXMN
CNXMN	厦门高崎国际机场	Xiamengaoqiguojijichang		—4—	国家一类口岸
CNKHN	南昌昌北机场	Nanchangchangbeijichang		—4—	国家一类口岸
CNJIU	九江	Jiujiang		1—	国家一类口岸
CNQIN	青岛	Qingdao		1—45—	
CNQDG	青岛港	Qingdaogang		1—	国家一类口岸 也可使用 CNTAO
CNWEG	威海港	Weihaigang		1—	国家一类口岸 也可使用 CNWEH
CNWEH	威海机场	Weihaijichang		—4—	国家一类口岸
CNYTG	烟台港	Yantaigang		1—	国家一类口岸 也可使用 CNYNT
CNYNT	烟台莱山机场	Yantailaishanjichang		—4—	国家一类口岸
CNCGO	郑州新郑国际机场	Zhengzhouxinzhengguojijichang		—4—	国家一类口岸
CNLYA	洛阳北郊机场	Luoyangbeijiaojichang		—4—	国家一类口岸
CNWHG	武汉港	Wuhangang		1—	国家一类口岸 也可使用 CNWUH
CNWUH	武汉天河机场	Wuhantianhejichang		—4—	国家一类口岸
CNCSX	长沙黄花国际机场	Changshahuanghuaguojijichang		—4—	国家一类口岸
CNCLJ	城陵矶	Chenglingji		1—	国家一类口岸
CNGZG	广州港	Guangzhougang		1—	国家一类口岸 也可使用 CNCAN
CNCAN	广州白云国际机场	Guangzhoubaiyunguojijichang		—4—	国家一类口岸
CNSZX	深圳宝安国际机场	Shenzhenbaoanguojijichang		—4—	国家一类口岸
CNSZW	深圳湾	Shenzhenwan		—3—	国家一类口岸
CNZNG	湛江港	Zhanjianggang		1—	国家一类口岸
CNZUH	珠海	Zhuhai		1—	国家一类口岸
CNNIN	南宁	Nanning	广西壮族自治区	1—45—	
CNBIH	北海	Beihai		1—	国家一类口岸 也可使用 CNBHY
CNKWL	桂林两江国际机场	Guilinliangjiangguojijichang		—4—	国家一类口岸
CNHIG	海口港	Haikougang		1—	国家一类口岸 也可使用 CNHAK
CNHAK	海口美兰机场	Haikoumeilanjichang		—4—	国家一类口岸
CNSYA	三亚港	Sanyagang		1—	国家一类口岸
CNSYX	三亚凤凰机场	Sanyafenghuangjichang		—4—	国家一类口岸
CNCHQ	重庆港	Chongqinggang		1—	国家一类口岸
CNCKG	重庆江北国际机场	Chongqingjiangbeiguojijichang		—4—	国家一类口岸
CNCTU	成都双流国际机场	Chengdushuangliuguojijichang		—4—	国家一类口岸
CNKWE	贵阳龙洞堡机场	Guiyanglongdongbaojichang		—4—	国家一类口岸
CNKMG	昆明巫家坝国际机场	Kunmingwujiabaguojijichang		—4—	国家一类口岸

续　表

代　码	名　称	罗马字母拼写形式	所在行政区	功　能	备　注
CNJHG	西双版纳嘎洒机场	Xishuangbannagasajichang		—4—	国家一类口岸
CNSIA	西安咸阳国际机场	Xianxianyangguojijichang		—4—	国家一类口岸
CNLHW	兰州中川机场	Lanzhouzhongchuanjichang		—4—	国家一类口岸
CNXNN	西宁曹家堡机场	Xiningcaojiabaojichang		—4—	国家一类口岸
CNINC	银川河东机场	Yinchuanhedongjichang		—4—	国家一类口岸
CNURC	乌鲁木齐地窝堡国际机场	Urumqidiwobaoguojijichang		—4—	国家一类口岸

第12章 世界各国和地区国际贸易
单一窗口调查报告

12.1 新加坡调查报告

单一窗口背景

建立单一窗口（SW）的动机是什么？

在 20 世纪 80 年代中期，新加坡政府决定简化贸易许可证审批规章制度所涉及的流程，进一步强化新加坡已经确立的贸易中心地位，并改善对外贸易。为确保支持贸易规章制度和流程的重建和改进技术的使用方面得到充分的保障，建立了由政府高官和商界领袖组成的专门委员会。贸易及工业部长李显龙（现任新加坡总理）当时就在主持负责对计划和实施进行审批的审核委员会。

1989 年，以涉及少数几个政府机构的贸易流程为起点，新加坡 TradeNet® 系统现在已经为贸易界提供一种通过电子单一窗口（SEW）向政府的各个主管机构（新加坡海关和各监管机构）呈递贸易单证的电子化办理手续方式。递交许可申请书后十分钟之内，贸易商就可以收到来自相关机构的电子答复，被批准或被拒绝，以及所附的审批决定或否决原因等详细说明。

建立 TradeNet® 的主要目标是：

1. 降低贸易单证处理成本
2. 减少贸易单证流转时间的延误
3. 以流水线处理方式来提高政府各机构的处理效率
4. 通过作业效率和透明度的提高来吸引境外直接投资

全世界第一个全国范围的电子贸易单证系统 TradeNet® 被认为是有利于新加坡商业环境的一个巨大贡献，以 IT 应用的创新使新加坡贸易界提高了效益，降低了商务成本。

单一窗口建立于哪一年？

TradeNet® 于 1989 年 1 月 1 日上线。政府认为引进 TradeNet® 为新加坡贸易界并进而对整个经济都会带来诸多效益。TradeNet® 可以节省高额费用、增加效益和缩短周转时间，使新加坡成为一个更具有竞争力的世界贸易中心。

该项目的现状如何（研究、试点阶段、运行）？

TradeNet® 系统已经于 1989 年投入运行并服务于新加坡贸易界。贸易申报 100％的都通过电子单一窗口 TradeNet® 系统以电子化方式递交。政府也已强制执行贸易申报的电子提交。

目前，TradeNet® 是世界上第一个全国范围的电子贸易清关系统。每年处理九百万份贸易许可申请，其中 90％都在 10 分钟内处理完毕，而每年签发的原产地证书约有 7 万份。

单一窗口建设

单一窗口式如何与已经建立的系统进行连接的？

在 TradeNet® 之前，没有一个协调所有手续的综合计算机系统，贸易许可审核手续是由手工完成的。TradeNet® 所采用的主要设计原则是减少航运业应对不同政府机构的系统所需的接口。

针对一体化使用了不同的连接方法。对于那些尚需开发贸易许可审核处理系统的机构，就提供一个用户接口，对那些在 TradeNet® 业务规则中不能自动审批的例外进行审核处理。对那些现有系统，TradeNet® 开发了几个标准接口，包括 MQ（报文队列）、平面文件传输、ftp（文件传输协议）等。

然而，要点在于所有的处理逻辑和规则都处于 TradeNet® 的集中控制之下，通过相关机构业务规则的自动化，从而使资源和时间的消耗都实现了优化。

是否受到其他单一窗口的启发或作为原型？

1986 年，组建了由来自相关政府机构和民营企业有关各方代表构成的核心团队和几个工作组。就是由他们提出了一个针对贸易商以电子方式向各政府机构提交贸易申报的全国范围电子单一窗口的概念，因为当时还没有其他国家的单一窗口模式可以仿效。

从那时起，就对所有各机构的相关信息和处理需求进行了分析、记录和简化，贸易手续就是这样才得以简化。自动化是在单一表格概念的基础上推行的，使之能够满足所有政府机构对贸易单证的规定。按照民营实体的形式组建了劲升逻辑私人有限公司（CrimsonLogic Pte Ltd，前身为 SNS 通信有限公司），以交付和主办 TradeNet® 系统。

创办时遵循何种流程？是否有试点阶段？

采用分阶段实施方法。首先实施的是对非监管和免税货物进出口许可申请的电子处理和审批。其次在第二阶段，项目范围扩大到监管和征税货物。在随后的各个阶段中，又引进了银行自动扣款和原产地证书（CO）申请功能。

最初阶段启动于 1989 年 1 月，组织了 50 个试点用户。在试点阶段成功之后，系统就向其余用户群延伸。TradeNet® 的第一天，并未强制进行电子化的许可申请提交。事实上，作为过渡阶段和并行实施的策略，推出这项业务的同时，还是允许选择以柜台人工服务方式处理许可申请的。

在建设过程中需要对员工进行何种培训？如何组织？

实施之前，与其他必不可少的计算机基础培训一起进行的有 3 项关键培训课程

- 业务处理流程的管理和再造
- 标准的采选
- 贸易单证专业知识

会通盘考虑用户的知识背景及其对培训安排的需要。然后按用户的不同类型安排相应的培训。

该项目的投产花了多长时间？

1986 年完成了 TradeNet® 的概要设计。1987 到 1988 年为 TradeNet® 制订计划并进行开发。1989 年 1 月 1 日 TradeNet® 上线正式运行。

单一窗口服务

单一窗口提供何种服务？包括哪些单证/信息/手续？

TradeNet® 系统可以申请、提交、接收、办理和回复所提交的贸易申报，包括进口［关税/消

费税（GST）/无关税/保税库/自由贸易区］、出口［消费税（GST）/无关税］和转口申报。

其中对于进口商/出口商/货运代理商的主要服务包括：

- 用户和公司注册
- 用户为办理手续从 TradeNet® 前端软件向新加坡海关（SC）和监管机构（CA）提交许可申请和原产地证书（CO）申请的收据和智能路由
- 有关报文结构的语法校验
- 对照代码表（如产品代码、协调制度代码等）对所收到的申请进行代码表验证复核
- 基于新加坡海关和监管机构的规定自动进行许可证业务处理
- 网站查询功能：

  —检查其 TradeNet® 许可申请状态

  —查询和下载代码表（如港口代码、国家代码等）
- 对于发生的法定费用和手续费自动编制账单并直接进行银行账户扣款的功能
- 7 天 24 小时的呼叫中心保障服务

对于监管机构（CA）和新加坡海关（SC），TradeNet® 提供的主要服务包括：

- 对许可申请的自动处理，并允许联机对待决、批准、驳回等类型选择人工干预的处理方式。
- 联机查询和下载 TradeNet® 许可申请书
- 在线维护监管机构和新加坡海关的代码表（如产品代码、贸易商、许可证、机构代码等）
- 与监管机构内部系统互联，满足文件传输和报告功能，传递和上载监管机构所管控的许可资料和数据库（如贸易商、申报人和许可证资料）
- 生成非正式的和定期的统计报告

对于 TradeNet® 原产地证书（CO）办事员：

- 自动和联机办理用户提交的原产地证书申请书
- 联机查询和打印 TradeNet® 原产地证书申请书和原产地证书
- 联机维护原产地证书代码表

对于其他用户，如新加坡港务局：

- 吸引并提供与用户内部系统的网络互连，满足其向新加坡港务局传输 TradeNet® 许可资料的需求

为新加坡港务局与新加坡海关之间所进行的数据交换（如核对载货清单数据）提供互联

每天要处理多少交易？占交易总量的比例是多少？

TradeNet® 系统每天大约要处理 3 万份许可申请，全年达到约 9 百万宗交易。全部的贸易许可申请 100% 由 TradeNet® 系统进行处理。新加坡政府强制执行以电子方式提交贸易许可申请书。

单一窗口现在有多少客户？

TradeNet® 系统为近 2 800 家公司的约 8 000 用户所使用。

单一窗口经营模式

单一窗口是如何经营的？何种经营模式（描述业务处理模式）？

航运和贸易企业通过各个 TradeNet® 前端（FE）软件呈递贸易申报单证。这些都是由新加坡政府核准的海关或服务供应商所提供的软件。前端软件向用户提供各种数据提交方式，通过互联网/网站应用/基于客户端的输入或主机对主机的联接。只要提交数据，前端系统就会通过 TradeNet® 的电子单一窗口将其贸易申报进行发送，以便不同政府机构进行自动处理。

　　TradeNet® 系统的许可处理子模块提供智能路由代理，自动决定该项特定许可申请所需的作业流程并按指定路线将其发往相关机构进行处理。在规则引擎中所设定的一套规则随之会针对每一涉及该项处理的监管机构执行必要的流程。

　　具有使自动处理得以进行的内置智能化设计，使 90％ 的申报无需人工干预，用户可在 10 分钟内自行接收和打印核准的货物申报许可。还可以选择通过其主机系统以各种结构化数据格式直接传输数据进行申报。

　　门户网站服务向贸易商提供其许可处理、核实交易状态和计费账单查询，还可以下载代码表（如国家、港口、HS 商品代码等）。政府机构也可以通过该门户网站处理申报并进行查询。

　　TradeNet® 有如下 3 类客户：
- 工商企业—贸易商、货运代理商、申报代理人、服务局
- 监管机构（CA）
- 新加坡海关（SC）

单一窗口业务模式

　　何种业务模式？如何筹措资金（政府、民营企业、民间—政府合资）？

　　2007 年，为了 TradeXchange 实施对 TradeNet® 系统的改进，新加坡采用了公私合作（PPP）模式。TradeXchange 是中立和安全的公共 IT 平台，促进贸易和物流界的商业和管理信息的交流。它使增值服务提供商为贸易和物流界提供端到端的服务，如供应链管理、贸易文件的编制、贸易融资、保险。改进后的 TradeNet® ，作为 TradeXchange 的核心应用，为用户提供了更合理和简化的贸易申报系统和更多的增值服务。

　　通过独立的劲升逻辑公司经营，政府就不再承担全国性网络基础设施和服务的经营和运行费用。由受益人（贸易公司）支付服务的使用费，没有产生开发或维护费用。

　　劲升逻辑公司负责基于按照使用模式进行支付的申报。用户支付一次性注册费/会员费按月收取，以维护系统账户。还有一项使用费，针对每次许可处理强制征收。

　　项目建设有哪些费用？

　　劲升逻辑公司（以其前身新加坡网络服务公司名义）投入股东资本金 2 400 万新加坡元（约合 1 430 万美元）。

　　根据预算和计划，项目没有超支，也没有超期，因为实施 TradeNet® 是作为全国经济生死存亡的战略措施来进行的。

　　用户费和年费有哪些？何种支付模式？

　　以使用多少为基础的费收如下：
- 按月收取账户/用户费：每户 20 新加坡元
- 使用费：每次交易（包括法定收费）/每份许可文件约 3.30 新加坡元

支付是通过从申报人银行账户直接扣款的方式完成。

　　单一窗口将如何在来年持续经营？

　　从 TradeNet® 取得的收入用于经营、维护、完善规章和技术更新所需的资金拨付。

　　产生的收入可否抵补成本甚至产生利润？

　　利润的产生主要如上所述，仅仅可以抵补成本，盈余用于改进流程和技术更新。

收入（如果有的话）是否会重新投入单一窗口？

TradeNet® 取得的收入将作为经营、维护和系统改善的花费，包括例行的技术升级和政府新颁规章制度的嵌入。还要迎合持续不断的技术更新，以确保系统继续处于技术领先的前沿并满足正在增长的用户需求。

单一窗口技术

使用何种技术？

1989 年 1 月 1 日实施的第一代 TradeNet® 系统是在主机平台用 COBOL/CICS 运行的。作为技术升级和更新的持续努力的一部分，已经使用面向对象技术、Java/J2EE 技术在开放平台适当调整了 TradeNet® 的规模，目前运行于 Unix 平台，使用以下技术：

Java & J2EE

• J2EE，EJB 2.0（Enterprise Java Beans），Core Java，Java Servlets，JSP，JMS（Messaging），RMI，Java Applets，JDBC

XML 工具和技术

• XML，XSL，XSLT，JAXP，Apaches' Xerces Parser，SAX & DOM APIs，xQuery

面向对象技术

• UML 面向对象分析和涉及方法论

通讯

• 数字和信息寻呼

• 短消息业务（SMS）

• 电子邮件（SMTP），安全电子邮件（S-MIME）

• 文件传输协议（FTP），安全文件传输协议（S-MIME）

• 传真

数据如何提交（电子方式—何种格式/语言、书面方式—何种表格、混合方式—何种混合类型）？

使用 UN/EDIFACT 标准格式以单一电子形式提交数据。作为备选方案，用户可以提交其他格式，本公司再将信息翻译成 TradeNet® 规定格式。

数据是在何处发送和存放（政府或民间实体）？

数据由民间实体（交易群体）发送到政府机构进行处理。

何人可以提交数据（进口商、出口商、代理人、报关经纪人）？

进口商、出口商、货运代理人、在新加坡海关登记的申报代理人可以提交贸易申报数据。交易商也可以使用由单证服务供应商提供的服务呈递申报单。服务提供商会代表交易商将贸易申报文件输入并提交给 TradeNet® 系统。

单一窗口推广和沟通

项目是如何推广的？

在实施初期，推广通过全国性的大规模动员进行。目前，劲升逻辑有一员工团队专门负责关键用户（包括监管机构）的客户管理。在新加坡海关、监管机构以及劲升逻辑的网站上都提供网站在线查询查询功能。已经拟定公众推广和沟通计划，需要时即可推行重大改革和实施。

如何使相关各方都能持续了解项目的进展？

定期召开会议，与各关键当事方一起审核项目的进展。

向用户提供何种培训？

TradeNet® 的新用户要接受新加坡海关主办的有关 TradeNet® 流程的课程。劲升逻辑和其他软件供应商也会像用户提供有关系统使用方面的培训。

是否提供求助或客户服务？

劲升逻辑为客户提供 7 天 24 小时的呼叫中心服务。

单一窗口法律问题

该设施的使用是强制的还是自愿的？

电子提交许可申请由新加坡海关强制执行。未登记和未安装前端软件的用户可以接洽单证服务局提交申请。

参与方是否需要为加入项目与供应商/机构签订合同？

有两份协议需要各自与供应商和新加坡政府分别签订。

是否需要专门的法规（或修订原有法规）？

通过 TradeNet® 进行电子数据提交由新加坡政府强制执行，许可证办理费用同样也是法定要求。使用系统要签订合同。

如何保护信息的隐私权？

向 TradeNet® 提交的单证和信息仅仅由各个被授权用户限制使用。新加坡海关和监管机构的授权用户也可以查看和下载这些申报文件，用于审批、报告和存档。

在贸易商从本方个人计算机向 TradeNet® 系统经报文转发引擎发送贸易申报文件的报文传输阶段，所发送的数据通过安全信道并通过传输层进行加密。在这种情况下，贸易申报文件是安全的，不会受到任何形式的干扰。

单一窗口标准

国际标准（UN/EDIFACT、UNLK、UN LOCODE、UN/CEFACT 单一窗口建议书等）在单一窗口有何作用？

UN/EDIFACT 标准的 D.05B 版本被用于 4.0 版 TradeNet 报文规范的制订，包括 CUSDEC、CUSRES、APERAK（以及许多其他报文标准）。UN LOCODE 也在使用并保存在 TradeNet® 数据库中。广泛采用行业惯用标准为与不同平台的其他系统进行集成提供了方便。

单一窗口效益

客户和参与机构有何效益？贸易界和政府是如何受益的？

下表对效益进行了概述。

单一窗口已经彻底改变了新加坡的贸易单证处理流程，哈佛商学院的两个案例都已此为主题。这被认为是一个将新加坡的竞争力提高为国际贸易全球化大都市层次的国家战略信息系统。调查和研究揭示，TradeNet® 带给商业企业的有以下效益。

以下为 TradeNet® 所获各种称赞和嘉许：

"估计 TradeNet® 每年为新加坡贸易商节省约 10 亿美元"——引自 IBM 公司的 Robert M How

"……在线填写一份表格后 15 秒就收到了进口或出口许可证……"——引自 2001 年第 2 期麦肯锡季刊

"……在贸易便利化门类获得电子亚洲最高奖"——2003 年 9 月

"委托劲升逻辑公司控制和经营 TradeNet® 系统，新加坡贸易发展局、港口和民用航空局，以及国际机场共同参与……"——引自 2004 年世界银行的海关现代化手册

下表列出了 TradeNet® 为贸易商带来的明显效益。

项目	以前的手工流程	使用 TradeNet®
提交单证	由员工呈递	从办公室设备提交
提交单证	仅在办公时间内	每天 24 小时都可以
每份单证往来监管机构的次数	至少需要 2 次	不需要
单证份数	多份（最多达 35 份）	单份（在用户办公地点打印）
审批处理时间	4 小时到 2 天	10 分钟之内
应税货物处理	办理海关手续需要多份不同的单证	按指定线路向海关发送同一电子单证办理手续
监管货物处理	各个监管部门办理手续需要多份不同的单证	按指定线路向各个监管机构发送同一电子单证办理手续
收费	10～20 新加坡元	3.30 新加坡元
海关征税	使用支票	银行自动扣款

对海关税收有什么影响？

使用电子单一窗口系统迫使在线提交和自动处理都更为透明，向贸易商征收的关税、费收和税款都更为准确和快速。支付系统直接与银行连接，以便于对贸易商和政府的银行账户进行直接扣款和存款。使用自动系统对关税、费收和税款进行验证与核定，因而在收取税款方面没有损失。

单一窗口解决什么问题？

TradeNet® 在总体上极大地改善和简化了贸易流程，这对于新加坡经济至关重要。除了上述效益，所取得的成果还有完成了基于互联网的 TradeNet® 电子单一窗口：

更加快的响应速度，以满足对规章制度的动态执行和实施：系统可以快速地紧急实施法规和政策的变更。例如，包括强制执行对往来于某些国家特定种类货物的进口限制，比方说，由于突然爆发病害。这就排除了人工处理流程下为任何此类变更所需冗繁的分发过程。这就使强制措施得以及时和准确地实施。

统计数据得以准确及时地收集：及时收集贸易统计数据，用以分析贸易模式和预测贸易的潜在趋势。

在任何时间、任何地点都可访问 TradeNet®，改善了客户服务：通过互联网使用 TradeNet®，用户在任何地点都可以访问系统，因为这是基于网络的应用。TradeNet® 所提供的 7 天 24 小时服务标准，使许可申请及业务处理都能夜以继日地应用。因为 TradeNetthe® 服务于 8 000 用户的庞大基数，互联网业务会更有效率并更为节约。

方便使用、提高效率和产能：产能的增长是缩短单证申报流程周转时间的结果。使用 TradeNet® 所提供的高效和易用的门户网站，用户就可轻松地完成日常的商业交易。对于所有的货物和手续，只有一份许可申请是必须的，通过使用公共网络连接向各家机构提交。

方便维护和部署：处理和验证规则受制于政治、社会和环境的变化。部署 J2EE 技术使得处理和验证规则的变更得以简化，就是许可处理路径和功能参数文件所在的规则引擎可以方便地用易读的 XML 格式或代码表限定加以更新。任何规则变更都只需对 XML 文件或代码表进行更新，并可在重新载入系统后立即生效。

这一点至关重要，因其反映和影响到各政府机构在任何时间所需进行监管的需要。由于这是一个基于服务器的应用，针对该项应用和数据的所有变更和维护都要在服务器执行。以这种方式，未来任何针对升级的开发都可以方便和迅速地实现。不需要对超过 8 000 个工作站的 TradeNet® 用户进行复杂的应用部署，从而节约了时间、工作量和资源。

对用户和服务供应商都很合算：

对于用户：采用具有可扩展性、可移植性和可复用的软件可以节约成本。通过可用于网络的系统，用户可以使用其现有的工作站和互联网连接进行访问。没有一次性的或年度的软件维护费用或附带上网费用。不会再因单证的延误而增加企业经营成本（如仓储费用）。事实上，人力成本已经随着简化流程和系统的高可用性而有所降低。

对于服务供应商：TradeNet® 系统可以部署在多台服务器的设计可以平衡负载。目前的硬件结构已经优化，满足预期特定交易负载的性能要求。新的体系结构设计使硬件配置和根据未来发展进行系统调整的灵活性都得到优化，运行和维护成本可以更有效地进行控制和管理。

方便进行集成和互联：凭借着所使用的最先进的技术（J2EE、XML 和 MQ Series）和运行在多样化平台的系统，与贸易伙伴和政府机构的集成就可以非常容易地进行实施。

便于未来为迎合当地贸易发展和国际贸易信息交换所进行的开发：

在硬件配置方面：对硬件的投入可以根据对处理性能的预期和交易量上下伸缩。

在软件的可移植和可复用性方面：J2EE 技术的优势之一就是其可以移植（写入一次就可在各种情况下运行）和可以复用的特性。J2EE 中针对某一项目创建的模块可以很容易地适应和复用于其他项目，尤其是在其具有通用功能和特性的情况下。

提高数据共享并减少数据冗余或重复的数据条目：

TradeNet® 目前所建立的许可文件编制模块本身就是一个针对贸易许可文件编制的平易近人、成本不高和易于使用的基于互联网的应用。

劲升科技已经在开发一个进一步迎合贸易商不断增长需求，提供相关贸易与基于网络前端应用的 TradeNet® 许可文件编制模块绑定在一起的解决方案，例如针对商业界的物流、贸易保险和筹资、采购和仓储等解决方案。

由于各种解决方案都要聚集绑定在同一平台，就要使不同应用之间的信息能够共享，每一家公司业务处理流程中不同应用之间都要提供无缝的信息流。这就使同一项货物信息的数据重复录入需求降到最低，并在这一交易过程中对所有模块都提供单一约定的接口。

单一窗口经验总结

成功的关键因素是什么？

TradeNet® 的成功主要依赖于政府在明确问题、寻求解决方案以及推动实施方面的决心和远见。所有参与方的凝聚力、分阶段实施策略的系统化计划安排以及采用适用的技术也是成功的关键。

最大的障碍是什么？

实施初期的最大障碍是需要转变用户的意识，将其当时以手工处理贸易申报的方式转变为电子方式。

单一窗口未来计划

单一窗口进一步发展的计划是什么？

TradeNet® 将进一步强化其单一电子窗口的概念，使其成为所有其他关键行业系统（如海运港口行业系统、航空货运行业系统以及海运管理申报系统）的单一门户。这也使单一电子窗口得以实现在运输和贸易两方面之间的信息共享，并使当地社会更为便利地走向世界，通过这一电子单一窗口实现全球化的愿望。

单一窗口进一步发展的最大障碍是什么？

根据在全国范围开发的需要，最大的挑战是在经济水平和技术成熟度都大不相同的环境下使其连通整个城市。各种过渡期间和连通机制以及双边商谈都是有必要的，这将确保下一阶段的国际贸易电子单一窗口。

是否有在区域层面签订有关单一窗口合作协议的意愿？

劲升逻辑公司已经向外国政府以及亚洲开发银行、世界银行和英联邦秘书处所资助的项目提供了电子单一窗口的咨询服务。而且 TradeNet® 软件已经安装在其他国家，如加纳、毛里求斯、巴拿马和沙特阿拉伯。也可以提供跨境连接，使之与一些亚洲和美洲经济体共享数据成为可能。更多的合作正在增加。

是否计划与其他国家正在运行的单一窗口签订数据交换的协议？

劲升逻辑公司是泛亚联盟的创始成员之一。这是一个区域性贸易申报专业机构的组织。联盟定期举行会议，讨论在其交易群体之间进行跨境贸易数据交换的问题。劲升逻辑公司也已与该联盟其他国家对跨境交换贸易申报数据的作业模式进行了测试。

更多资料来源

网站：https：//www. tradexchange. gov. sg

联系方式：

Name：Mr David Siah Yang Meng	
Business Development Director	
Address：	31 Science Park Road
The Crimson，Singapore 117611	
Phone：（65）68877733	

Fax：（65）67785277

Email：davidsiah@crimsonlogic. com

12. 2　香港特别行政区调查报告

单一窗口背景

建立单一窗口（SW）的动机为何？

1997 年，香港特别行政区（HKSAR）政府指定专属服务供应商贸易通电子贸易有限公司（Tradelink）就开始针对以电子方式处理特定政府贸易单证（例如贸易报关单、应税商品许可证、原产地证书、生产通知书、限额纺织品出口许可证、电子货物舱单）的产业化经营。政府改善了进出口条例，对数字签署的电子化提交进行了规定。现在，Tradelink 每年处理的单证超过 2 千万份，客户已经超过 5 万 4 千多家，几乎包含了整个香港特别行政区的贸易和物流行业。

为进一步加强香港特别行政区作为首要国际和地区运输和物流中心的作用，HKSAR 政府希望将企业对政府的单一窗口概念扩充为任何商业机构对其所有贸易、物流、金融业务伙伴以及政府的单一窗口。

数码贸易运输网络（DTTN）就是这个单一窗口扩充项目的名称。

实现这一目标最优先的项目之一就是建立 DTTN，以减少因"数字化差距"所产生的效率低下并方便贸易和物流业当事各方之间的数据共享。

2002 年进行了一项关于 DTTN 的综合分析，并在同年 11 月发布了一份咨询报告（DTTN 报告）。香港特别行政区政府参照该报告所提建议，邀请资质良好的解决方案提供商对组建 DTTN 进行投标。2003 年，经香港特别行政区政府批准，Tradelink 取得了 DTTN 的开发和经营权。在全面完成计划和筹备工作之后，于 2004 年正式开始了系统开发工作。

单一窗口建立于哪一年？

为论证该平台的效益，DTTN 于 2005 年 12 月与贸易和物流业的企业共同启动了试点工程，DTTN 平台于 2006 年全部投产。

该设施处于何种状态（研究、试点阶段、运行）？

除了每一家公司都可以与其贸易、物流和金融业务伙伴实现互联和快速交换电子单证之外，DTTN 已经通过合并企业门户网站对其服务进行了扩充，买方和卖方可以持续联机并完成电子商务单证。

单一窗口建设

单一窗口是如何与已经建好的系统（如果存在）进行连接的？

所开发的互联对应关系允许与 DTTN 进行各种协议之间的连接。换言之，这些对应关系能够十分方便地将已经建立系统所采用的标准转换为可在 DTTN 进行数据交换的标准。

是否有任何其他的单一窗口模型作为启示或样板？

在 2002 年 12 月发布的 DTTN 报告中，为 DTTN 进行了精简范围背景的国外电子商务实施研究（如新加坡的 Portnet、荷兰的 W@VE、美国的 FIRST、澳大利亚的 Tradegate、英国的 FCPS/Destin8 和德国的 Dakosy）。

紧接着筹备工作之后的进程是什么？是否有试点项目？

为观测 DTTN 的价值和效益，2005 年 12 月启动了试点项目。贸易和物流行业的一些公司颇有远见地参与其中，结果十分令人鼓舞。随着试点项目的成功，该平台于 2006 年全部投产。

在建设过程中需要对员工进行何种培训？陪训是如何组织的？

依据遵守对现行业务流程最少干预的指导原则，所有参与的公司都能使用现有的内部 IT 系统甚或微软 Excel 电子表格与 DTTN 进行连接。因此，仅需少量培训即可使用 DTTN 门户网站进行信息查询、编报和下载。

花了多长时间使该设施得以运行？

设计、开发和试点业务的投产在 15 个月内完成。

单一窗口服务

DTTN 是一个中立、开放化安全的公共平台，任何一家公司都可以方便快捷地与其贸易、物流和金融业务伙伴进行互联，使用单一、廉价、数字化的连接，进行电子化的业务处理，效率高，成本低。

一般而言，DTTN 是：

一个极佳的电子单证转换引擎，支持所有数据格式的转换和所有的通信协议。

一个大容量电子数据存储器，数据在线存放 2 年、离线存放 7 年。

一个完整供应链电子商务的助推器，连接整个供应链的所有当事方，从买方到货运代理、银行和政府。

下图所示为 DTTN 的核心业务：

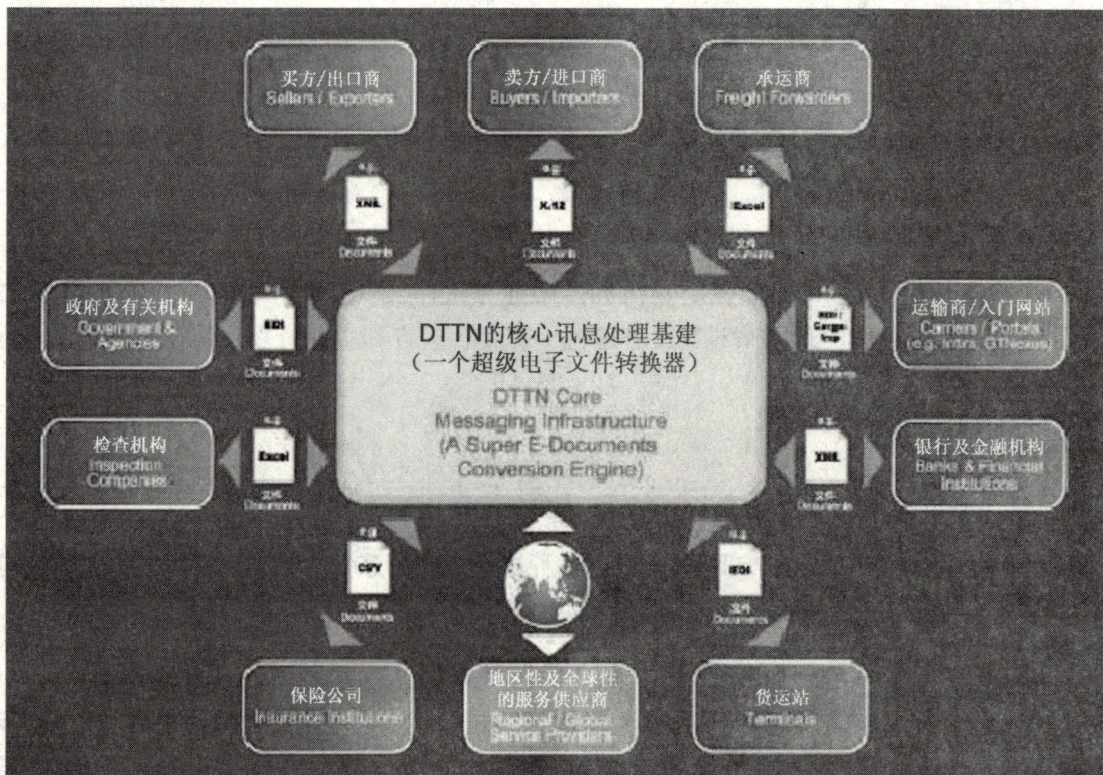

每天要处理多少交易？占交易总量的百分比是多少？

在公共平台开发初期，交易量就有快速增长：

	2006	2007	2008	2009	2010	2011	2012
使用率（%）	21.7	23.5	26.7	34.2	46.8	59.4	66.9
经 DTTN 处理的单证总量	47.5	51.4	58.7	75.2	103	130.7	147.2

2009 年，每日交易量显著增加，超过 1 000 份。

目前单一窗口有多少客户？

在 9 类主要的相关群体中，客户大多为货运代理人、买方/卖方和承运人。

单一窗口经营模式

单一窗口如何运行？何种经营模式（描述业务处理模式）？

DTTN 是一个提供贸易、物流和金融行业之间互联的平台，方便信息流通并提高效率。可以满足行业商务处理互联（BPI）的需求并为促进发展新的商业机会提供平台。一个明确了标准和协议的公用和共享用户平台的存在，将会吸引现有的供应商并孕育着新兴业务的发展，如物流软件开发和增值服务，这都将贡献于经济的发展。

DTTN 是一个提供贸易、物流和金融行业之间互联的平台，方便信息流通并提高效率。可以满足行业商务处理互联（BPI）的需求并为促进发展新的商业机会提供平台。一个明确了标准和协议的公用和共享用户平台的存在，将会吸引现有的供应商并孕育着新兴业务的发展，如物流软件开发和增值服务，这都将贡献于经济的发展。

DTTN 可以三层架构表示（参见下图）。第一和第二层是 DTTN 的核心要素，奠定了基础，并提供了一个有助于第三层增值服务持续发展的环境；DTTN 由第一、第二和第三层共同组成。

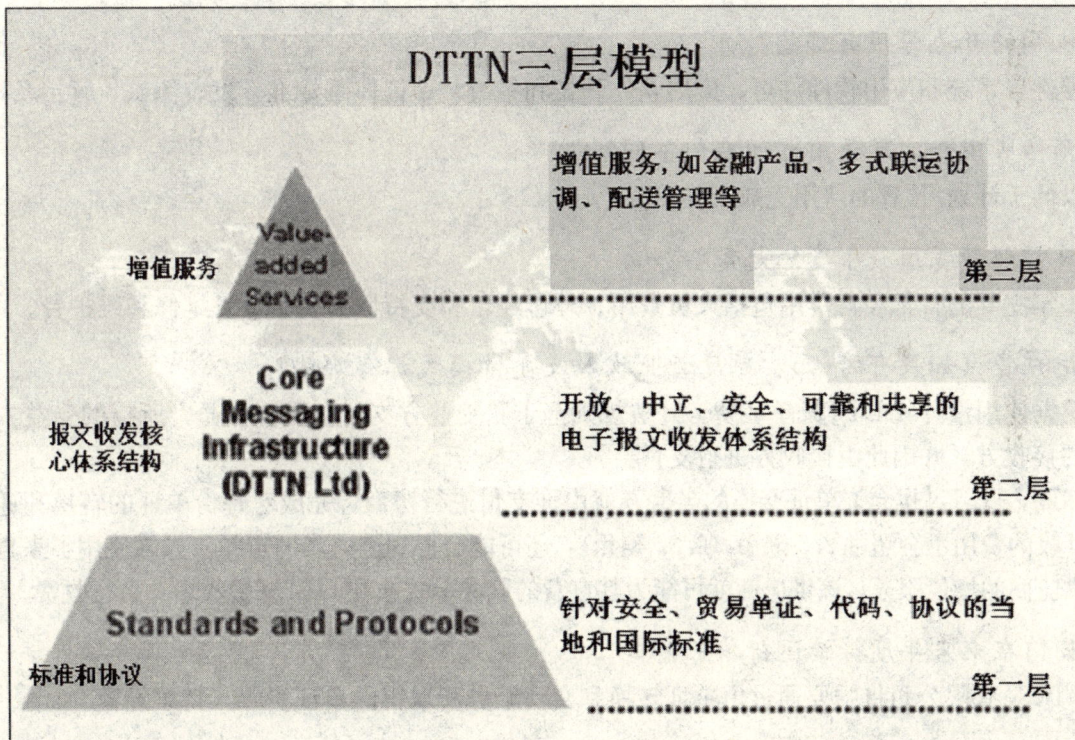

DTTN 以 9 类客户群体为主

1. 买方/进口商

2. 卖方/出口商

3. 货运代理商，包括第三方物流服务供应商

4. 承运人（海运、河运、公路、铁路和空运），包括快递服务供应商

5. 码头

6. 政府及其机构

7. 银行及金融机构

8. 保险公司

9. 检验机构

这些行业相关当事人在不同的阶段参与到贸易链中，并与另一方密切相关。由不同的应用服务供应商（ASPs）、互联网服务供应商（ISPs）以及全局服务供应商提供的产品都将在 DTTN 得以共存和补充；而这将有助于促进本地区电子商务的进一步发展，最大程度地惠及整个商业领域。

该机构由哪些政府和民营机构参与？

2004 年，为确保 DTTN 经营架构的中立并突出其公共性质，从而由贸易通电子商贸有限公司、香港特别行政区政府和其他行业协会合资共同组建了数码贸易运输网络有限公司（DTTN Ltd）。

DTTN 设立了一个咨询委员会，由来自不同行业商业群体的代表组成，以确保公共参与管理 DTTN 的水平、经营的透明度、并指导 DTTN 努力使用户效益最大化的业务方向。

单一窗口业务模式

何种业务模式？如何获得融资（政府、民间机构、民间与政府合资）？

2009 年 3 月，DTTN 成为贸易通的全资子公司。作为 DTTN 的控股公司，贸易通对 DTTN 现有的和未来的客户承诺持续支持、维护和交付 DTTN 服务。

机构的开办费用有哪些？

硬件、系统和应用软件许可、应用软件开发和集成、单证体系标准开发、测试、营销及推广。

预估费用和实际费用之间有何不同？

以低于计划/预算的费用完成工作。

日常经营费用（年度）是哪些？

每年主要的日常经营费用包括人员费用、外包经营和支持服务费、设备维修和维护费。

用户费（如果有的话）、年度营业收入及支付模式都有哪些？

根据使用量计 DTTN 单证费。计费规则基于"受益方支付"概念，通常所指的受益方就是单证的接收方，并因此由接收方进行支付。

然而，DTTN 也允许单证交换的当事方就由谁支付进行协商。完成对每份单证的转换和递送向客户计收的费用不会超过 2.5 港币（0.32 美元），还可能会得到进一步的折扣。如果使用了来自应用服务供应商的增值服务，该供应商就可能为其自营的服务单独或在 DTTN 费收之外另行收费。

如何在未来年度持续运行单一窗口？

DTTN 有限公司将主要通过由单证转换和交换服务所取得的单证费收入持续经营。

所产生的收入是否足以抵补经营成本甚或产生利润？

预期收入会产生微薄利润，以支撑对平台的持续增强的需要

单一窗口技术

单一窗口使用的是何种技术？

技术上，DTTN 是一个基于 HP-UX/Oracle 的系统，装有 Axway XIB 报文收发中心软件，提供转换服务并满足在不同贸易伙伴之间的通信需求，按照所规定的和商定的报文标准进行报文交换。DTTN 促使互联网成为从发送方向接收方传输信息的公共体系结构。

数据如何提交（电子方式—何种格式/语言，书面—何种表格，混合—何种组合）？

DTTN 支持任何协议、字符集和单证传输的对应关系。例如，EDIFACT 格式的单证用 FTP

向 DTTN 提交的报文就会被转译为 DTTN XML 结构,并随之按照接收方所需格式(如 Excel)以电子邮件交付。

所支持的协议包括 FTP/S、SMTP、S/MIME、AS/1、AS/2、ebMS V2。

所支持的单证格式包括:XML,EDIFACT,ANSI X12,Excel,Flat file,Cargo-IMP,SMS。

在何处进行数据发送和申报(政府或民间实体)?

数据被直接发送给指定的接收方——发送方的主要商务伙伴。所有数据(包括单证、报文和审计线索)都将在 DTTN 服务器在线存放 2 年、离线存放 7 年。

何人可以提交数据(进口商、出口商、代理、报关经纪人)?

在 DTTN 登记的下列行业所有公司均有资格使用并通过 DTTN 进行单证交换:

买方/进口商

卖方/出口商

货运代理,包括第三方物流服务供应商

承运人(海运、河运、公路、铁路和空运),包括快递服务供应商

码头

政府及其机构

银行及金融机构

保险公司

检验机构

单一窗口推广及沟通

单一窗口业务如何推广?

当前的营销及推广活动重点在于唤起公众对于该方案的意识,尤其是香港特别行政区、中国内地及亚太地区贸易和物流业务当事人,利用讲座、会议、展览、广告、新闻发布和媒体访谈等形式。大多数营销活动通常均与香港特别行政区政府或相关行业协会共同组织。

此外还与重点客户及业务伙伴一起组织客户招募活动。这些活动通常是为了迎合不同重点客户及业务伙伴的特殊需求。

为了吸引加入 DTTN 的先行者,不时就会推出鼓励采用的专门推广活动。对此感兴趣的用户可以访问以下网站获取详细资料:http://www.hk-dttn.com/home/english/home.html

迄今为止,与各个重点业务伙伴举行的招募活动在 2008 年和 2009 年分别组织过 15 次和 6 次讲座/讲习班。营销和推广活动持续通过讲座、会议、展览、广告、新闻发布和媒体访谈等形式开展。

如何使各当事方持续了解该项目的进展?

持续向当事方提供资料的关键渠道包括各种简报演示、讲座、会议、以及电子期刊等。

向用户提供了何种培训?

根据不同客户的特定需要提供专门的现场培训。

单一窗口法律问题

使用该设施是强制的还是自愿的?

使用 DTTN 的服务都是自愿的

参与方是否需要为加入而与供应商/代理商签订一份合同？

是。

制定专门法规（或修订原有法规）是否必要？

否。已经有适用的《电子交易条例》，而 DTTN 的服务主要针对的是商务单证并自愿使用，故无需对法规进行任何修订。

如何保护信息的隐私权？

DTTN 认为"诚信"为商业交易所必需，因而在推行一个"诚信"的架构，在一个全面的法律框架支持下使用最高级别的安全措施，对当地和跨境的电子交易都具有效力。

DTTN 提供一个安全合法的"诚信架构"，推行电子信誉的 4 大支柱：真实、完整、保密、以及原件不可抵赖。使 DTTN 的用户群体得以放心地交换公认合法的单证。

实现技术安全主要使用公共秘钥体系结构（PKI）技术，应用于报文加密和使用由公认证书管辖机关（如电子核证服务有限公司或香港邮政局）签发所生成的数字签名。用户还可以使用其他的安全连接技术，如专线和虚拟专网，以确保真实、完整和保密的要求。

诚信架构的一个关键部分是 DTTN 用户协议，该协议承认在当地和跨境交易中所使用的电子单证和数字签名都具有与书面相当的同等效力。

另外，认识到不同的商业交易可能需要不同的安全级别，DTTN 允许贸易伙伴灵活协商通过平台进行不同类型单证交换所需的不同安全要求。

单一窗口标准

国际标准（UN/EDIFACT、UNLK、UN LOCODE、UN/CEFACT 单一窗口建议书等）在单一窗口中的作用如何？

DTTN 灵活支持一套规定的标准和协议，方便各家机构将与 DTTN 的互联作为与其贸易、物流及金融业务伙伴的数字化高速链路。

标准和协议包括：

通讯及报文传输安全协议：DTTN 所支持的有关公共通讯方面的协议有：SMTP，HTTP，HTTP/S，FTP 和 FTP/S。DTTN 所支持的有关报文传输安全的协议有：使用 SMTP、HTTP 或 HTTP/S 的 ebMS V2.0，使用 SMTP 的 AS/1，以及使用 HTTP 或 HTTP/S 的 AS/2。

单证格式：DTTN 所支持的通用商务单证格式有：XML Vx.0、UN/EDIFACT、IATA 货物交接报文规程（Cargo-IMP）、ANSI/X12、微软的 Excel、逗号分隔数值文件、以及短信群发体系（SMS）。

DTTN XML 标准单证结构：DTTN 在制订单证结构标准中采用了 UN/EDIFACT 核心构件方法论，并已与实行核心构件方法论的通用商务语言（UBL）建立对应关系。尽管 DTTN 会将 DTTN 标准单证结构用于在发送方格式和接收方格式之间进行转换的标准格式，重点是要注意无论什么格式，只要对互联方而言是最为简单的，DTTN 都允许其在与 DTTN 联通时使用，而 DTTN 也都支持发送方和接收方使用相应的国际单证标准（如 UN/EDIFACT、ANSI X.12、IATA CargoIMP）以及最终用户专用格式（如 XML、MS Excel、CSV）。

代码集：DTTN 既支持专有的代码集，也支持国际公认/通用的代码集。DTTN 为指定在某一专有代码集与任何其他代码集（可以是另一专有代码集或是某一国际公认的代码集）之间进行代码转换提供方便。

为确保采用或开发的标准符合行业需要和惯例，于 2004 年 12 月设立了 DTTN 标准咨询小组

（STAG）。虽然 STAG 可以审核各方面的标准和协议，其主要的工作重点还是审批由 DTTN 有限公司维护和开发的 DTTN XML 标准单证结构。

单一窗口效益

单一窗口客户以及各个参与机构有何效益？

DTTN 的主要效益如下，但并非仅限于此：

节约单证递交的时间和成本，如设备交接单（EIR）、货运代理运单（HWB）

通过减少延误、多重操作/日期输入以及使失误降至最低，从而削减经营成本

改善资金管理，如信贷、现金流

方便、廉价和快捷地与贸易伙伴实现互联

任意种类协议和单证的转换

维持现有业务对抗竞争

更为及时、准确和附加值更高的服务

大量的商业机会和提高效率的重大机遇

供应链管理"准时制"

通过电子方式接近更多贸易伙伴

为供应链协调提供便利

单一窗口交易群体和政府如何受益？

改善经营效能：DTTN 将全面改善行业的经营成果和效率。因书面作业、处理时间、以及数据重复录入所花费时间的减少所节约的成本就非常可观。在主要行业代表的帮助和支持下，项目团队谨慎地就行业经营效能的改善进行了评估，每年节省的成本大约为 13 亿港币。

可能出现新的商业机会：DTTN 将加强香港特别行政区政府吸引国外直接投资建设增值服务企业的能力。增值服务供应商所提供的服务有赖于及时和准确的信息流，涉及运输方式和贸易链各个参与方。DTTN 将会向这些服务的供应商提供一个体系结构，使之实物资产和资源的利用能够达到最优。本地 IT 行业也将从 DTTN 受益，因为在软件和专业服务方面会产生新的需求。DTTN 将开创一个激励物流和供应链软件行业发展的环境，并使香港特别行政区向知识型经济体的转变加速。包括增加就业等许多其他的附带效益都产生于因 DTTN 所促成的新的商业机会，惠及众多的商业领域。

在价值层面竞争，而非在成本层面：随着中国加入世界贸易组织（WTO）以及中国选用更低成本物流服务需求的迅速增长，香港特别行政区的贸易和物流业有望转变到高端服务的领先层级，提供高质量、高附加值的服务，而非仅仅在成本方面竞争。高效的信息流被认为是一个关键所在。就像为 DTTN 所设定的那样，规定体系结构的中立和安全将会是服务成败和营销差别的关键所在。

与整体创新相融合：DTTN 将是香港特别行政区的一个通用工具，以快速定位的变革促进整个物流行业，并满足整体贸易创新的需求。香港特别行政区这样一个通用的信息体系结构将有利于顺应与时俱进的改革变化，更为重要的是降低了社会成本，因为可以对改革进行协商、管理和按行业推行。

与中国内地相融合：DTTN 可能引领变革。就在支持香港特别行政区的同时，还对珠江三角洲地区的经济发展起到了引导作用，通过使用 DTTN，如同有了支柱，稳固了市场地位，毫不困难地与该地区的物流和供应链管理形成一体。对于在中国内地其他正在形成的新方案，DTTN 可以成为实际上的标准。香港特别行政区与中国内地之间电子商务体系结构的兼容性是必不可少的。

随着通用和中立的信息体系结构的就位，香港特别行政区的商业可能会促使 DTTN 向中国内地市场提供物流服务。

由贸易通和中华人民共和国商务部的中国国际电子商务中心（CIECC）共同开发的香港国际电子商务平台"贸易通门户网站"（http：//hk. trade2cn. com/）于 2009 年 8 月 28 日正式开办。该门户网站是 www. trade2cn. com 的一个新成员，是中国仅有的国家级和官方授权的电子商务平台。这一门户网站旨在提供具有国际水平的安全、诚信和实时完成交易，并提供针对香港和内地企业的电子商务服务，以促进跨境电子商务的发展。

贸易通已经以其作为电子服务先驱的丰富经验，将 DTTN（数码易贸运输网络）的日常功能结合到 Trade2CN，使卖方和买方能够在保持联机的情况下在达成交易后持续进行电子商务单证的处理。正因为如此，简单的一步就可以使供应链相关的所有当事人将整个电子商务交易范围都纳入其中。

引导改善工商业 IT 能力的变革：DTTN 会改变当地企业的经营方式，并导致现有员工 IT 能力的持续改善。特别是对中小企业，这一点尤其重要。当前以书面为中心的中小企业环境下的传统处理流程实际上已经成为改革进程中的羁绊，使其对于国际贸易中正在成为主流的电子交易的需求缺乏准备。

DTTN 可以帮助向中小企业提供合适的商务理念、良好的效益、以及具有说服力的论证，使之采用新的、更为有效的商业惯例。要使香港特别行政区全面竞争力得到根本改善，关键因素就是要看到使用 IT 和电子商务的必要性。

改善香港特别行政区的形象：与政府电子政务蓝图"Digital 21"相呼应，DTTN 的建立明确地向公众和国际商务群体发出一个积极而坚定的信息，香港特别行政区致力于 IT 优势的利用。作为在网络时代领先采用 IT 这一明确政策的组成部分，香港特别行政区能够推动针对综合物流的电子商务。

使业界免受频繁升级的影响：DTTN 将使整个贸易和物流行业能够通过对围绕技术和报文收发而设定的全套标准和协议所进行的集中、合并和管理而明显获益。集中管理的 DTTN 可以有效地使贸易和物流业的当事人免受标准和协议频繁升级的影响，从而减少对企业内部资源的需求。

单一窗口对海关税收有何影响？

由于 DTTN 本质上是一个企业到企业（B2B）的通讯平台，因此可以认为不会影响到海关税收。

单一窗口解决了什么问题？

供应链各环节在重新获取数据和检查错误等事项上工作量的巨大耗费和效率损失。

单一窗口经验总结

成功的决定性因素是什么？

为确保成功推行并为公众接受，DTTN 是按照 7 项总体原则进行开发和经营的，被认为是发展用户关键中的关键：

中立：DTTN 为所有当事方提供一个公平竞争的环境，不会过分偏袒特定门类的用户或行业。

不排外：DTTN 毫无歧视地对所有行业的当事方都提供公平使用的权利，而不会对某一部分当事方使用 DTTN 设置障碍。

透明、可控和负责的经营：DTTN 在有关其经营的透明度、管控和责任方面受到严格的审查和监管。设计机密和关键业务信息的交易在任何情况下都不会被误用。

尽量不干预内部业务处理和客户关系：DTTN 认为每一当事方都有其自己的业务处理和与业务伙伴交往的方式。DTTN 仅仅是提供数据交换的功能，而并非仅仅为了使用 DTTN 就要求机构去改变其业务流程或客户关系。

满足并尊重市场规律：DTTN 是一个对商务活动提供便利和补充的体系结构，并非要与其他现有专门领域有关提供增值服务的项目竞争。DTTN 仅仅在那些有需要但通过商务市场还无法完全满足、而不能实现又可能导致对 DTTN 群体普遍不利影响的领域提供增值服务。

方便加入和使用：DTTN 的设计就是以方便用户、直观和参与方为中心。

改善香港特别行政区的整体竞争力：通过提供有助于提高效率的低成本通用体系结构，DTTN 可能有助于提高香港特别行政区的贸易和物流行业的整体竞争力。

什么是最棘手的问题？

让客户认识到 DTTN 的效益和建立足够的用户规模。

获取的主要经验是什么？

为满足客户需求，DTTN 要通过自身努力或与业务伙伴密切合作持续地开发和提供增值服务或应用。

单一窗口未来计划

单一窗口的未来发展计划是什么？

扩大区域和全球的互联并将 DTTN 的业务范围延伸到香港以外的地区。

单一窗口进一步发展的最大障碍是什么？

其他国家在清关和支付清算业务中对源自另一国家电子单证的认可。

是否打算在区域层面订立有关单一窗口合作的协议？

是。已经有意建立泛亚电子商务联盟，并打算扩大这一项目。正在继续积极探索与其他在中国内地、欧洲和北美的单一窗口项目进行互联。

由贸易通和中华人民共和国商务部的中国国际电子商务中心（CIECC）共同开发并于 2009 年 8 月正式开办的香港国际电子商务平台"贸易通门户网站"（http：//hk. trade2cn. com/）就是中国内地比较好的单一窗口项目之一。

是否计划就数据交换与其他国家正在运行的单一窗口订立协议？

是。已经有意建立泛亚电子商务联盟并继续展开更多项目。

更多资料来源

网站：www. hk-dttn. com

联系方式

　　Address：Digital Trade and Transportation Network

　　11/F & 12/F，Tower B，Regent Centre

　　63 Wo Yi Hop Road，Kwai Chung

　　Hong Kong SAR

　　Phone：(852) 2599 1771

　　Fax：(852) 2610 2325

　　Email：info@hk-dttn. com

12.3 美国调查报告

单一窗口背景

建立单一窗口的动机是什么?

美国国际贸易数据系统（ITDS）起因于特别工作组的一份报告，名为《未来自动商务环境工作组报告》，简称为《FACET 报告》。该报告专门针对单一窗口的建议是进出口使用相同的数据并使政府对国际贸易的监管一体化。在副总统戈尔"重塑政府"计划的同时发布了 FACET 报告。该项计划支持融入 ITDS 中的一体化监管设想。

单一窗口建立于哪一年?

ITDS 建于 1996 年。虽然看起来可能需要长时间的开发，然而预期单一窗口的用户不会有所抵触。ITDS 的设想从未受到非议。在下定决心推进单一窗口的开发和实施之前，有许多问题（其中有管辖、监控、融资等）需要得到解决。单一窗口设想进一步得到 2006 年港口安全法案的支持，规定经过许可或批准经办国际贸易的联邦机构都要加入 ITDS。

该项目的当前状态如何（研究、试点阶段、运行）?

海关和边境保护局（CBP）正在重新设计现行的自动商务系统（ACS）并正在开发新的自动商务环境（ACE）。ACE 对于 CBP 和单一窗口参与方会分阶段进行实施。ITDS 的需求正在 ACE 中进行开发。

单一窗口建设

单一窗口如何与已经建成的系统（如果存在的话）进行连接?

ACE 所提供的性能针对现有正在运行的国际贸易处理系统（通过接口连接的机构）以及没有任何系统的情况（直接使用的机构）。对于通过接口连接的机构，数据从 ACE 发送到机构的系统进行处理，其结果及所采取的措施均由机构送回 ACE。对于直接使用的机构，处理流程就被集成在 ACE 的"逻辑单元"之中，由 ACE 根据机构的规定确定所要采取的措施。

是否受到其他单一窗口的启发或示范?

ITDS 的构想和设计没有任何外界的启发和示范。

建设遵循何种流程? 是否有一个试点阶段?

ITDS 在北美自由贸易协议（NAFTA）的支持下开发了一个有限的原型设计——北美贸易自动化原型。该原型限于并涉及海关、出入境和运输，但重要的是根据 NAFTA，加拿大和墨西哥也参与其中。在最初推行之前，于 2001 年进行了简短的 ITDS 试点（仅在美国）。从那时起，ITDS 就已成为一项将手续归集在一起、将需求都纳入 ACE 开发流程的业务要求。

建设过程中要对员工进行何种培训? 如何组织?

为了推行 ACE，专门安排有员工对用户进行培训。注意的要点是培训不仅要针对政府人员，也要针对企业用户。培训类型包括讲师授课、网上培训以及书面文档。

该项目投入运行花了多长时间?

因为这是在更大范围实施整个 CBP 自动化商务环境（ACE）的一部分，所以很难得出单一窗口投入运行所需时间的长久。

单一窗口服务

单一窗口提供何种服务？包括哪些单证/信息/手续？

美国单一窗口的长期目标是通过合并 ITDS 需求，提供一个电子接口，贸易商以此向各个政府机构提交全部所需的资料。这将包括预检和监控（注意 WCO 全球贸易安全和便利标准框架）、放货（运输及货物申报）、支付税费以及申报后续处理的所有手续。交易的效率来自跨越多家机构共享通用数据。

期望 ACE 能够证实由正当的政府机构参与方（PGA）签发的许可证和许可。然而，不能期望 ACE 将 PGA 发放证书和许可的申请流程纳入其中。

每天要处理多少笔交易？占交易总量的百分比是多少？

2009 年 5 月，ACE 接收电子载货清单479 510份，处理货车689 789车次。对于货车载运的货物，使用电子载货清单是强制的。

目前单一窗口有多少客户？

2009 年 5 月，ACE 账户达16 559个，其中包括1 859个进口商、1 013个报关经纪人和13 687个承运人的账户。还有 550 个来自政府机构的用户也在使用。

单一窗口经营模式

单一窗口是如何运行的？用的是何种经营模式（描述业务处理模式）？

CBP 正在建立包含联邦机构单一窗口需求在内的 ACE。通过 ACE，贸易商提交将在 ACE 系统中进行处理所需的数据，并且根据贸易商的目的共享/传输到这些机构进行处理。

单一窗口主要客户有哪些？

单一窗口既服务于贸易商，也服务于政府机构。政府机构参与方（PGA）在美国已广为人知。

哪些政府和民间机构参与了该项目？

除了联邦贸易监管机构，参与方还包括出口商、承运人、进口商、报关经纪人、货运代理人等商业机构。

单一窗口业务模式

何种业务模式？如何获得资金（政府、民间机构、政府与民间合资）？

通过作为新的 CBP 系统自动商业环境（ACE）开发的部分拨款获取资金。

建设该项目的费用有哪些？

因为费用仅为更大规模的 ACE 开发项目的一部分，所以难以将这笔费用从 ITDS 分离。

预期和实际的费用差异是多少？

不清楚。

持续经营的费用（年度）有哪些？

因为费用仅为更大规模的 ACE 开发项目的一部分，所以难以将这笔费用从 ITDS 分离。

用户费和年度收入有哪些？何种支付方式（按年度定价、按交易定价、混合、其他模式）？

不征收用户费资助 ACE/ITDS，而是通过财政拨款。

单一窗口如何在未来数年持续经营?

通过财政拨款获取资金。

产生的收入是否可以抵扣成本甚至产生利润?

美国政府没有盈利动机。成本效益分析显示会有节约,而非利润。

收入（如果有的话）是否会再次投入单一窗口?

不适用。

单一窗口技术

单一窗口使用何种技术?

主机架构应用。

数据如何提交（电子方式—何种格式/语言、书面方式—何种表格、混合方式—何种混合）?

ITDS 使用数种报文交换标准以电子方式提交数据;适用 EDIFACT,、X12 以及基于互联网的门户网站。未来会考虑使用 XML。

数据发往和存放在何处（政府或民间实体）?

数据被发往并被保管于海关和边境保护局。

单一窗口由何人提交数据（进口商、出口商代理人、报关经纪人）?

数据由各类实体提交。承运人或承运人的代理人提交运输数据。进口商或其代理人（经纪人）发送货物数据。美国法律对于何人可以提交资料的规定相当明确。

单一窗口推广和沟通

单一窗口项目是如何推广的?

通过各种方式对单一窗口进行推广。最有效的是海关现代化贸易支持网络（TSN）。在 TSN 中,有政府和贸易商联合主持的 ITDS 分委员会。TSN 在美国代表着国际贸易的所有部分。TSN 包括月度电话会议、个人访谈和基于网络的通信。

月度高层会议和项目支持小组（PSG）会议的举行是为了方便 ITDS 所属各机构的沟通。另外,每一个 PGA 都有一个 ITDS 联系人作为主要的沟通渠道。

如何使所有参与方都能持续了解有关项目进展的信息?

除了在对前一问题的答复中所指出的信息外,还有一个 ITDS 网站:www. itds. gov.

为用户提供了何种培训?

在 CBP 总部为政府和贸易商用户提供了现场培训,还进行了网上培训。

是否提供任何的求助或客户服务?

海关和边境保护局保持 24/7 的求助服务。

单一窗口法律问题

使用该设施是强制的还是自愿的?

单一窗口的使用是自愿的。

参与方是否需要为加入单一窗口与供应商/代理人签署合同？

为参与方使用自动处理等事项，贸易商参与方必须签署一份意向书。参与方可以开发其自有的内部接口或从民间供应商处购买软件包。所有的接口（内部的或民间的）都要经过一道严格的测试程序，以保证其具有成功与政府系统连接的能力。

专门的法规（或修订原有法规）是否必要？

CBP 有一专门小组负责法规审核。另外，每一 PGA 都要负责审核其现有法规，以确定是否需要针对执行电子数据收集进行修订。

如何保护信息的隐私权？

信息的隐私权是一个极为重要的问题。这一问题有两个方面：对内与政府内部用户以及对外与贸易商用户。在明确信息需求的情况下，收集和查看信息的授权机构都必须认证。机构只能访问其有权查看的信息。贸易商用户只能访问与其交易相关的信息。ITDS 中建立了保障措施，以确保用户只能在其授权范围内查看信息。当前是通过用户口令来实现的。未来的性能会包括秘钥基础设施策略及其他安全措施。

单一窗口标准

国际标准（UN/EDIFACT,、UNLK、UN LOCODE,、UN/CEFACT 单一窗口建议书等）在单一窗口起何作用？

国际标准在海关现代化和 ITDS 中扮演重要角色。CBP 是协调和标准化工作的一个主要参与方，在世界海关组织（WCO）数据模型和 WCO 全球贸易安全和便利标准框架（WCO 框架）的努力卓有成效。WCO 标准基于联合国贸易数据元目录（UNTDED）和 UN/EDIFACT。ITDS 标准数据集和 ACE 数据逻辑模型与 WCO 数据模型相互对应匹配。但是，许多用户目前还在采用 CBP 专用数据和语法以及 ANSI X12 标准，CBP 会继续支持这些报文。

单一窗口效益

对客户和参与的政府机构有何效益？

参见对下一问题的答复："如何使企业界和政府受益？"

如何使企业界和政府机构受益？

政府和企业的受益如下：

- **费用**：降低了系统开发和维护的费用。如果政府机构开发和维护其自有系统，企业就必须建立各种各样的系统接口，这就会产生费用；而只建一个系统，费用就低得多了。
- **负担**：向政府提供（电子或书面）信息要花费金钱。这些费用会进一步转嫁给消费者。只提供一次数据就会减少报告的费用和申报负担。
- **准确**：从某一数据标准改为另一个，从某一种格式向另一种传输信息，从一种语法向另一种转译报文都需要付出代价，而结果还可能出错。其中的一些错误可能出于疏忽；其他则可能是蓄意。消除对这些数据的操作就会改善准确性。
- **效率**：按上述的因素进行推断，效率会获得更大提高。
- **简化**：各种政府系统、表格、规定等的增长，导致过于复杂和混乱。单一窗口会减少这种混乱并简化合规操作。

对海关税收有何影响？

对于 CBP 的税收几乎没有影响，因为美国具有一个有效的征收机制。然而，相信单一窗口对国家整体经济状况会有重大影响。这是缘于对统计数据准确及时地收集。

解决了什么问题？

政府经常忘记公众对其政府国际贸易数据处理工作要求的期望。国民期盼其政府在不安全食品、危险货物、环境状况、安全和恐怖主义顾虑、交通工具安全等方面提供保障。政府机构间的缺乏协调会损害公众对于政府应对这些基本事务能力的信心。协调化的整体方案就会改善政府满足公众要求的能力。（还可参见前两个问题）

单一窗口经验总结

成功的关键因素是什么？

参见以下对"所总结的主要经验是什么？"的答复。

最主要的障碍是什么？

改变，或对于改变的抵触，是发展单一窗口最大的障碍。在缺乏协调和咨询机构的情况下，各国在如何定义、发送和处理国际贸易数据方面的进展极不平衡。公司和政府花钱开发这些处理流程而不愿花钱进行改革。单一窗口是一项全球共同的事业（参见以下对"UN/EDIFACT 对单一窗口项目开发的最大帮助是什么（标准、提高性能等）？"的答复）。

所总结的主要经验是什么？

成功的关键因素有以下几点：

- 领导：在最高级别尽可能地予以支持。
- 预算拨款：对单一窗口提供长期的资金投入。
- 技术：必须对参与机构和企业界的需求给予响应。
- 运行：支持手续办理、协调以及运行显示。

上述因素也是需要克服的最大障碍。通过推广、磋商、注意听取焦点问题并做出积极回应来克服这些障碍是取得的主要经验。以国际化的视角对单一窗口进行推广也极为重要，贸易界已经看到国际间协调的价值。各国都应在开发各自单一窗口的行动中与其他国家协同合作。

单一窗口未来计划

单一窗口有何未来发展计划？

ACE 和 ITDS 未来发展计划的 2009 和 2010 年项目为：

- 完成 ITDS 标准数据集（SDS）
- 完成用于贸易的 ITDS PG 报文集（ABI 格式）
- ACE 针对海运和铁路的电子载货清单功能的发布
- ACE 针对补充条目摘要类功能的发布

何为单一窗口进一步发展的最大障碍？

参见对"所总结的主要经验是什么？"的答复

是否打算在区域层面签订有关单一窗口合作的协议？

美国与加拿大和墨西哥就在北美推广单一窗口持续进行对话，并且与两国就推行国际标准问题密切合作。美国已经提出与两国就其单一窗口开发项目共同协作。尚无推行区域单一窗口的计划。

是否计划与其他国家正在运行的单一窗口签订数据交换协议？

ITDS 将继续在 WCO 框架中支持 CBP。

更多资料来源

网站：www. cbp. gov

　　　www. itds. gov

联系方式

Name：Susan Dyszel

Acting Director，ITDS

Customs and Border Protection

Email：susan. dyszel@dhs. gov

12.4　日本调查报告

单一窗口背景

建立单一窗口（SW）的动机是什么？

随着世界经济的全球化，跨国经营的公司开发出一种新的商务模式，运行从采购到销售业务完整的配送管理，称之为供应链管理（SCM）。在 SCM 过程中，极为重要的就是交易成本的最低、交付周期更短且可预测性更强。

2001 年 8 月 28 日，日本财务大臣提出盐川项目作为响应，这是一项针对国际物流的改革，包括将已有的日本自动货物清关系统（NACCS）和其他业已计算机化的贸易相关行政程序系统合并到一个综合的计算机接口系统，使所有贸易相关单证的呈递得以一次性转送。

建立这一单一窗口系统列入 2003 年的计划。

单一窗口建立于哪一年？

有关单一窗口的工作于 2003 年 7 月启动。

该项目的现状（研究、试点阶段、运行）如何？

运行。

单一窗口建设

单一窗口与已建系统（如果存在）如何连接？

单一窗口与日本现行的一站式服务系统（NACCS）相连接，可在单独一台终端对多个政府相关系统完成多种手续，但是要求数据传输针对每一程序单独进行。这使用户通过一次传输即可完成不同法规所要求的全部必要手续。

单一窗口的建设是按照什么样的流程？是否有试点项目？

发展"单一窗口"网络的第一步是于 1997 年 2 月对政府系统之间与进出口相关的手续进行整合，将处理海运和空运货物进出口相关海关手续的 NACCS 与处理食品检疫手续的食品进口通知及检验自动化网络系统（FAINS）建立连接。

通过这一网络，进口商/出口商或报关经纪人单从客户方的个人计算机就可以使用 NACCS 和 FAINS。按照海关法第 70 款的规定，向海关申报就可以完成其他机构的手续办理。

这一计划扩展到：

- 办理食品检疫手续的食品进口通知及检验自动化网络系统（FAINS）；
- 办理动物检疫手续的动物检疫检验手续自动化系统（ANIPAS）；
- 办理植物检疫手续的植物检疫网络（PQ-Network）；以及
- 办理进出口许可证的日本贸易监管系统公共电子网络（JETRAS）。

该项目的引进是为了方便办理进出口手续，并有助于在总体上减少从船舶抵达至货物交付或货物到港至船舶离港的时间。

1999 年，NACCS 将其服务扩大至进/出港程序，并在 1999 年为政府机构和码头经营人建立了港口的电子数据交换（EDI）系统。

2003 年，日本政府引进了另一个进出港程序的便利化措施。NACCS、港口 EDI 系统和入境管理局的船员登陆许可签证系统都被连接在一起。用户既可以通过 NACCS、也可以通过港口 EDI 进行单证的递交，而数据则会被复制并发送到其他系统。

单一窗口服务

单一窗口提供何种服务？包括哪些单证/信息/手续？

适用于单一窗口（一站式）服务的作业包括：

- 适用于单一窗口（一站式）服务（进出口相关手续）的作业和接收方（海运和空运货物均可）
- 适用于单一窗口服务（海港相关手续）的作业和接收方
- 适用于一站式服务的作业和接收方

（a）适用于单一窗口（一站式）服务（进出口相关手续）的作业和接收方（海运和空运货物均可）

手　续		接　收　方
进口相关手续	进口申报	海关
	进口动物检验申请	动物检疫所
	进口植物检验申请	植物检疫所
	食物进口通知	检疫所
	进口审批（确认）	经济产业省
出口相关手续	出口申报	海关
	出口动物检验申请	动物检疫所
	出口审批（确认）	经济产业省

（b）适用于单一窗口服务（海港相关手续）的作业和接收方

手　续		接　收　方
到港通知		检疫所、入境管理局
到港相关	船舶入境申报	海关、码头经营人、港口管理机构、检疫所、入境管理局
	航海健康申报	检疫所
船舶进出港申报		海关、码头经营人、港口管理机构、检疫所、入境管理局
船舶入境/进出港申报		码头经营人、港口管理机构
船员名单		海关、检疫所、入境管理局
旅客名单		海关、检疫所、入境管理局

（c）适用于一站式服务的作业和接收方

手　续	接　收　方
靠泊设施使用通知、指泊申请、船舶夜间进港申请、移泊申请、移泊通知、危险品作业申请	码头经营人
靠泊设施使用申请	港口管理机构
检疫通知	检疫所

一站式进出口清关服务：（报关经纪人＋仓库）

单一窗口进出港申报服务：（代理人＋承运人）

单一窗口经营模式

单一窗口是如何运行的？何种经营模式（描述业务处理模式）？

仅针对 NACCS 用户。下图表示港口 EDI 系统、海运 NACCS、船员登陆许可签证系统等的协作和互联，政府内阁有六个省的手续都结合在单一窗口系统中。

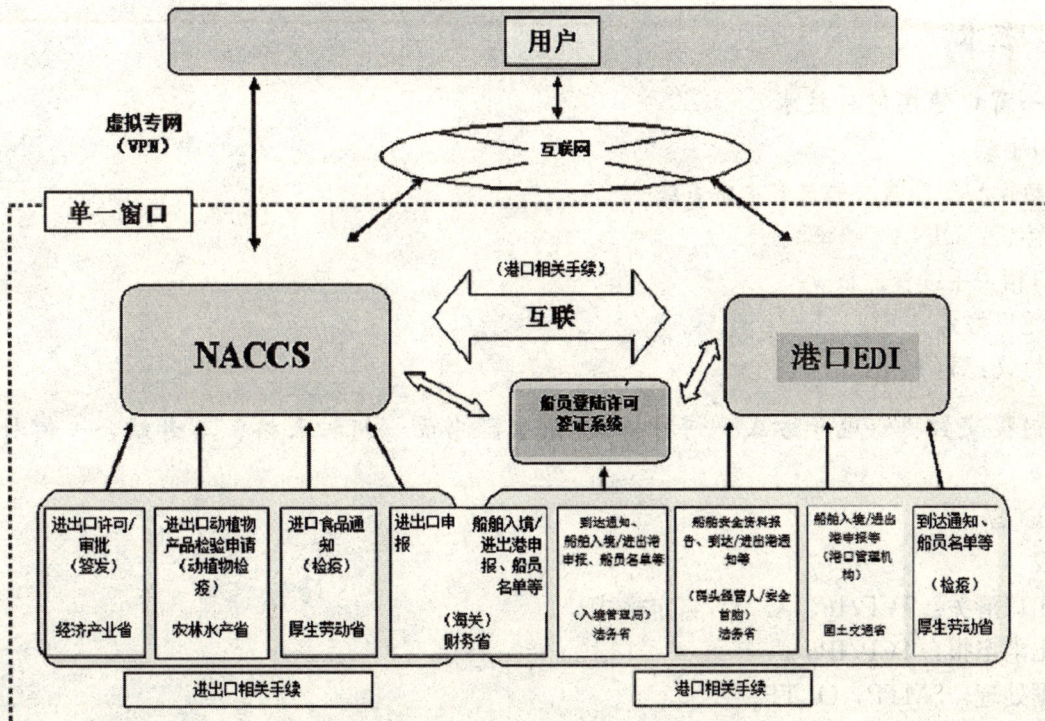

单一窗口有哪些主要客户？

进出口清关：报关经纪人

进出港：承运人的代理人

哪些政府和民营机构参与了该项目？

如上图所示，内阁有六个省都参与了单一窗口：

- 经济产业省
- 农林水产省
- 厚生劳动省
- 财务省

- 法务省
- 国土交通省

单一窗口业务模式

是何种业务模式？资金来源如何（政府、民营企业、政府与民间企业合资）？

NACCS 由政府和民间企业共同出资。

港口 EDI 系统由政府出资。

有何种用户费用（如果有的话）和年费？何种支付模式？

NACCS 用户按每笔交易支付费用：

- 进口申报
- 出口申报
- 进港
- 载货清单（按每票提单）

单一窗口技术

单一窗口使用何种技术？

进口手续：

- 转换和管理报文的自有主机系统
- 协议：DINA

港口相关手续：

- 通用格式

  协议：TCP/IP

如何提交数据（电子方式—何种格式/语言、书面—何种表格、二者结合—何种结合类型）？

NACCS

协议

进出口清关：TCP/IP、X.25、自定格式

进出港申报：TCP/IP

数据处理：SMTP，OLTP

EDI 标准：自定、货物交接报文规程（Cargo-IMP）、EDIFACT

字符集：A 类

语言：英语

数据在何处发送和驻留（政府或民营实体）？

NACCS 中心：准政府机构

港口 EDI：财团法人

何人可以提交数据（进口商、出口商、代理人、报关经纪人）？

针对进口手续的有进口商、出口商、报关经纪人、仓库经营人；针对港口相关手续的有船舶承运人或其代理人。

单一窗口推广和沟通

该项目是如何推广的？

通过新闻稿和网站对这些措施进行推广。还针对全国各地的相关当事人举行说明会。

如何使所有当事人都能了解该项目的进展？

NACCS 中心在以下网站发布其年度报告：http：//www. naccs. go. jp

向用户提供了何种培训？

NACCS 中心和港口 EDI 为用户开办演示会。

2004 年，各地 NACCS 办事处就有 130 次的客户培训安排。

是否提供求助或客户服务？

NACCS 的经营机构为其客户设立了求助服务。单一窗口的进口手续和港口手续都包含在这项求助服务中。同样，港口 EDI 系统也在运行着另一个求助服务。

单一窗口法律问题

该设施的使用是强制的还是自愿的？

使用该设施均出于自愿。

参与方为了加入是否需要与供应商/代理人签订合同？

NACCS 和港口 EDI 的参与方均须在其进入系统之前签订合同。两个系统都会向用户/客户分配用户编码和密码。

是否需要专门的法规（或修订原有的法规）？

是。

单一窗口信息的隐私权如何保护？

对于 NACCS，法律禁止某一经营机构的员工泄露信息。政府雇员要承担信息保密的法定义务。

单一窗口标准

国际标准（UN/EDIFACT、UNLK、UN LOCODE、UN/CEFACT 单一窗口建议书等）在单一窗口中的作用如何？

对于进口手续，使用的是自定义的 EDI 标准。NACCS 标准基于 UN/LOCODE、联合国危险品编码以及多项 UNECE 编码。

对于港口手续，在 NACCS 中使用自定义的 EDI 标准和 UN/EDIFACT 标准。

网站登录和 UN/EDIFACT 都在港口 EDI 中使用。

单一窗口效益

单一窗口客户以及参与的机构都有何效益？

对于进口手续，该项服务对减少货物的放行时间贡献极大。

对港口相关手续，该项服务减少了多次发送相同报文的现象，现在可以只需发送一次，使船舶经营人或其代理人降低了通讯费用。

此外，二者都降低了人工成本。

单一窗口经验总结

何为成功的关键因素？

日本政府正在评估现行的单一窗口，并且正在优化未来的单一窗口。所以在下一年度方可提供该项资料。

单一窗口未来计划

有何进一步发展单一窗口的计划？

正在与各有关政府机构一起开发和测试最为适宜的港口相关进出口手续的项目。此后，将公布这一优化方案。

是否打算在区域层面就单一窗口合作订立协议？

在优化方案中，将会有政府相关机构与经营实体之间的某种协议。

更多资料来源
网站：http://www.customs.go.jp/tetsuzuki/sw/index_e.pdf
联系方式
Customs Administration Research Office
Customs and Tariff Bureau
Ministry of Finance
Address：3—1—1 Kasumigaseki
Chiyoda-ku
Tokyo，Japan 1008940
Phone：+81—3—3581—4111（ext. 5216）
　　　　+81—3—3581—4147（night）
Fax：+81—3—5251—2122
Email：mailcust@mof.go.

12.5 瑞典调查报告

单一窗口背景

建立单一窗口（SW）的动机是什么？

长期以来，瑞典海关为国家商务部和农业部等部门在边境口岸提供公共服务。随着信息技术的发展，上述这些部门顺势设计并开发出一套服务于外贸全流程的 IT 系统。

单一窗口建立于哪一年？

最初的单一窗口工作于 1989 年启动，当时瑞典海关开发了一套处理出口流程并把统计数据自动传递给瑞典统计局的海关信息系统。

该项目的现状（研究、试点阶段、运行）如何？
运行。

单一窗口建设

单一窗口与已建系统（如果存在）如何连接？

海关信息系统是瑞典第一个大型的基于公共服务的商务系统，因此把它作为后续各接口的标准。

是否有试点项目？

当时几乎没有其他的单一窗口案例，因此也无从借鉴。

单一窗口的建设是按照什么样的流程？

单一窗口是逐步建立起来的。首先是出口，然后是运输，最后是进口。税收、简化流程和其他支持系统，例如关税系统也是分阶段完成的。

在建设过程中需要对员工进行何种培训？陪训是如何组织的？

员工培训一般在 16 至 32 小时之间，取决于其在机构中特定的角色和子系统的复杂程度。培训是基于"先培训教练"这一理念的，例如，先在培训中心对培训师和主要用户进行培训，然后这些人再去培训其他的员工。

花了多长时间使该设施得以运行？

第一个子系统是出口，1988 年开始建设，到 1989 年年底投入运行。

单一窗口提供何种服务？包括哪些单证/信息/流程？

瑞典海关与商务部、农业部以及国家战略监察局合作制定的一套方案，使单一窗口为企业客户提供国际贸易服务。单一窗口能处理到挪威和俄罗斯的出口流程；单一窗口可以从报关单中自动提取国际贸易统计数据并传送给瑞典统计局；通过单一窗口可以向海关支付增值税，并自动把该信息传递到国家税务局。

通过这一平台瑞典海关可以与国家债务办公室或者欧委会实现关税自动划拨。公民可以通过单一窗口向海关进行宠物申报，这也同时满足了农业部的需求。同样的，该平台也能处理武器弹药的申报并把信息传至瑞典警方。

每天要处理多少交易？占交易总量的百分比是多少？

每年 94% 的报关手续经由 XML 或者是 EDIFACT 完成。瑞典海关信息系统每天处理 10 万多条电子信息。

目前单一窗口有多少客户？

大约12 000公司和 7 000 个人在使用一项或多项单一窗口提供的服务。

单一窗口经营模式

单一窗口如何运行？何种经营模式（描述业务处理模式）？

用户向瑞典海关提交信息。根据其所指向的特定手续，例如单证，该信息被传递到相关的公共服务模块。如果提交的是报关单，系统会自动提取特定信息，并传递至相关的公共服务部门，例如，贸易数据会被传递到瑞典统计局。

单一窗口有哪些主要客户？

主要客户包括：进口商、出口商和报关员（代理商）。（由于国家保密条款，个体公司将不被提及。)

　　该机构有哪些政府和民营机构参与？

　　国税局、商务部、农业部、统计局、警察局、战略监察局、国家债务办公室、挪威海关、俄罗斯海关和欧盟。

单一窗口业务模式

　　何种业务模式？如何获得融资（政府、民间机构、民间与政府合资）？

　　单一窗口最初用的是政府的专项拨款。现在资金是从各相关公共服务部门的预算里出。有些新尝试正在用公私联营的模式来开发新的更复杂的系统。

　　机构的开办费用有哪些？

　　由于是 1988—1989 年的事情，已无据可查。

　　预估费用和实际费用之间有何不同？

　　由于是 1988—1989 年的事情，已无据可查。

　　日常经营费用（年度）是哪些？

　　单一窗口的开发、运行和维护费用，目前没有总体的数据可查。

　　用户费（如果有的话）、年度营业收入及支付模式（年度固定价格、按交易计价、混合计价、其他模式）都有哪些？

　　单一窗口上的服务都是免费的。然而使用一些先进的服务还是有些先期投入的，例如使用EDIFACT 提交报关单。

　　如何在未来年度持续运行单一窗口？

　　从打击犯罪的角度出发，单一窗口将为检察院、警方、法院以及其他相关职能部门提供服务。此外，单一窗口还将为授权经济运营者，尤其是是欧盟内部正在进行的海关手续改革，提供支持。当然，满足瑞典海关的客户（企业和个人）的需求，将会是单一窗口发展中优先考虑的。

　　所产生的收入是否足以抵补经营成本甚或产生利润？

　　由于没有收入，所以无法抵补成本。然而，流程的自动化可以使瑞典海关处理复杂事物时更合理的分配资源。

　　收入（如果有的话）是否会再次投放到单一窗口？

　　是。

单一窗口技术

　　单一窗口使用的是何种技术？

　　根据被分享信息的数量不同，分享频率不同，是"接受"还是"发送"等等情况，使用不同的技术解决方案。因此对这个问题无法给出具体的答案。

　　数据如何提交（电子方式—何种格式/语言，书面—何种表格，混合—何种组合）？

　　根据客户的选择（经常提交报关单的客户选择 EDIFACT），数据使用 EDIFACT 或者 XML进行提交。也可以先提交纸质单证，然后由工作人员录入进海关信息系统（非办公时间或者是周末，费用大约是 5 美元/小时）。所有的单证（电子的或是纸质的）都存储进数据库用于后期管控和审计。

在何处进行数据发送和申报（政府或民间实体）？

数据首先传送到个人的终端进行格式调整。例如，EDIFACT 或是 XML CUSDEC。原始电子数据也会被保存至法定的档案中。接着信息上传至海关信息系统，并由该系统对所递交的信息进行自动控制、风险预测、税额计算以及其他的管控。瑞典海关然后将数据根据需要传送至其他公共服务部门。

何人可以提交数据（进口商、出口商、代理、报关经纪人）？

进口商、出口商、报关经纪人/代理、个人。

单一窗口推广及沟通

单一窗口业务如何推广？

这些电子化服务从 1989 年就开始提供了。在最近几年里，已经有了特定的客户群，例如，出口补贴服务会促进食品出口商使用该系统。客户满意的反馈也促进了该系统的完善。

如何使各当事方持续了解该项目的进展？

相关人员，例如各方客户代表参与到由瑞典海关建立的联合委员会战略和战术决策中。在战术层面有两个联合委员会，一个负责处理通关手续（例如司法解释），另一个负责研究开发和信息通信方面。通过这些联合委员会，最终用户参与到单一窗口的优化中来，而不是仅仅是了解项目的进展。

向用户提供了何种培训？

用户可以参加由瑞典海关和其他相关部门（共同组织的培训课程，例如关于许可证和出口补偿可以参加农业部办的培训）。在虚拟海关上也有不同主题的网上培训。

是否提供求助或客户服务？

对于瑞典海关信息系统和技术方面的问题有专门的服务台（不休息）。对于税费、流程等方面的问题可以在工作日 8：00 至 19：00 打电话到客服中心。其他时间或是紧急情况下可以找海关办公室或者使用 www. tullverket. se 上的自助服务。

单一窗口法律问题

使用该设施是强制的还是自愿的？

除了涉及运输流程的报关需要强制使用该系统外，其他的服务都是自愿的。

参与方是否需要为加入而与供应商/代理商签订一份合同？

需要向瑞典海关申请。可以领到具体的单一窗口使用条件和指导。如需使用运输、许可证或出口补偿等子系统，则需要另行申请。只是一些简单的规则条款，而不是传统意义上的合同。

制定专门法规（或修订原有法规）是否必要？

是的，有专门关于电子签名、电子印章、驳回申报等方面的新法规。在提交电子单证，海关与其他公共部门间的信息共享等方面修订了原有法规。

如何保护信息的隐私权？

使用单一窗口的客户会被告知哪些信息由瑞典海关共享给了其他公共服务部门。通过这个途径确保只在必要的情况下共享特定的信息。

根据瑞典隐私法，每个公共服务部门会对自己涉及的那部分被提交信息的隐私权负责。例如，瑞典海关可以把一份食品托运的信息传递给挪威海关和农业部，但农业部不能把该信息传给挪威海关，即使信息是完全一样的。

单一窗口标准

国际标准（UN/EDIFACT、UNLK、UN LOCODE、UN/CEFACT 单一窗口建议书等）在单一窗口中的作用如何？

瑞典海关信息系统用来提交电子单证的报文符合现行标准，例如 UN/EDIFACT、CUSDEC 和 CUSRES。所以国际标准对瑞典海关单一窗口起到了重要的作用。

单一窗口效益

客户以及各个参与机构有何效益？

无缝流程，高品质/少差错，信息共享以及更高效的公共服务。

交易群体和政府如何受益？

交易群体花费更加少的时间及金钱提交相同的信息给不同的公共服务部门。这使办事费用显著降低，根据不同交易的具体情况这个幅度在 20％至 50％之间。信息电子化共享降低了出错率，提高了品质，并使流程更加顺畅。

对政府而言，单一窗口意味着花更少的时间在简单的事务工作上，从而可以把更多的资源放在不能电脑处理的那些手续和流程上。例如，因为用了单一窗口，瑞典海关处理出口补偿文件所花的时间节省了 50％，农业部节省了 40％处理该事物的时间，客户等待回复的时间缩短了一半。

对海关税收有何影响？

海关税收的增长很有限，这主要是因为，在使用单一窗口前征税面已经达到了 99.5％。

单一窗口解决了什么问题？

单一窗口为越来越多出现的需要跨部门处理的手续提供了解决方案。这套系统只需提交一次信息，手续办理更流畅，使各方都受益。通过这套系统瑞典海关可以在与其他部门的协作中更清晰地辨别风险，从而可以实现不间断的风险分析和风险描述。

经验总结

成功的决定性因素是什么？

为客户设计程序和步骤，确定及提供有效的解决方案，是成功的决定性因素之一。另一点就是聆听最终用户的需求。

什么是最棘手的问题？

一个主要问题是从技术上实现让中小型企业也能参与到这个系统中来。这样就必须优先提供免费的服务（主要基于网页技术和手机短信）。然而也要考虑到大企业目前正在使用的这套系统。

获取的主要经验是什么？

- 让用户参与到设计和开发中来
- 先注重主体部分
- 解决方案必须兼顾灵活性和安全性

- 要考虑到客户至上，使用客户的数量增多了也使为公共服务受益
- 在技术允许的条件下，尽量把界面做的更简明友善

单一窗口未来计划

单一窗口的未来发展计划是什么？

从打击犯罪的角度出发，单一窗口将为检察院、警方、法院以及其他相关职能部门开发服务。此外，单一窗口还将为授权经济运营者，尤其是是欧盟内部正在进行的海关手续改革，提供支持。当然，满足瑞典海关的客户（企业和个人）的需求，将会是单一窗口发展中优先考虑的。

单一窗口进一步发展的最大障碍是什么？

其一，是在保持灵活性的同时使系统更加标准化。一项重要的工作是增加透明度。其二，是使电子签名和电子标识更加标准化。还有一点是配合国际海关组织采用海关数据模型，为跨国企业执行修订后的《京都议定书》带来更多的透明性。

是否打算在区域层面订立有关单一窗口合作的协议？

是的。但是现在还不能透露细节。原因是现在欧盟正在重新设计海关流程。单一通道将被欧盟采用，不管商品本身在何处，经营者都能与海关进行沟通，单一窗口是其运行的先决条件。

是否计划就数据交换与其他国家正在运行的单一窗口订立协议？

见前文。

更多资料来源

网站：www. tullverket. se

联系方式

Name：Mr. Mats Wicktor

Head of the Swedish Customs Future Centre

Address：P. O. Box 12854

S-112 98 Stockholm，Sweden

Phone：＋46 8 4050140

Fax：＋46 8 4050523

Email：mats. wicktor@tullverket. se

12.6　德国调查报告

单一窗口背景

建立单一窗口（SW）的动机是什么？

主因是汉堡港急需加速信息的流通。由班轮代理、运输代理和码头经营者组建一支团队共同讨论解决方案，并达成以下共识：

- 有效率的运输机制需要及时的信息
- 信息交换使用 EDI
  - 避免重复录入
  - 避免重复录入导致的错误
  - 节省费用

——节约时间

港口内的信息流通太慢且成本太高

单一窗口建立于哪一年?

1982 年。

该项目的现状(研究、试点阶段、运行)如何?

运行。

单一窗口建设

单一窗口与已建系统(如果存在)如何连接?

用 EDI 技术使原有各系统实现互联。

是否有试点项目?

单一窗口是从 1974 年的试点项目"汉堡港数据库"发展而来的。当时该项目的参与方包括班轮代理、运输代理和最大的两个码头经营者(基本上是 1982 年的原班人马),当然也包括 IBM。当时试点的技术解决方案是由一个主机带动其他的客户对话界面(例如,终端),没有电子数据交换。

到了 1982 年,随着更多 EDP 系统的建立,全功能数据交换成为新的解决方案。

单一窗口的建设是按照什么样的流程?是否有试运行?

- 建立一个委员会
- 确认第一个商业案例:码头订位单和提单
- 聘用了一个顾问:"Write the concept"
- 考虑各方原有 IT—架构
- 顾问公司经过案例研究给出了技术和融资方案
- 第一笔投资:七个人一年的时间用来设计开发码头订位单和提单,启动第一个试点!
- 最初由班轮代理、运输代理和码头经营者组成的团队参与到试点项目中来

在建设过程中需要对员工进行何种培训?陪训是如何组织的?

IT 人员需要更多地了解客户交易方面的知识。所以安排他们进各种的办公室熟悉日常交易的各个方面。

花了多长时间使该设施得以运行?

一年。1982 年的试点项目成功后,1983 年更多的公司加入进来。1984 年更多的使用案例不断出现。

单一窗口服务

单一窗口提供何种服务?包括哪些单证/信息/流程?

DAKOSY 股份有限公司作为服务提供商,既提供纯电子数据交换服务,也提供基于电子数据交换模型的单一窗口应用服务。运输过程中所需的全部文件都可以经由 DAKOSY 网络进行交换。DAKOSY 的 IT 服务项目包括:

- 备份服务
- 灾难管理

- 网络和通讯
- 外包
- 因特网服务
- 数据中心服务

目前单一窗口有多少客户？

2 050 个。

单一窗口经营模式

单一窗口如何运行？何种经营模式（描述业务处理模式）？

DAKOSY 有三个股东。这些公司代表着运输代理、班轮代理/远洋运输和码头运营方的利益。如果想加入所谓的基础网络（也就是，码头内交易所需的全部文件），需要跟这三家公司之一签一份合同。股东们支付所谓基础网络的运营费用，并收取其客户相应的费用。

基础网络之外的所有服务都直接由 DAKOSY 收费；合同方为 DAKOSY。

单一窗口有哪些主要客户？

行业和生产企业的发运、仓储和物流部门。

该机构有哪些政府和民营机构参与？

DAKOSY 股份有限公司是一家私营公司。

单一窗口业务模式

何种业务模式？如何获得融资（政府、民间机构、民间与政府合资）？

公司股份构成：

- 33.33%码头运营方（Gesellschaft Datenverarbeitung Hamburger Umschlagbetriebe 有限责任公司（GHU））
- 33.33%班轮代理和航运公司（DAKOSY Interessengemeinschaft Hamburger Linienagenten 有限责任公司（DIHLA））
- 33.33%转运公司（DAKOSY Interessengemeinschaft Hamburger Spediteure 有限责任公司（DIHS）

资金＝153 万欧元[①]

股东每年为所谓的"港口社区 EDI 电子数据交换业务"支付年费。

DAKOSY 的附加服务（EDI 电子数据交换，ASP 应用服务和 IT—服务），直接由 DAKOSY 收费。

单一窗口机构的开办费用有哪些？

200 万德国马克[②]。

用户费（如果有的话）、年度营业收入及支付模式（年度固定价格、按交易计价、混合计价、其他模式）都有哪些？

按交易计价。

[①]　大约 1 866 000 US$.

[②]　大约 1 248 000 US$.

所产生的收入是否足以抵补经营成本甚或产生利润?

收益超过运营成本（也就是有利润产生）。

收入（如果有的话）是否会再次投放到单一窗口?

是的。

单一窗口技术

单一窗口使用的是何种技术?

DAKOSY 电子数据交换和应用服务的数据核心是 IBMi 系统。IBMi 系统提供：

- 高实用性
- 低总体拥有成本（TCO）
- 为满足客户需求的高可扩展性

数据如何提交（电子方式—何种格式/语言，书面—何种表格，混合—何种组合）?

EDI 电子数据交换：

a. 格式

- UN-EDIFACT
- XML
- Inhouse-Formats
- 其他

b. 协议

- FTP
- E-Mail（SMTP/POP3）
- X. 400
- OFTP（Odette 文件传输协议）
- FTAM

应用服务：

a. 客户

- Microsoft Windows 98/2000/NT/XP
- WBT（基于 windows 的终端）
- 5250-Emulation
- Java 开发工具包开发的浏览器
- Citrix

b. 通讯方式：

- 拨入和专线
- 因特网（包括，虚拟专用网）
- 所有"点对点"的连接

单一窗口在何处进行数据发送和申报（政府或私营实体）?

在 DAKOSY，私营实体。DAKOSY 股份有限公司是一家 100% 的私营公司。

何人可以提交数据（进口商、出口商、代理、报关经纪人）?

运输链上的所有参与方。

单一窗口推广及沟通

单一窗口业务如何推广？

一般的销售和市场推广。最重要的是，DAKOSY 的使用者会要求他们的客户也使用 DAKOSY。

如何使各当事方持续了解该项目的进展？

- 用户年会（需申请）
- 与用户就新主题开办研讨会
- 互联网
- 各种应用的每月时讯
- 季度时讯（企业水平的）
- 年度接待日活动
- 展会

向用户提供了何种培训？

DAKOSY 培训部既提供上门培训，也在 DAKOSY 自己的培训中心举办培训。

是否提供求助或客户服务？

DAKOSY 售后服务在工作日 7：00 至 18：00 提供一级和二级帮助服务。其他时间提供一级帮助服务。贸易商可以在 www.dakosy.de 和 www.dakosy-direct.de 上查看重要提示、辅助指标和最新情况。对于突发状况，在夜间和周末也有电话帮助服务。

单一窗口法律问题

使用该设施是强制的还是自愿的？

只有危险品运输申报和出口申报（海关控制）是强制需要使用该系统的。

参与方是否需要为加入而与供应商/代理商签订一份合同？

与"单一窗口如何运行？何种经营模式（描述业务处理模式）？"的回答相同。

制定专门法规（或修订原有法规）是否必要？

为了实施"危险品运输管理系统"，汉堡市修订了一些法规，以使其申报工作成为强制性的。

如何保护信息的隐私权？

所有的用户都有自己的代码和密码。如果是登记过的地址，数据只会按照发送方指定的地址发送给对应的用户。

单一窗口标准

国际标准（UN/EDIFACT、UNLK、UN LOCODE、UN/CEFACT 单一窗口建议书等）在单一窗口中的作用如何？

一旦有某个国际标准可以使用（并且客户需要），就会被采用。

单一窗口效益

交易群体和政府如何受益？

- 建立了信息链

- 信息流通速度加快
- 减少重复录入
- 高品质的数据
- 节省时间和金钱
- 经过标准化：单证数量减少
- 提高了对运输链透明度的控制

贸易协会和政府如何受益？
同上。

单一窗口解决了什么问题？
达成了下列目标：
- 建立了信息链
- 信息流通速度加快
- 减少重复录入
- 高品质的数据
- 节省时间和金钱
- 感谢标准化：单证少了
- 提高了对运输链透明度的控制

经验总结

成功的决定性因素是什么？
- 实在的开拓者精神在恰当的时间做出开发
- 中立
- 易于使用

获得的主要经验是什么？
- 90％讨论，10％工作
- 最重要的是：所有的人要往一个目标努力
- 路要一步一步的走

单一窗口未来计划

- 整合更多出口商和进口商
- 把信息链延伸至海外
- 重新设计 ASP 应用服务
- 发展增值服务
- 在信息链管理上应用新技术
  →eDocs（知识文档管理模块）
  运用工作流引擎来监督业务流程

是否打算在区域层面订立有关单一窗口合作的协议？
是。

是否计划就数据交换与其他国家正在运行的单一窗口订立协议？

是。

更多资料来源

网站：www.dakosy.de

联系方式

Name：Ms. Evelyn Eggers，Manager，Sales Department

Address：Dakosy AG

Mattentwiete 2

20457 Hamburg，Germany

Phone：+49 (0) 40/37 003—0

Fax：+49 (0) 40/37 003—570

E-mail：eggers@dakosy.de

12.7 马来西亚调查报告

单一窗口背景

建立单一窗口（SW）的动机是什么？

将国家贸易便利化服务改造成一个能处理所有贸易便利化需求的完整综合的一站式平台。

单一窗口建立于哪一年？

先是在 1994 年建成了一个电子社区服务模型。到 2002 年改进为单一窗口界面。2009 年 9 月该系统正式收归国有，并更名为国家单一窗口。

该项目的现状如何（研究、试点阶段、运行）？

单一窗口的核心服务：

编 号	服 务	状 态
1.	电子报关单	运行
2.	电子关税支付	运行
3.	电子许可证	运行
4.	电子货单	运行
5.	电子原产地证明书（ePCO）	运行
6.	电子原产地证明书跨境服务（认证机构和进口国海关间）	试用

- 其他——Dagang 网络科技（DNT）已经取得了业务流程管理软件并将进军 B2B 服务领域，整合贸易及物流的"上游""下游"价值链。

单一窗口建设

单一窗口式如何与已经建立的系统（如果存在的话）进行连接的？

当前，国家单一窗口经过整合实现了数据可共用性的最大化。DNT 的最终远景是建立一个"扩展型企业"平台，在该平台上单一窗口服务可以整合其他的 B2B 服务（不管是贸易或物流价值链的"上游"还是"下游"），从而建立一个无缝信息环境。

对于那些已有系统的利益相关者，可以通过各种机制与国家单一窗口整合：

- 通过专线或公用网络，电子信息以预先确定的信息标准格式进行交换：
  - ✓ 报关系统
  - ✓ OGAs 许可证后台系统
  - ✓ 银行
  - ✓ 港务局后台系统
  - ✓ 港口经营者后台系统
  - ✓ 运输公司，诸如转运代理和航运公司/代理
  - ✓ 交易——进口商/出口商
  - ✓ 输入国原产地证书认证机构和海关当局
- 自定义信息格式的电子信息交换。系统整合如下：
  - ✓ 运输公司，诸如转运代理和航运公司/代理
  - ✓ 进口商/出口商
- 远程登录查看状态
  报关系统——向客户提供查看申报状态的海关服务

是否受到其他单一窗口的启发或作为原型？

根据 DNT 的经验，在实现单一窗口中没有原型，因为建设难点每个国家都不同。

创办时遵循何种流程？是否有试点阶段？

DNT 采用的是阶段实施法。过程如下：

- 需求调研
  - ✓ 缺口分析
  - ✓ 业务流程的流线型化，例如实施无纸化等

在建设过程中需要对员工进行何种培训？如何组织？

通常，优先培训员工的内容：

(1) 专业知识

(2) 标准

(3) 产品

培训包含内部培训和参加课程/研讨会（国内和国外）。

该项目投入使用花了多长时间？

电子报关单 1994 年

电子关税支付 1995 年

电子许可证 6 个月

电子货单 1 年

电子特惠原产地证明书 1 年

单一窗口服务

单一窗口提供何种服务？包括哪些单证/信息/手续？

单一窗口让客户可以递交申请并再使用其中的信息提交给其他的机构。单证包括：

- 报关单及回复

- 上税指导 & 收款票/信用证
- 进口和出口许可证申请并由 OGA 向海关报批（包括海关回复给 OGA 的核准报告）
- 运输船舶信息包括估计到港时间/预计离港时间（CUSREP）
- 货单/货物报告（CUSCAR）
- 电子原产地证明书申请（ePCO），包括费用分析申请
  向东盟伙伴国核准电子原产地证明书

单一窗口每天要处理多少交易？占交易总量的比例是多少？

大约每月处理超过两百万宗交易。

单一窗口现在有多少客户？

5 000 客户。

单一窗口经营模式

单一窗口是如何经营的？何种经营模式（描述业务处理模式)？

所有国际贸易相关机构宣告必须使用国家单一窗口（NSW）。有两类费用：

1. 使用费（根据所传输报文的大小（千字节））

2. 单证费（授权机构成功处理的）

单一窗口有哪些主要客户？

货运代理（报关员）

进口商和出口商

银行

海运代理

外轮代理

港口/终端运营商

哪些政府和民间机构参与了项目？

马来西亚贸工部

马来西亚海关

免税区机构

OGAs 许可证后台系统

单一窗口业务模式

何种业务模式？如何筹措资金（政府、民营企业、民间—政府合资)？

单一窗口所有的运营和维护费用都由 DNT 负担。DNT 通过以下两种业务模式向用户收取费用以回收投资：

（1）使用费（根据所传输报文的大小（千字节））

（2）单证费（授权机构成功处理的）

单一窗口项目建设有哪些费用？

2004 年 DNT 花了 1 500 万马来西亚元改善了基础设施。在接下来的五年中 DNT 还准备花 3 000 万马来西亚元来改善单一窗口的服务和递送。

预算费用和实际费用之间有何差异？

成本管理至关重要，DNT 确保管理好所有的计划以减少预算费用和实际费用之间的差异。

单一窗口持续经营的（年度）成本都有哪些？

硬件、系统和应用软件许可、应用的开发及整合、报文标准的开发和维护、营销和推广；还有培训。

用户费（如果有的话）和年费有哪些？何种支付模式（按年定价、按交易定价、混合定价、其他模式）？

根据传输量和单证数量收费。

单一窗口将如何在来年持续经营？

来源于收取用户的使用费。

产生的收入可否抵补成本甚至产生利润？

收入可以抵补损耗、经营成本和技术更新。

收入（如果有的话）是否会重新投入单一窗口？

是。

单一窗口技术

单一窗口使用何种技术？

网络技术——XML，国际标准，例如 RosettaNet，业务流程引擎和报文转换器。

数据如何提交（电子方式—何种格式/语言、书面方式—何种表格、混合方式—何种混合类型）？

- RosettaNet-PIP3B18（ASN），PIP3A1（报价单），PIP3A4（PO），PIP3B2（DO），PIP3C3（发票）
- PAA 预申报报文格式（XML）
- 标准申报—UN/EDIFACT
- 东盟单一窗口（ASW）- UN/CCL
  马来西亚—非洲—英国 - UN/CCL

单一窗口数据是在何处发送和存放（政府或民间实体）？

国家单一窗口
对于标准申报，数据由个人用户发送，处理响应由授权机构发送（请参考前文）。

东盟单一窗口（ASW）- G2G 交换
　　　马来西亚机构
- 国际贸易工业部
- 海关

单证
- 原产地证书

机构
- 出口国商务部
- 进口国海关机构

何人可以提交数据（进口商、出口商、代理人、报关经纪人)?
请参考前文。

单一窗口推广和沟通

单一窗口项目是如何推广的?
首先，我们宣传"成功的事迹"，接着，通过教育提高知晓度。

如何使相关各方都能持续了解项目的进展?
各种渠道:
通过"单一窗口实施提高知晓度"计划中涉及的各公共部门和私营部门
通讯
年度用户调查
年度用户对话

向用户提供何种培训?
单一窗口产品/服务

是否提供求助或客户服务?
是，全天 24 小时，一周 7 天。

单一窗口法律问题

该设施的使用是强制的还是自愿的?
强制的。

参与方是否需要为加入项目与供应商/机构签订合同?
需要签订，服务订购协议。

是否需要专门的法规（或修订原有法规)?
不需要。

如何保护信息的隐私权?
由现行的国家法规和服务订购协议，来保护信息的隐私权。

单一窗口标准

国际标准（UN/EDIFACT、UNLK、UN LOCODE、UN/CEFACT 单一窗口建议书等）在单一窗口有何作用?
报文标准
- UN/EDIFACT
- UN/CCL
- RosettaNet
- 其他 XML 报文
通信协议
- ebMS
- Https

- X400

单一窗口效益

客户和参与机构有何效益?

客户方面:

- 数据的可复用性
- 数据的准确性
- 节约时间 & 降低成本
- 增加效率

机构方面:

- 数据的准确性
- 鼓励了电子申请和提交的使用
- 增加效率(减少了数据输入和服务窗口)
- 节约时间 & 降低成本
- 与政府发展电子政务相匹配

贸易界和政府是如何受益的?

没什么影响。

单一窗口解决什么问题?

- 减少了人力资源的占用
- 信息标准化
  信息的数字化使得统计和决策更加迅速和准确

经验总结

成功的关键因素是什么?

- 向用户证明使用该系统的益处
- 理顺了贸易流程使单一窗口的优势最大化
- 政府部门间(包括海关)信息参数的标准化和协调化
- 政府强有力的支持

最大的障碍是什么?

- 有些用户和机构不愿改变
- 贯穿价值链的信息协调化
- 为了使国家单一窗口得以实施而改变手续/流程
- 贯穿国家单一窗口信息链的服务水平改善
- 利益相关方愿意在裁员方面进行投入

总结出的主要经验是什么?

- 政府机构的参与是至关重要的
- 国家单一窗口既要满足贸易界的需求也要满足政府机构的需求(公私合作)
- 支持电子申报的系统必须也支持修改和删除
- 所有国家单一窗口利益相关方都要进行大量的裁员

未来计划

单一窗口进一步发展的计划是什么？
继续为贸易、运输和物流提供综合服务。

单一窗口进一步发展的最大障碍是什么？
- 有些用户和机构不愿改变
- 贯穿价值链的信息协调化
- 为了使国家单一窗口得以实施而改变手续/流程
- 贯穿国家单一窗口信息链的服务水平改善
- 支持电子申报的系统必须也支持修改和删除
- 所有国家单一窗口利益相关方都要进行大量的裁员

是否有在区域层面签订有关单一窗口合作协议的意愿？
是的。我们参加了东盟单一窗口工作组。

是否计划与其他国家和地区正在运行的单一窗口签订数据交换的协议？
是的。已经与新加坡、中国台北和印度尼西亚签了协议。正在与泛亚电子商务联盟（PAA）的其他成员（中国、香港特别行政区、韩国和泰国）以及菲律宾进行洽谈。DNT 正在探索与ASEAL 以及 APEC 成员进行合作。

更多资料来源
网站：www. mytradelink. gov. my（内容服务是免费的，单证服务只有付费用户可以使用）
联系方式
　　Name：Mr. Yong Voon Choon，Advisor
　　Organization：Dagang Net Technologies Sdn Bhd
　　Address：Tower 3 Avenue 5，The Horizon Bangsar South，
　　No 8. Jalan Kerinchi，
　　59200 Kuala Lumpur，Malaysia
　　Phone：＋603 27300 200
　　Fax：＋603 2713 2121
　　Email：yong@dagangnet. com

12.8　芬兰调查报告

单一窗口背景

建立单一窗口（SW）的动机是什么？
在 20 世纪 90 年代初期一艘船到达芬兰港口需要填多达七份不同的表格。所填的内容 80%～90%是相同的，只是布局不同。填的都是一些基本统计信息，身份证明，预计到港时间（ETA），预计离港时间（ETD），货物和危险品（DG）。大量的工作实际上是不必要和浪费钱的。
第一个任务是游说各部门进行改革，使用通用表格。据估算，在全国范围推广的话将节省几十万欧元的费用。最初，还没考虑到使用电子数据传输！

单一窗口建立于哪一年？

项目在 1991 年启动，直到 1993 年至 1994 年间第一套电子系统才建立起来。用的是 IBM 大型机、RB2 数据库和非智能终端。

该项目的现状（研究、试点阶段、运行）如何？

PortNet 系统是 2000 年启用的，取代了原来的大型机系统。PortNet 2 系统（或者应该是 PortNet 3 系统），在 2007 年投入使用。

单一窗口建设

单一窗口与已建系统（如果存在）如何连接？

第一套系统用的是中央数据库和非智能终端。使用上非常严格，任何改变都需要付出昂贵的代价。当时还没单一窗口界面，后来加了一个，但并不成功，因为设计的实在太糟糕了。

是否有试点项目？

1986 年，受到电离层噪声成像研究（IRIS）系统的启发，由芬兰和瑞典海事局为破冰船建立了一套航道信息系统。技术上，比 PortNet 最初的系统先进的多。

单一窗口的建设是按照什么样的流程？是否有试运行？

1992 年，没人知道我们做的是什么；因为是由国有软件公司 VTTK 负责解决方案。结果搞出一套笨拙、固执且昂贵的系统。不管怎样，总算积累了些经验。

迫于压力，在 1998 年建了一套全新的系统，但这套系统不能解决千年虫问题，于是我们不得不重新开始。我们现在知道我们到底需要什么样的系统了，在设计阶段大家集思广益。现在这套系统比较容易掌握和使用了，然而，也渐显陈旧。

在建设过程中需要对员工进行何种培训？陪训是如何组织的？

最初，给早期系统的公司进行培训是由 VTTK 负责的。现在这套系统，由芬兰海事局提供 1~2 天的培训课程。

单一窗口服务

单一窗口提供何种服务？包括哪些单证/信息/流程？

用户（一般是船运代理或终端操作员）可以发送和接收下列信息：

- 到港通知。内容包括：船名，估计到达时间，目的港，始发港，危险品的注意事项细节（从统计层面，到符合海关要求的申报指示），乘客名单，货船补给。
- 离港通知。与上面信息类似，但没那么详细（将会有新的调整）。
- 为靠港船只分配一组单一的普通货物序列号，在该船整个靠港期间都有效。
- 已支付的航运手续费和减免的航运手续费。
- 与本地船舶废物处理公司签过合同的班轮免税名单。
- 危险品入港申请及回复。
- 国际船舶和港口设施保安规则（ISPS）公告（由国际海事组织（IMO）制定的安检规则）。
- 集装箱的到站通知。
- 船舶数据库，之前来过芬兰的所有船只的基本信息。
- 一套严格的国际海上危险货物运输规则（IMDG）代码数据库。
- UN LOCODE 数据库，包括港口部分。

- 使用该系统所有代理商名称和联系方式的数据库。
- 港口的名称和联系方式的数据库。
- 订购口岸服务，像是拖车、水电、电话（很少有人使用）。
- 由可用信息自动生成的 6 张国际海事组织便利化表格。

每天要处理多少交易？占交易总量的百分比是多少？

有两种方式向 PortNet 提交信息：使用因特网浏览器和 XML 文件传输。所有的大公司都使用文件传输方式，虽然有时它们也用因特网浏览器做些修改。小公司使用因特网浏览器。

由于信息差异性，不能提供具体的数字。从下面的情况可以大致推算一下：每年有 7 万艘船舶停靠过芬兰，这套系统处理其中的 99%，该系统有 1 500 家注册用户，其中 1 000 家属于日常用户。

目前单一窗口有多少客户？

从下面的情况可以大致推算一下：每年有 7 万艘船舶停靠过芬兰，这套系统处理其中的 99%。该系统有 1 500 家注册用户，其中 1 000 家属于日常用户。

单一窗口经营模式

单一窗口如何运行？何种经营模式（描述业务处理模式）？

PortNet 是一套全国海运数据库系统，而不是口岸系统（只在口岸内使用）。用户使用指定的用户名和密码登陆系统，通过因特网浏览器（https：//）和文件传输（XML 或 UN/EDIFACT）可以进行专用数据通信的提交。客户档案数据的存取由用户管理系统进行严格的管控。代理商只能接触他们自己的数据。口岸管理局只能接触本口岸的数据，政府部门可以使用全部的信息。

边防有只读访问权限。所有的数据只能在客户档案中指定的访问权限下使用。时刻表数据没有访问限制。虽然局内人都知道其业务模式，但没有官方的论述。

单一窗口有哪些主要客户？

这套系统可以让船运代理通过单一窗口，在同一时间将全部的通知提交给机构。该系统也能让有关机构追踪航运状况。最后，任何用户都可以将预计到港和预计离港的时间表上传至系统。

该机构有哪些政府和民营机构参与？

如前所述，口岸界所有的机构都有参与该系统。目前，该系统是由海事局、海关和 21 个最大的口岸来维护和支付费用的。边防也使用该系统。因而该系统包含海运保险，海运保障，商品物流和环保等海运贸易各个方面。

单一窗口业务模式

何种业务模式？如何获得融资（政府、民间机构、民间与政府合资）？

2007 年，随着 PortNet 2 系统的到来，该系统直接由海事局和海关支付费用。随着安保和国际船舶和港口设施保安规则（ISPS）代码日益被重视，该系统已经国有化了。没有用户被收过费用，今后也不会收。

机构的开办费用有哪些？

据估算到 2002 年为止，花费了 100 万欧元（大约 122 万美元），包括运营费。当时不能区分投入和运营费用。

预估费用和实际费用之间有何不同？

在这些年系统的逐步建立的过程中，实际支出基本符合预算。

日常经营费用（年度）是哪些？

大约每年 10 万欧元（大约 12.2 万美元）。加上类似新文件传输协议用户的测试费用，总额达到每年 16 万欧元（大约 19.5 万美元）。

用户费（如果有的话）、年度营业收入及支付模式（年度固定价格、按交易计价、混合计价、其他模式）都有哪些？

没有用户费。最初因为该系统是自愿使用的，考虑到用户使用的积极性，所以没收费。现在虽然系统是强制使用的，但考虑到该系统是强制性为政府服务的，收费不太合适。然而有一点是慎重考虑的，就是对还在使用纸质单据提交信息的贸易商收取纸质单据处理费。

如何在未来年度持续运行单一窗口？

由于 PortNet 是公开的公共事业，因而继续由纳税人来支付费用。

单一窗口技术

单一窗口使用的是何种技术？

该系统在微软/戴尔的服务器上运行，数据库用的是 Oricle（甲骨文）10G。

数据如何提交（电子方式——何种格式/语言，书面——何种表格，混合——何种组合）？

可以手动在因特网浏览器上填表提交，或使用 FTP 和 XML—或 EDIFACT—文件（货物报告报文，海关运输工具报告报文，和危险品通知报文）自动提交。

在何处进行数据发送和申报（政府或民间实体）？

运营者必须是可靠的第三方，所以，业主选择由芬兰海事局运营该系统。因此，数据是发送给芬兰海事局运。

何人可以提交数据（进口商、出口商、代理、报关经纪人）？

任何在法律上对进出芬兰的货物负责并在 PortNet 上注册的用户都可以提交数据。机构也可以提交数据。特别指出的是，海关也经常使用该系统。

单一窗口推广及沟通

单一窗口业务如何推广？

我们会直接联系那些我们认为很重要的机构，并鼓励他们加入该系统。我们也经常在国内和国际上做一些推广 PortNet 理念的展示。

如何使各当事方持续了解该项目的进展？

PortNet 与 www.portnet.fi 网站相连，并将重要的信息发布在该网站上。远期事物和趋势会在年会上发布。

向用户提供了何种培训？

任何潜在用户可以联系系统的主要用户，并申请免费的培训课程。以前，根据客户需求，曾经办过大型的培训班，包括首都以外的地区，都有过培训。

是否提供求助或客户服务？

海关办公室有人负责在线和电话客服。地址和电话号码可以在 PortNet 网站上找到。

单一窗口法律问题

使用该设施是强制的还是自愿的？

根据海关法令，使用该设施是强制的。该法令是最近几年实施的，在这之前，是自愿的。最初，几个大口岸给 PortNet 用户 1% 的口岸费用减免。

参与方是否需要为加入而与供应商/代理商签订一份合同？

目前，需要签署一份正式的申请。随着 PortNet 2 系统的到来，将会有所改变。

制定专门法规（或修订原有法规）是否必要？

目前的法规仅支持出于《国际船舶和港口设施保安规则》目的和统计进出口数据而收集数据。新的法规正在制定之中。

如何保护信息的隐私权？

强制使用电子标识卡将作为公共标准，来完善的客户信息系统。

单一窗口标准

国际标准（UN/EDIFACT、UNLK、UN LOCODE、UN/CEFACT 单一窗口建议书等）在单一窗口中的作用如何？

使用了 UN/EDIFACT 和 UN LOCODE 标准。

单一窗口效益

客户以及各个参与机构有何效益？

以前代理商需要手工或传真向各个机构递交单证。举个例子，有个案例中，使用系统后，年度传真费用从 5 万元降到了 365 元。旧的机制不支持通过再发传真或手工单证来更改信息，它确实不能做到。船舶的数据必须精确，甚至如果代理没有该信息，致使代理不得不杜撰出他们并不知道的信息。

就班轮来说，把原通知的内容复制到新通知上，仅修改需要改变的部分，这带来的好处是显而易见的。口岸可以直接把 PortNet 上的信息传递至发票系统，使发票系统实现自动化。

交易群体和政府如何受益？

以前，海关存储着大量的通知，并且在海关内部还要用到这些通知的副本。这一切都过去了，不再存储纸质单证。单一窗口改变了海关的工作方式。任务列表被使用。新方式提高了数据的准确性。在新的 PortNet 2 系统中，实地检查和日常工作的效率将大幅提高。海关也可以用 PortNet 实现发票系统的自动化。在费用和准确度方面的工作阶段极度减少。

对海关税收有何影响？

税收增加了，因为开发票快了。

单一窗口解决了什么问题？

受益的方面太多了，不容易回答这个问题。随着 PortNet 系统的出现，人们的做事方式有了深刻的改变。现在做事简化到不可预料，因为过去那些事太复杂或昂贵。

获得的经验

成功的决定性因素是什么？

成功的决定性因素是：负责海运保险、海运保障、商品物流和环保等海运贸易各个方面的机构间通力合作。一套能正常使用的系统仅是次要因素。

什么是最棘手的问题？

机构间合作曾经有过巨大的障碍。初期，十分艰难。当障碍被清除了，问题也随之消失了。实际上，这种协作一直在不断完善。事实证明，不管再先进的系统，没有这些部门间的协作，也是白搭。

机构间需要去掉的主要障碍：有些机构不习惯或不愿意与其他机构共享信息。权利之争方面的问题（谁当头？），开销如何分摊？行政界限怎么办？这些机构有可能隶属于不同的部门。经常会出现谁都不愿意负责的情况。

我们曾有过一位位置足够高的开明的领导，问题因此迎刃而解。当然最主要的还是要从内部着手。

获取的主要经验是什么？

在机构间建立协作，决定提供什么样的服务，如何融资，谁来领衔技术方面，看看法规方面还缺什么，做好准备。听取并遵循好的建议。

未来计划

单一窗口的未来发展计划是什么？

新版 PortNet 系统（PortNet 2）于 2009 年 6 月 1 日启用。它是主要的一个发展项目，不造成被描述在库中的商务步骤任何变化。

单一窗口进一步发展的最大障碍是什么？

在我们目前工作范围，没有。

是否打算在区域层面订立有关单一窗口合作的协议？

很显然，就芬兰来讲，货物的信息是随着货物从海外传入的，因此货物信息应该在出口国就输入系统了。虽然我们不会再扩大我们国内的 PortNet 系统，但是其他国家可以建立类似 PortNet 这样的系统，然后跟我们互联。我们除了和单个的国家合作，也参与欧盟内部的 BaSIM 计划。丹麦在这方面启动较早，已经快达标了。

更多资料来源
网站：www. portnet. fi

联系方式

Name：Mr. Antti Arkima，Deputy Director

Address：Finnish Maritime Administration

P. O. B. 171，00181 Helsinki，Finland

Phone：＋358 204484377

Fax：＋358 204 484470

Email：antti. arkima@fma. fi

编 后 记

全国政协十一届五次会议第 0262 提案"关于加快推进我国国际贸易标准化进程的提案"指出：目前，国际贸易已成为我国国民经济的重要支柱。数据显示，技术壁垒已成为阻碍国际贸易的重大障碍，其通常表现形式就是标准。我国国际贸易进程中，由于单证、标签等不符合国际标准造成的滞关、压仓、退货、货物损毁等，每年造成损失高达上千亿美元。因此，加快推进我国国际贸易标准化进程已刻不容缓。我国推进国际贸易标准化存在的不足，主要表现在：

一是国际贸易标准化理论研究滞后。如在单证标准化方面，联合国单证标准是 1981 年推出的，而我国贸易单证员资格培训使用的教材大都是 20 世纪五六十年代制定的，内容主要是基础性的制单、填单、审单、验单等，对贸易单证标准化很少涉及。

二是国际贸易标准化推广应用缺失。我国在国际贸易中遇到的与标准化有关的问题涉及面较多，如贸易标准化的核心技术多来源于国外，标准化技术对外依存度高，贸易产品专利技术标准化水平低，自主创新能力不强等。然而，我国国际贸易标准化推广应用的缺失，使得这些矛盾日益突出，影响进出口贸易的可持续发展。

三是国际贸易标准化人才缺乏。我国外贸企业大多缺乏相关专门人才，对国际贸易标准化缺乏全面系统了解，因而经常由于外贸企业填写和申报的单证不符合国际标准，而造成滞关、压仓、退货、货物损毁等，给进出口贸易造成巨大的损失。

为此，全国政协十一届五次会议第 0262 提案建议：

"加大标准化专门人才培养力度。为从事国际贸易特别是涉及国际贸易标准化的企业、机构提供专项培训，提高开展国际贸易的效率、收益和信誉。加强政府相关部门、高校、企业之间的联系与合作，尽快在设立国际贸易专业的大专院校中开设国际贸易标准化相关科目，鼓励和支持企业积极参加标准化培训，构建和完善标准化专业教育体系和培训体系，以满足我国对国际贸易标准化专门人才的需求。"

21 世纪世界进入信息技术革命时代。国际贸易占世界经济总量一半以上，因此国际贸易信息技术革命潮流首当其冲。联合国推荐的国际贸易单一窗口就是要在全世界实现国际贸易信息共享和自动处理，提高国际贸易的效率和效益。

中华人民共和国国家标准 GB/T 28158－2011"国际贸易业务的职业分类与资质管理"已于 2011 年 12 月 30 日发布，2012 年 7 月 1 日实施。这是我国千万从事国际贸易事业职工的一件大事。它结束了新中国成立 60 六十多年来停滞在仅只培训国际贸易单证员的落后局面。未来十年，我国急需为 60 万家进出口企业培训百万全面系统了解和熟悉联合国国际贸易便利化国际标准，会使用国际贸易单一窗口开展全世界国际贸易业务的中、高级国际贸易单证师。

作者编著本书的目的是为我国培训国际贸易单证师提供一本全面介绍联合国国际贸易单一窗口建议书和世界各国国际贸易单一窗口案例的教材，供大家研究和学习。

本书是目前国内第一本全面介绍联合国国际贸易单一窗口的书籍。本书可作为从事国际贸易工作人员和从事国际贸易教学的大专院校老师的参考书，也可以作为各大专院校和各国际贸易培训机构的辅助教材。

　　由于我国国际贸易标准化理论研究滞后，许多联合国的相关会议没有参加，作者编著水平有限，书中的问题在所难免，欢迎广大读者批评指正。

编著者

2012 年 6 月于北京